Julian Braun

Ninjutsu

Geschichte und Gegenwart

Angkor Verlag

Ninjutsu. Geschichte und Gegenwart./Braun, Julian.
– Frankfurt: Angkor Verlag, 2017.

Website: www.angkor-verlag.de
Printed in Germany

ISBN: 978-3-943839-61-6

Vorwort zur neu durchgesehenen Fassung (2013)

Die hier (erneut) veröffentlichte Magisterarbeit mit dem Thema „Ninjutsu – Geschichte und Gegenwart" ist bis auf wenige kleine Änderungen identisch mit der Version von 2001. Ich habe lediglich einige optische Korrekturen vorgenommen sowie japanische Schriftzeichen zu den wichtigsten Begrifflichkeiten in den Text eingefügt. Aus urheberrechtlichen Gründen weggelassen wurden drei Abbildungen. Eine inhaltliche Neubearbeitung oder Weiterführung wäre an vielen Stellen wünschenswert oder sogar notwendig, ist jedoch aus zeitlichen Gründen nicht erfolgt. Vieles würde ich heute vorsichtiger formulieren, und in einigen Bereichen ist mein praktischer und theoretischer Wissensstand deutlich besser als vor mittlerweile über zehn Jahren (z. B. was die chinesischen Kampfkünste betrifft). Dennoch denke ich, dass die Arbeit noch immer für den einen oder die andere von Interesse sein kann, wenn ihre Absicht denn richtig verstanden wird. Ziel der Arbeit war es im ersten Teil, eine Art Abriss unkonventioneller Methoden der Kriegführung zu geben, wie sie für Ninjutsu als charakteristisch angesehen werden. Dabei werden viele historisch höchst spannende Fragestellungen und Probleme aufgegriffen, die zu weiten Teilen auch heute noch alles andere als zufrieden-stellend geklärt sind. Der zweite Teil der Arbeit ist an den „spirituellen" Seiten des Togure-Ryû-Ninjutsu ausgerichtet und versucht zu zeigen, ob und inwieweit diese mit den gängigen Erläuterungen östlicher philosophisch-religiöser Lehren in Übereinstimmung stehen. Die Frage nach der möglichen historischen Authentizität des Togakure-Ryû ist nur von untergeordneter Bedeutung. Gerade im zweiten Teil können jedoch für den interessierten Leser aus der zitierten Sekundärliteratur viele Anregungen für die eigene Übungspraxis gewonnen werden.

München, April 2013

Vorwort zur Veröffentlichung 2017

Für die hier vorliegende neue Veröffentlichung habe ich erneut vorwiegend kleinere Korrekturen und Ergänzungen vorgenommen. Als wesentliche Neuerung wurde die Übersetzung des *Mondô*-Kapitels aus dem *Bansenshûkai* sowie das Vorwort und die Einleitung desselben aufgenommen.

Augsburg, Oktober 2017

Inhaltsverzeichnis

Vorwort

Das Thema dieser Arbeit lautet:

„Ninjutsu – Geschichte und Gegenwart einer japanischen Kampfkunst.“

Im Mittelpunkt steht also die Untersuchung von *Ninjutsu* (忍術), ein Name, der einen Komplex von Vorstellungen und der damit verbundenen Personen, der *Ninja* (忍者), bezeichnet.

Das Thema Ninjutsu ist in den heutigen Medien weit verbreitet. Es ist Gegenstand zahlreicher Bücher, Kinofilme[1] und Comics, wobei die Ninja in einer Vielzahl verschiedener Rollen erscheinen, wie zum Beispiel als Spione, Meuchler, Superhelden, Zaubermeister, Einsiedler, Weise, Kampfexperten und vieles mehr.[2] Aber obgleich der Begriff Ninja an sich vielen bekannt ist, verbinden nur wenige Menschen konkrete Vorstellungen mit diesem Phänomen. Historische Wurzeln und Entwicklung sowie geistige Lehren des Ninjutsu sind allgemein nur wenig bekannt. Dabei ist es keineswegs so, dass Ninjutsu in der Geschichte Japans keine Rolle gespielt hätte. So waren die Ninja während der gesamten Epoche der „Kämpfenden Provinzen“ (1467-1568),[3] also einer Zeit fundamentaler Umwälzungen des gesamten japanischen Landes, erheblich an der Kriegführung der mächtigen Feudalherren, der Sengoku-Daimyô (戦国大名), beteiligt. Der im Anschluss an diese das Land zerrüttenden Kämpfe zur Macht gelangte Tokugawa Ieyasu (1543-

1 Besonders bekannt ist der Auftritt der Ninja im James Bond-Film *You only live twice.*

2 In seinem Buch *Mind of the Ninja* (1986) untersucht der Psychologe Kirtland C. Peterson die Figur des Ninja auf seine archetypischen Aspekte. Darunter fallen solche wie der Ninja als „Feind schlechthin“, als Teufel oder „das Böse“, als Krieger-Held, als Heiler oder Schamane, als Alchimist und mehr. Er ähnelt damit Typisierungen, wie sie sich auch im Bild der chinesischen Unsterblichen, der sogenannten *hsien* (仙), wiederfinden (siehe Güntsch, *Das Shen-hsien chuan und das Erscheinungsbild eines Hsien*; 1988). Die Ninja werden darüber hinaus oftmals in Zusammenhang mit den *tengu* (天狗), japanischen „Bergdämonen“, gebracht, die ihrerseits selbst eine Vielzahl von Charakterzügen und Eigenschaften aufweisen.

3 „Die hundert Jahre vom Ausbruch des Ônin-Krieges [1467] bis zum Einzug Nobunagas in Kyôto im Jahre 1568, der den Beginn der erneuten Einigung Japans bedeutete, stellen eine Periode der japanischen Geschichte dar, die als die Zeit der Sengoku, ‚Kämpfenden Provinzen‘, bekannt ist.“ (Hall, *Das Japanische Kaiserreich*; S. 130)

1616), der Begründer des Tokugawa-Shôgunats, welches die nächsten 250 Jahre bestehen sollte, bediente sich ebenfalls der Hilfe der Ninja und nahm sie in seine offiziellen Polizeitruppen auf. Entstehung, Entwicklung und Bedeutung des Ninjutsu in der japanischen Geschichte stehen somit im Zentrum des ersten Teils der Untersuchung („Geschichte des Ninjutsu"). Darüber hinaus ist die Tradition des Ninjutsu verbunden mit einer Vielzahl von „religiös-philosophischen" Lehren, wie zum Beispiel dem Shugendô (修験道),[4] dem esoterischen Buddhismus Japans, dem sogenannten Mikkyô (密教)[5] und dem Taoismus. Die Darstellung dieser Lehren, die auch heute im gesellschaftlichen und privaten Leben Japans eine große Rolle spielen, und ihre Bedeutung für das Ninjutsu bilden den zweiten Teil dieser Arbeit („Gegenwart des Ninjutsu").

---

4 Der „Weg, durch Üben Wunderkräfte" zu erlangen (siehe 1.4.2).

5 Die beiden bekanntesten und verbreitetsten Schulen des esoterischen Buddhismus sind der Shingon- und der Tendai-Buddhismus.

Einleitung

Das Ziel dieser Arbeit ist es zum einen, die historische Entstehung und Entwicklung des Ninjutsu aufzuzeigen, und zum anderen, die damit in Verbindung stehenden und als geistiger Hintergrund fungierenden Lehren zu erläutern.

Der erste Teil der Arbeit, „Geschichte des Ninjutsu“, beginnt mit einer kurzen Darstellung der bei jedem Krieg notwendig vertretenen zwei Seiten der Kriegführung: der eigentlichen Kriegführung (Militärgeschichte) sowie der geheimen Informationsbeschaffung, Sabotage etc. (Spionagegeschichte). Man kann sagen, dass in Japan bis zur Meiji-Restauration (1868) erstere unlösbar mit den Begriffen *Bujutsu* (武術) bzw. *Bugei* (武芸)[6] verbunden war (und zu weiten Teilen noch immer ist), während zweitere stets mit dem Begriff *Ninjutsu* in Verbindung gebracht wurde (Kapitel 1.1). Dieser Aspekt des Ninjutsu ist es, der im Mittelpunkt der historischen Untersuchung steht (Kapitel 1). Es folgt zunächst eine kurze Auseinandersetzung mit dem Begriff Ninjutsu (Kapitel 1.2). Daran schließt sich eine Darstellung der Verwendung von Spionen an, wie sie der chinesische Militärstratege Sunzi (etwa 400-320 v. u. Z.) in der Schrift *Dreizehn Kapitel zur Kriegskunst* beschrieben hat; sie kann als geistiger Vorläufer bestimmter Aspekte der Kriegsführung, wie sie auch dem Ninjutsu zu eigen sind, gesehen werden (Kapitel 1.3). Die eigentliche Darstellung des Ninjutsu in Japan (Kapitel 1.4) befasst sich dann mit den frühesten Formen unkonventioneller (asymetrischer) Kriegsführung von der Zeit des frühen japanischen Yamato-Staates (etwa 400-600) bis zur Gründung des Tokugawa-Shôgunats zu Beginn des 17. Jh. Dabei kommen sowohl geschichtlich-militärische als auch religiöse und literarische Aspekte zum Tragen. Ein Blick auf die ideelle Entwicklung von Bujutsu und Ninjutsu während der Tokugawa-Zeit und kurze Darstellungen zur Lage der Kampfkünste in China um 600-800 und während des 19./20. Jh. sollen das Bild abrunden. Zu den

6 Bujutsu ist die allgemeine Bezeichnung für das „Handwerk“ der Krieger (Bushi) in Japan; der moderne populäre Begriff *Bushidô* steht für die damit verbundenen Werte und Pflichten der Bushi. (Der Begriff wurde insbesondere durch Inazô Nitobe in seinem Ende des 19. Jh. erschienenen Buch *Bushidô* geprägt).

hauptsächlich verwendeten Materialien dieses Teils gehören japanische Lexika und Nachschlagewerke sowie japanische Sekundärliteratur (siehe Bibliographie).

Der zweite Teil der Arbeit (Kapitel 2), „Gegenwart des Ninjutsu“, beginnt mit einer Vorbemerkung zum Thema Ninjutsu in der Gegenwart (Kapitel 2.1) und untersucht dann die geschichtlichen Hintergründe des Togakure-Ryû (戸隠流) Ninjutsu, der unter der Führung von Masaaki Hatsumi, dem 34. Oberhaupt dieses *Ryû*,[7] weltweite Verbreitung gefunden hat (Kapitel 2.2). Im folgenden Kapitel (2.3), „Lehrinhalte des Togakure-Ryû“, werden die verschiedenen philosophischen Strömungen untersucht, die im Zusammenhang mit diesem Stil wichtig sind. Dabei werden sowohl die Lehren an sich als auch die direkten Bezüge zum Ninjutsu sowie Parallelen in anderen Kampfkünsten dargelegt. Dabei soll die Darstellung nicht nur auf Japan beschränkt bleiben, sondern auf China und Indien mit ausgreifen, um geschichtliche Entwicklungen und inhaltliche Gemeinsamkeiten und Unterschiede aufzuzeigen. Zu den verwendeten Materialien gehören hier v. a. die Schriften von Hatsumi und Hayes als Repräsentanten dieses Ninjutsu-Stils und die nichtjapanischen Werke.

Der Anhang enthält eine Liste der 34 Großmeister des Togakure-Ryû, eine Übersicht über die Ausbildungsgebiete des Togakure-Ryû Ninjutsu sowie des traditionellen Ninjutsu und eine Liste der wichtigsten Ninjutsu-Ryû; das Glossar enthält die gängigsten im Text vorkommenden Bezeichnungen für die Ninja.

---

7 Unter dem Begriff *Ryû* versteht man eine bestimmte Tradition oder Stilrichtung. Dabei ist die Bezeichnung nicht auf das Gebiet der Kampfkünste beschränkt, sondern wird auch im Zusammenhang mit anderen Kunstfertigkeiten gebraucht, wie z.B. beim Blumenstecken (Ikebana) oder beim Tee-Weg (Chadô). Viele Kriegskunst-Ryû weisen in ihren Namen auf ihren Begründer oder den Ort der Entwicklung des Stiles hin.

1 Geschichte des Ninjutsu

1.1 Die zwei Seiten des Krieges: Militärgeschichte und Spionagegeschichte

Die Frage, ob es in der Natur des Menschen liege, Krieg zu führen, ist oft behandelt worden; es gibt zahlreiche verschiedene Erklärungen zur Entstehung von Krieg und zwischenmenschlicher Aggression.[8] Fest steht jedenfalls, dass Kriege ein wesentlicher Bestandteil der menschlichen Geschichte sind, und dass schon seit frühgeschichtlicher Zeit, wie archäologische Ausgrabungen und viele der ältesten erhaltenen Schriftzeugnisse der Menschen bezeugen.[9] Mit der Herausbildung der frühen Hochkulturen in Mesopotamien und Ägypten, mit denen die „eigentliche", d. h. schriftliche Geschichte der Menschheit beginnt, wird deutlich, welchen Einfluss die Kriegführung bereits in dieser Zeit auf das Schicksal der Menschen hatte. Dabei muss man sich stets vor Augen halten, dass der Krieg in den seltensten Fällen eine Angelegenheit ist, die ausschließlich die sich bekämpfenden Soldaten betrifft. In aller Regel betrifft der Krieg die gesamte Bevölkerung eines Landes, sei es zu Zwecken der Lebensmittel- und Materialversorgung sowie der Rekrutierung von Reservetruppen; oder einfach nur, weil ihre Existenzgrundlage, ihr Haus und Gut und letztlich ihr Leben an sich gefährdet war (Zerstörungen, Vergeltungsaktionen und Massenhinrichtungen an Zivilisten sind Allgemeinplätze einer Kriegsgeschichte).[10] Der Ausgang einer Schlacht konnte die Geschichte eines Landes oder Volkes für viele hundert Jahre bestimmen oder sogar ihren Untergang

---

8 Mit der Frage nach der Entstehung von Aggression befassen sich v.a. Psychologen, Biologen und Ethnologen; eine gute Einführung bietet Fromm, *Aggressionstheorie*.

9 So finden sich beispielsweise in Jericho, einer der ältesten Städte der Menschheitsgeschichte, bereits zahlreiche Hinweise auf die Allgegenwärtigkeit des Krieges: Mauern und Gräben, um Eindringlinge fernzuhalten, Pfeilspitzen etc. Zahlreiche Reliefdarstellungen ab dem 3. Jt. v.u.Z. Bezeugen die Art und Weise, wie praktisch im gesamten Gebiet zwischen Schwarzem Meer, Kaspischem Meer, Persischem Golf und Rotem Meer ununterbrochen Krieg geführt wurde; damit verknüpft sind die Namen der Reiche Ägypten, Babylon, Assyrien, Urartu und Völker wie die Hethiter und Sumerer (vgl. Alamein, *Kriegsgeschichte*)

10 Alamein zitiert einen Bericht über Tiglatpileser I (Reg. 1115-1102 v.u.Z.), einen König Assurs, in dem er sich rühmt: „Ich habe ihr Blut fließen lassen in den Tälern und auf den Höhen. Ich schlug ihre Häupter ab und türmte sie vor den Städten auf wie Korn. Zahllose Beute nahm ich ihnen fort" (Alamein, *Kriegsgeschichte*; S. 48).

herbeiführen. Immer wieder haben Völker mit überlegener Waffentechnologie weniger weit entwickelte Völker angegriffen und unterjocht,[11] und immer wieder wurden aus politischen, wirtschaftlichen und religiösen Gründen heraus Kriege begonnen[12]. Diese Seite der Kriegsführung beinhaltet Aufgaben wie Truppenaushebung, Truppenausbildung (Erlernen des Umgangs mit Waffen und Gerät) und Truppeneinteilung (Land-, See-, und Luftstreitkräfte oder Infanterie, Kavallerie etc.; Strukturierung der Armee in verschiedene Größeneinheiten, z. B. Kompanie-Bataillon-Division; Unterteilung der Dienstgrade), Logistik (Versorgung, Nachschubplanung etc.), Wissen über Strategie und Taktik, und seit frühester Zeit auch Feindaufklärung. Dieses Bemühen um Feindaufklärung, welches zeitgleich mit jeder Form von Krieg in Erscheinung tritt, führt zum Bedarf an Agenten, Kundschaftern, Spähern und Spionen, die mit den ihnen zugehörigen Aufgaben die zweite Seite der Kriegsführung bilden. Aber während das Ziel des

---

Die Einnahme Jerusalems im Jahre 1099 im Rahmen des ersten Kreuzzuges ist ein weiteres vielzitiertes Beispiel für die oftmals unglaubliche Brutalität im Krieg, wobei sich daran jedoch bis in die heutige Zeit nicht viel geändert zu haben scheint (Erster Weltkrieg, Zweiter Weltkrieg, Vietnamkrieg etc.).

11 Die (Weiter)Entwicklung von Streitwagen und Bogen sowie die Metallverarbeitung stellten grundlegende Faktoren zum Erlangen eines Sieges dar. Als Beispiel sei hier nur das Eindringen der Hyksos (ägyptisch: „Herrscher der Fremdländer“, auch „Hirtenkönige“) in Ägypten um die Mitte des 17. Jh. v.u.Z. genannt. Die aus Palästina oder Syrien stammenden Hyksos eroberten Ägypten nicht zuletzt wegen ihrer überlegenen Militärtechnologie, wie z.B. von Pferden gezogenen Streitwägen. Sie gründeten die 15. Dynastie und herrschten, bis sie unter Amosis I (Reg. 1570-1546 v.u.Z.) aus dem Land vertrieben wurden.
Das Paradebeispiel des Mittelalters ist die Armbrust, die entscheidend zum Untergang des klassischen Rittertums beitrug, sowie zur Neuzeit die Entwicklung der Feuerwaffen, welche die alten Waffen nahezu vollständig abgelöst haben.

12 Als eines von unzähligen Beispielen sei hier der Aufruf Urbans II. vor dem ersten Kreuzzug auf dem Konzil von Clermont (1095) zitiert (Alamein, *Kriegsgeschichte*; S. 170): „Die Triumphe und die Vorherrschaft der Mohammedaner im Osten sind eine Schande für die ganze Christenheit. ... Das heilige Land, das allen Christen am Herzen liegt und christlicher Besitz ist, ist entweiht worden. ... Christliche Könige sollten ihre Waffen daher gegen diese Feinde Gottes richten, anstatt sich gegenseitig zu bekriegen. Sie sollten das heilige Land und die heilige Stadt befreien, die Schmach, die auf der Christenheit liegt, beseitigen und den Angriffsgeist der Mohammedaner für immer vernichten. Sie werden zum Heiligen Krieg aufgerufen, ihr Schlachtruf sei ‚Deus vult!‘ Wer bei diesem Unternehmen das Leben verliert, wird das Paradies erben, und seine Sünden werden ihm vergeben sein.“

Soldaten im erfolgreichen Ende einer oder mehrerer Schlachten liegt, sind Agenten vor, während und nach dem Krieg im „richtigen“ Einsatz, d. h. damit beschäftigt, Informationen über den Gegner zu ermitteln (sei es nun der Standort eines Heeres, die moralische Verfassung der Soldaten, Geländebedingungen etc.). Neben dieser einen Hauptaufgabe, der Nachrichtenbeschaffung (und den damit entstehenden Methoden der geheimen Nachrichtenübermittlung und -verschlüsselung) waren die Agenten vor allem noch für zwei weitere Aufgaben zuständig: Sabotage und gezielte Liquidation.[13] In Japan werden diese zwei Seiten des Krieges dargestellt durch das Ideal des Samurai und der damit verbundenen Ideologie des Bushidô sowie durch das (Anti-)Ideal des Ninja.[14] Die Samurai gelten als tugendhafte Krieger *par excellence*, während die Ninja alles darstellten, was die Samurai verachteten.[15] Dem edlen Samurai, der seinem Herren treu ergeben in den Tod folgt, steht der verschlagene Ninja gegenüber, dem sein eigenes Leben so wichtig zu sein scheint, dass er sich aller Mittel bedient, um es zu erhalten. Dass diese einseitige Polarisierung zu Gut (Samurai) und Böse (Ninja) nur schwerlich der Realität entsprach, beweisen viele Berichte über von den Samurai unter sich ausgetragenen Schlachten, in denen sie sich der gleichen Mittel bedienten (z. B. Verrat, Täuschung, Betrug), welche bei den Ninja verdammt wurden. Zudem

---

13 „Die Hauptaufgabe eines Geheimdienstes ist die Informationsfunktion, das bedeutet Nachrichtenbeschaffung; danach kommt die Schutzfunktion, darunter versteht man die passive Abwehr gegnerischer Spionage und Sabotage. Der dritte Aufgabenbereich ist die als Gegenspionage bezeichnete offensive Aufklärung fremder Nachrichtendienste, und die vierte Funktion sind Geheimaktionen, zu denen Sabotage, Diversion, Subversion, Kommandounternehmen und psychologische Kriegführung zählen“ (Piekalkiewicz, *Weltgeschichte der Spionage*; S. 12).

14 Die Bezeichnung *Bushidô* („Weg des Kriegers“) ist ein besonders ab der Meiji-Zeit (1868-1912) entfaltetes, chauvinistisch-militaristisches Konzept, welches den Ehrenkodex und die Verhaltensregeln der Krieger (Bushi) idealisiert und beschreibt. Dabei orientierte man sich vor allem an konfuzianischen Werten, jedoch fanden auch Vorstellungen aus dem Zen-Buddhismus Eingang. Inazô Nitobe bemühte sich mit seinem Werk *Bushidô, the Soul of Japan* (1900) darum, diese Geisteshaltung den westlichen Ländern nahe zu bringen.

15 Der Begriff *Samurai* wird heute im Allgemeinen für die Angehörigen der japanischen Kriegerkaste verwendet; ursprünglich bezeichnete er allerdings nur eine besondere Gruppe, die kaiserlichen Palastwachen (das Wort leitet sich ab von *saburafu*, „dienen“), in der gesamten Schicht der Krieger (Bushi). Im Zuge der Umwälzungen der Meiji-Restauration von 1868 wurde der Stand der Krieger als elitäre gesellschaftliche Klasse aufgelöst.

erscheint es plausibel, dass eine solche Wertezuteilung von den Samurai bewusst vorgenommen wurde, um so die eigenen Ängste und Nöte, Sorgen und Zweifel, die Kriege unweigerlich mit sich bringen, bequem auf eine andere Gruppe übertragen zu können: Man selbst verhält sich stets edel und gerecht, während alles Üble andererseits den Ninja zuzuschreiben ist. Dies ändert allerdings nichts daran, dass sich viele Daimyô der Ninja bedienten, um ihre eigenen Ziele zu erreichen.[16] Die Ninja wiederum sahen sich als Krieger, denen jegliche gesellschaftliche Anerkennung versagt blieb, deren Dienste von den Mächtigen des Landes jedoch regelmäßig in Anspruch genommen wurden. Unter diesen Umständen schien es nur natürlich, sich gerade auch der Mittel zu bedienen, die die Samurai verachteten.

[Anmerkung 2017: Das hier angedeutete Selbstverständnis von Samurai und Ninja basiert auf der Schilderung von Hayes und Hatsumi und müsste, um anerkannt zu werden, erst eingehend mit zeitgenössischen Selbstdarstellungen von Daimyô, Kriegern und Vertretern des Ninjutsu abgeglichen werden.]

1.2 Der Begriff ninjutsu

Der Begriff *ninja* (忍者), der im heutigen Sprachgebrauch am weitesten verbreitet ist und in dieser Form auch Eingang z. B. ins Englische gefunden hat, setzt sich aus den beiden sino-japanischen Schriftzeichen *nin* (忍) und *sha* (者), durch Lautverschleifung in Kombination mit *nin* davor *ja* [sprich: tscha] gelesen, zusammen. Das Zeichen *nin* wird durch das Piktogramm für „Klinge" (刃), unter dem sich das Zeichen für „Herz" (心) befindet, dargestellt. *Nin* trägt Bedeutungen wie „ausharren, ertragen, erdulden", aber auch „sich zurückziehen, sich verbergen". Das Zeichen *sha* bedeutet soviel wie „Person"; *ninja* bedeutet also die „Person, die erduldet, ausharrt, sich verbirgt".

16 Insbesondere zur Zeit der Kämpfenden Provinzen (1467-1568) bis zur Reichseinigung unter Tokugawa Ieyasu war der Einsatz von Ninja-Agenten bei den zahlreichen kriegerischen Großfürsten (*Sengoku-Daimyô*) weit verbreitet.

Die japanische Lesung der Zeichen ist *shinobi-no-mono*, häufig wird auch einfach nur der Begriff *shinobi* verwendet.

> "At its most elementary level, *nin* (also pronounced *shinobi*) can mean endurance, perseverance, and forbearance in both the physical and mental realms. *Nin* has a second dictionary definition of stealth, secretness, or concealment. The Japanese ideogram for *nin* is 忍, which is composed of the lesser ideograms of 刃 for 'blade', and 心 for 'heart'. The construction of the written character implies that the heart, or will, is channelled and directed in ways that give it the effectiveness of the blade as a tool for accomplishment. In this broader sense of the concept, *nin* really means to be in control of one's body, mind, and perception of right and wrong."
>
> (Hatsumi, *Ninjutsu – History and Tradition*; S. 10)

Das Zeichen *jutsu* (術) bedeutet soviel wie „Kunst, Fertigkeit, Technik".[17] Demnach kann *nin-jutsu* mit „Kunst des Ausharrens oder Verbergens" übersetzt werden.
Darüber hinaus gibt es noch eine Vielzahl von weiteren Begriffen, die zur Bezeichnung von Spionen verwendet werden.

> Frage: „Wurde diese Kunst in China auch mit *nin* bzw. *shinobi* bezeichnet?"
>
> Antwort: „*Nin* bzw. *shinobi* ist die Bezeichnung in unserem Land. Ninjutsu wurde im Lande Wu (呉) in China mit *jian* (間) bezeichnet, zur Zeit der Frühlings- und Herbstdynastie [722-481 v. u. Z.] mit *die* (諜), und seit den Kämpfenden Staaten [480-222 v. u. Z.] mit Begriffen wie *xizuo* (細作), *yucheng* (遊偵), *jianxi* (姦細) und anderen. Im *Liutao* findet man die Bezeichnungen *youshi* (遊士); und im *Yinjing* von Li Quan werden sie *xingren* (行人) genannt. So ist der Name, je nach der Zeit und der Bedeutung, die der Feldherr in den Spionen sah, anders. Bei uns werden sie als *shinobi* (忍), *yatô* (夜盗) [„nächtliche Eindringlinge"], *suppa* (すつぱ),

---

17 Das Zeichen besitzt eine Vielzahl von Bedeutungen (darunter „Mittel, Methoden") und wird auch im Zusammenhang mit magischen Künsten gebraucht, z.B. *ma-jutsu* (Magie).

nokizaru (軒猿) [„Dächeraffen"], *mitsumono* (三者) [„Dreier-Gruppen"], *kyôdan* (饗談) [„beim Mahl Gespräche führen"] und anders bezeichnet."
(Heishichirô, *Bansenshûkai*; S. 425)

1.3 Die Ursprünge in China

Wie bereits erwähnt, war der Einsatz von Geheimagenten und Spionen zu Zwecken der Informationsbeschaffung, Aufklärung, Sabotage und Liquidation von frühester Zeit an Bestandteil nahezu jeglicher Kriegsführung, so auch in China.

Unter den großen Strategen Chinas ist dabei Sunzi (孫子) alias Sunwu (孫武), der im China der „Streitenden Reiche" (476-221 v. u. Z.) etwa zwischen 400-320 v. u. Z. lebte, von besonderer Bedeutung. Die ihm zugeschriebene Abhandlung *Sunzi* [jap. *Sonshi*] befasst sich in 13 Kapiteln mit den unterschiedlichsten Aspekten der Kriegführung.[18] Dabei ist vor allem interessant, dass für Sunzi ausgiebige Planung und Vorbereitung von besonderer Bedeutung sind. Der Sieg soll mit so wenig Verlusten an Material und Menschenleben wie möglich erreicht werden.[19] Das letzte Kapitel der Schrift behandelt den Einsatz von Spionen, *kan* (間) genannt, denen Sunzi in der Kriegführung eine entscheidende Rolle beimisst.[20]

---

18 Die dreizehn Kapitel tragen folgende Überschriften (nach: Sun Tze, *Die dreizehn Gebote der Kriegskunst*; 1972; dt. von H. D. Becker): 1. Grundsätze; 2. Die Kriegführung; 3. Die Strategie des Angriffs; 4. Die Form; 5. Die Stärke; 6. Die Fülle und die Leere; 7. Der Kampf im Kriege; 8. Die neun Veränderungen; 9. Der Marsch; 10. Formen des Geländes; 11. Die neun Geländearten; 12. Das Feuer als Angriffswaffe; 13. Der Einsatz von Spionen.

19 „Sun Tze sagt: Nach den Regeln der Kriegskunst ist es besser, den Staat des Gegners unversehrt zu lassen, als ihn zu zerschlagen; es ist besser, ein *djün* [12.500 Mann] des Gegners unversehrt zu lassen. als es zu zerschlagen; es ist besser, ein *lü* [500 Mann] des Gegners unversehrt zu lassen, als es zu zerschlagen; es ist besser, ein *dsu* [125 Mann] des Gegners unversehrt zu lassen, als es zu zerschlagen; es ist besser, ein *wu* [5 Mann] des Gegners unversehrt zu lassen, als es zu zerschlagen. Deshalb ist hundertmal zu kämpfen und hundertmal zu siegen nicht das allerbeste. Am allerbesten ist es, das Heer des Gegners ohne Kampf zu bezwingen" (SunTze, *Die dreizehn Gebote der Kriegskunst*; S. 54).

20 „Deshalb soll einer Armee nichts mehr am Herzen liegen als ihre Spione; keiner verdient reichere Belohnung als die Spione; nicht ist geheimer als die Angelegenheiten der Spione. Ohne ein Höchstmaß an Kenntnissen vermagst du nicht, Spione erfolgreich einzusetzen; ohne Menschlichkeit

„Die Kämpfe unter Menschen setzen sich seit über zehntausend Jahren bis heute überall fort, und die Rassen die während dieser Zeit in unzähligen Schlachten und Kämpfen siegten und überlebten, formten sich zu den heutigen verschiedenen Völkern.

Es ist allgemein bekannt, dass in Asien die Völkerschaften Chinas seit frühester Zeit kulturell hervorragend sind, und in China wurden auch die Schriftzeichen entwickelt – es kann angenommen werden, dass die Anfänge der Entwicklung der Wissenschaften um 1000 v. u. Z. liegen.[21] Die Zeit der „hundert konkurrierenden Schulen" (百家争鳴)[22] des China der Frühlings- und Herbst-Zeit und der Zeit der Kämpfenden Staaten (~476-221 v. u. Z.) war eine Zeit, in der diese Wissenschaften (das Denkvermögen) alle zusammen aufblühten. Das war vor ungefähr 2500 Jahren.

Es ist die Zeit, in der das Sammelwerk *Sunzi* der Prinzipien des Kämpfens (Kriegskunst, *heigaku*, genannt) erscheint.

Sunwu, der Verfasser des *Sunzi*, hat die alten Dokumente der Kriege eingehend untersucht; und obwohl er den militärischen Leitsatz „in hundert Kämpfen hundert Siege erringen"[23] erläutert, ist das Geheimnis seines

---

und Gerechtigkeit vermagst du nicht, dich der Spione zu bedienen; ohne eigenes Gespür und Scharfsinn kannst du von den Spionen keine brauchbaren Resultate erhalten. Vor allem Gespür! Bei keinem Unternehmen darfst du auf den Dienst deiner Spione verzichten!" (Sun Tze, *Die dreizehn Gebote der Kriegskunst*, S. 90).

21 Die Anfänge der chinesischen Schrift in der Form einfacher Bildzeichen liegen etwa 4000 Jahre zurück. Aus ihr entwickelte sich zunächst die „Große Siegelschrift" (*ta-chuan*, 11.-7. Jh. v.u.Z.), die durch die „Kleine Siegelschrift" (*hsiao-chuan*, etwa bis 3. Jh. v.u.Z.) und später durch die Kanzleischrift (*li-shu*, wörtlich: „Sklavenschrift") abgelöst wurde. Die noch heute verwendete „Modellschrift" (*k'ai-shu*) ist seit etwa 1500 Jahren in Gebrauch.

22 *Bajia zhengming* bzw. *hyakka sômei* ist eine Bezeichnung für diese Zeit der chinesischen Geschichte, die durch die zahlreichen bedeutenden Vertreter religiös-philosophischer Strömungen wie des Konfuzianismus, des Taoismus, des Mohismus, des Legalismus und anderer gekennzeichnet war.

23 „Daher sagt man: Kennst du den Gegner und kennst du dich, so magst du hundert Schlachten schlagen, ohne dass eine Gefahr besteht; kennst du dich, aber nicht den Gegner, so sind deine Aussichten auf Gewinn oder Verlust gleich; kennst du weder dich noch ihn, so wirst du in jeder Schlacht geschlagen werden" (Becker, *Sun Tze – Die dreizehn Gebote der Kriegskunst*; S. 56).

Erfolges die Abhandlung des „Vergleichs der Kampfstärke“.[24] Erfasst man diese beiden Kriegsprinzipien objektiv und weiß um ihre Wichtigkeit – ist man selbst schwach, kämpft man nicht, ist man selbst stark, kämpft man –, dann ist es möglich, in hundert Kämpfen hundert Mal zu siegen.
Wenn es darum geht, wie diese beiden Prinzipien zu erfassen sind, weist Sunwu auf den Gebrauch von Spionen hin. Dass das dreizehnte, letzte Kapitel im *Sunzi* den Einsatz von Spionen behandelt, ist kein Zufall. Es bedeutet, dass es der wichtigste Punkt im *Sunzi* ist und den Abschluss bildet. Laut *Sunzi* ist es möglich, durch den Einsatz von Spionen (*kan*) Sieg und Niederlage im Kampf klar im Voraus zu erkennen und den Gegner durch die Zerstörung von dessen Stärken insgesamt niederzuringen. Dieses besagt das Zeichen *kan* klar und deutlich.“

(Heishichirô, *Ninjutsu no honshitsu to shiryaku*; S. 403)

Diese von Sunzi beschriebenen Spione sind es, die im Allgemeinen als die Vorläufer der japanische Ninja, zumindest im ideellen Sinne, angesehen werden. Dabei unterscheidet Sunzi fünf Arten von Spionen:[25]

- *Kyôkan* (郷間): Hierunter werden Spione verstanden, die man in den Gebieten des Gegners anwirbt, wobei es sich um einfache Dorfbewohner und ähnliche Personen handelt („heimatliche Spione“).
- *Naikan* (内間): Dies sind Agenten, die aus Reihen der Beamten und Vasallen des Feindes angeworben wurden („innere Spione“).
- *Hankan* (反間): Dies sind klassische Doppelagenten, die den Spionen des Gegners abgeworben werden („umgedrehte Spione“).

24 „Die Regel der Kriegführung lautet: Sind deine Kräfte zehnmal größer als die des Gegners, so umfasse ihn; sind deine Kräfte fünfmal größer, so greife ihn an; sind deine Kräfte doppelt so groß, so teile dein Heer; sind deine Kräfte gleich, so verstehe es, gegen ihn zu kämpfen, sind deine Kräfte kleiner, so verstehe es, dich gegen ihn zu verteidigen; steht es bei dir nicht zum besten, so verstehe es, ihm auszuweichen“ (Becker, *Sun Tze – Die dreizehn Gebote der Kriegskunst*; S. 55).

25 Viele Aspekte dieser verschiedenen Arten von Spionen finden sich in den Spionagemethoden der Ninja wieder, wie sie im *Bansenshûkai* beschrieben werden (siehe 1.4.7.2 Die Struktur der Ninja-Organisationen).

- *Shikan* (死間): Diese Agenten werden mit falschen Informationen zum Gegner geschickt; in der Absicht bzw. mit dem Wissen, dass sie dort gefangengenommen und zum Tode verurteilt werden („Spione des Todes"), die falsche Nachricht aber ihre Wirkung tut.
- *Shôkan* (生間): Dies sind die klassischen Spione, die das gegnerische Lager auskundschaften, Informationen sammeln und dann zurückkehren („lebendige Spione").

Das Werk *Sunzi* soll im 8. Jh. von Kibi no Makibi[26] (693-775) nach Japan gebracht worden sein, wo es rasch weite Verbreitung vor allem unter den damaligen Yamabushi[27] gefunden hat.

> „Die schriftliche Übermittlung des *Sunzi* erfolgte zu Beginn des 8. Jh. im 3. Monat des Jahres 7. Tenpyô (735) des Kaisers Shômu (Reg. 724-749), als Kibi no Makibi am Ende eines 13-jährigen Studienaufenthaltes im Tang-China[28] an den Hof zurückkehrte und militärische Schriften wie *Sunzi* [*Sonshi*], *Wuzi* [*Goshi*],[29] *Liutao* [*Rikutô*],[30] *Sanlüe* [*Sanryaku*],[31] *Zhuge*

26 Der Gelehrte Kibi no Makibi bereiste China in den Jahren 716-735; bei seiner Rückkehr soll er unter anderem auch die Biwa-Laute und das Brettspiel *Go* nach Japan eingeführt haben. Ihm wird darüber hinaus die Erfindung der Silbenschrift Katakana zugeschrieben. 766 wurde er Minister zur Rechten (Udaijin). Siehe auch Morris, *Samurai oder von der Würde des Scheiterns*; S. 430.

27 Die Yamabushi sind Anhänger des Shugendô, einer synkretistischen Glaubensrichtung, die v.a. Elemente des esoterischen Buddhismus, Taoismus, Shintôismus und der Bergverehrung umfasst (siehe 1.4.2).

28 Die Tang-Dynastie datiert von 618-907; am Hof ihrer Hauptstadt Chang'an trafen sich Delegationen und Händler aus Zentralasien, dem vorderen Orient und Mittlerem Osten sowie Indien und Japan.

29 Abhandlung über die Kriegskunst von Wuzi (Ehrennahme Wuqi), der im China der Streitenden Reiche lebte (403-221 v.u.Z.); zusammen mit Sunzi einer der bedeutendsten Militärtaktiker des chinesischen Altertums.

30 Militärische Abhandlung, welche Jiang Ziya (alias Lü Shang), einem der führenden Generäle des Königs Wen von Zhou, zugeschrieben wird.

31 Abhandlung über die Kriegskunst von Huang Shi-gong [jap. Kôsekikô], der zur Zeit der Qin-Dynastie als Einsiedler lebte (221-207 v.u.Z.). Er soll Zhangliang [jap. Chôryô], einem Feldherrn aus Kan, seine Abhandlung gegeben haben.

Liang-Bachen [*Shokatsuryô-hachijin*][32] und andere mitbrachte und dem Kaiser als Geschenk vorlegte. Aber ich denke, inoffiziell erfolgte die Übermittlung des *Sunzi* etwa während des 3.-5. Jh. über Korea, als Wu- und Han-Emigranten[33] vom Festland ein zweites Mal in großer Menge in unser Land kamen."

(Heishichirô, *Ninjutsu no honshitsu to shiryaku*; S. 405)

Es ist einleuchtend, dass Spionage-Taktiken eher von Gruppen beachtet wurden, die sich zahlenmäßig in der Minderheit befinden, wie dies in Japan bei den Yamabushi und den Sôhei (僧兵)[34] der Fall war (denen ein Sieg durch rein zahlenmäßige Überlegenheit von vornherein nicht möglich war). Daher ist es wahrscheinlich, dass die Grundsätze *Sunzis* v. a. die Kampftaktiken dieser Gruppen beeinflusst haben und ihnen so ein nicht unbeträchtlicher Anteil an der Entstehung einer genuin japanischen Spionagekunst beizumessen ist.

---

32 Zhuge Liang (jap. Shokatsu Ryô, auch Shokatsu Kômei) lebte zur Zeit der „Drei Reiche" (221-265). *Hachijin* ist eine Bezeichnung für eine bestimmte Truppenformation.

33 Die „Späte oder Östliche Han-Zeit" datiert von 25-220; daran schließt sich die Zeit der „Drei Reiche" (221-265) und die Dynastie der westlichen (265-317) und östlichen Chin (317-420) an. Die gesamte Zeit war geprägt durch Militärdiktaturen im Landesinneren einerseits und wiederholte Einfälle von Fremdvölkern aus dem Norden (insbesondere durch die Hunnen) andererseits. Diese ständigen Kämpfe hatten eine Vertreibung der Bevölkerung in andere Gebiete zur Folge, wobei eine mögliche Fluchtroute über Korea nach Japan führen konnte.

34 Die Sôhei („Mönchs-Soldaten") waren kriegerische Mönche, die v.a. mit dem Schutz buddhistischer Klöster beauftragt waren (siehe 1.4.2).

Die Bedeutung des bei Sunzi vorkommenden Zeichens *kan*

Die chinesischen Klassiker sind, wie zu erwarten, ganze Reiche von Schriftzeichen, und ein einzelnes dieser Kanji enthält in einem Ausdruck komplizierte verborgene Bedeutungen. Das Zeichen *kan* im *Sunzi* enthält folgende drei Bedeutungen:

Als erstes ist dem Zeichen *mon* (門) bzw. Tor (Struktur, Organisation) das Zeichen *hi* (日) bzw. Tag (im *Sunzi* ist es *tsuki* (月) bzw. Mond) eingefügt. Das heißt, das Innere einer dunklen Struktur wird aufgeklärt, indem Licht in sie einfällt. Dies ist die Tätigkeit des Untersuchens.

Als zweites bedeutet das Zeichen *hi*, dass in einer dunklen Struktur die inneren Komponenten einer Organisation einzeln für sich wirken. Dies ist die Tätigkeit der Intrige.

Als drittes weist das Zeichen auf die Mittel und Wege der Spione hin. So wie das Licht in das Innere von Strukturen und Organisationen dringt, so ist es gut, durch Lücken und Spalten einzutreten. Was für eine Struktur es auch sein mag, es gibt keine Struktur ohne Lücken (Schwachstellen). Das heißt, durch solche Ritzen soll das Licht (der Spion) eindringen.

Wir verwenden den Begriff *kan* einfach im Sinne von Spion (*supai; kanja*); der Begriff umfasst jedoch die oben erklärten drei Bedeutungen.

Damit ergibt sich folgendes Schema für *kan*:

1) Informationsbeschaffung (Aufklärung), plus
2) Entfremdung (Intrige), ergeben den
3) Spion, der in die Lücken und Schwachstellen eindringt.

Dies klärt die wirklichen Umstände des Ninjutsu restlos. Es gibt Spione, deren Aufgabe die Informationsbeschaffung ist, und es gibt Spione, deren Aufgabe die Intrige (Zerstörung) ist. Die Wurzel dieser Technik besteht darin, in den gegnerischen Stützpunkt einzudringen. Theorie und Praxis des Ninjutsu sind im *Sunzi* präzise festgelegt. Demzufolge ist es eine unumstößliche Tatsache, dass der entfernte Vorfahr des japanischen Ninjutsu Sunwu (der Verfasser des *Sunzi*) ist.

(Heishichirô, *Ninjutsu no honshitsu to shiryaku*; S. 404)

1.4 Ninjutsu in Japan: Ursprünge und Entwicklung

Dieses Kapitel schildert die Entstehung und Entwicklung des japanischen Ninjutsu. Dabei sollen auch frühe Formen und Beispiele unkonventioneller Methoden der Kriegsführung betrachtet werden, die später immer wieder im Zusammenhang mit Ninjutsu genannt werden, wie der Gebrauch von Verkleidungen, Brandstiftung etc. („Von den Anfängen bis zur Heian-Zeit"). Es folgt eine Untersuchung der Yamabushi und Kriegermönche sowie ihres möglichen Einflusses auf die weitere Ausformung dieser Methoden. Das Kapitel „Lokalgeschichte Togakushi" soll darüber hinaus einen Einblick in die religiöse Vergangenheit desjenigen Ortes geben, nach dem sich der von Masaaki Hatsumi vertretene Stil des Ninjutsu benennt. Minamoto Yoshitsune und Kusunoki Masashige, die beide mit nur wenigen Verbündeten gegen eine Übermacht zu kämpfen hatten und deren kriegerische Leistungen herausragend sind, überbrücken den Zeitraum, bis Ninjutsu als spezifische Methode der Kriegsführung während der Zeit der Kämpfenden Provinzen seine Blütezeit erlebte.

1.4.1 Von den Anfängen bis zur Heian-Zeit

In diesem Kapitel sollen zunächst die frühesten Hinweise untersucht werden, die im Zusammenhang mit Ninjas und Ninja-ähnlichen Verhaltens- und Vorgehensweisen interessant erscheinen:

> „Die Frage, wer in unserem Land zuerst Ninjutsu gebrauchte, ist eine äußerst schwierige Angelegenheit. Dem *Kojiki*[35] zufolge erlangte Michi no omi no Mikoto (道臣命)[36] mit Hilfe der Kunst des *fukatôgo* (風歌倒語)[37] bei einem

---

35 „Berichte alter Begebenheiten"; älteste japanische Geschichtsdarstellung aus dem Jahr 712.

36 Einer der Begleiter des Jimmu Tennô, die ihn bei seinen östlichen Eroberungsfeldzügen unterstützten, und Begründer des Ôtomo-Clans (大伴氏).

37 Die Kunst, in Lieder geheime Codewörter einzubauen, die zum entsprechenden Zeitpunkt den Eingeweihten als Signal für den Angriff dienten (Heishichirô, *Ninjutsu – sono rekishi to ninja*; S. 25). Die weiter unten beschriebene, von Jimmu Tennô im Kampf gegen die Banditen von Yamato angewandte List ist ein gutes Beispiel hierfür.

nächtlichen Kampf den Sieg; und Yamato Takeru unterwarf mittels der Kunst der *kunoichi* (Verkleidung als Frau) Kawakami Takeru.[38] Es gibt viele Theorien, aber wahrscheinlich sind dies Beispiele für spontan und von selbst entstandenes Ninjutsu. Ob man es *yôkan* (用 間), d. h. „Gebrauch von Spionen", nennen kann und ob sie Kenntnisse des *Sunzi* besaßen und anwendeten, ist höchst zweifelhaft."

(Heishichirô, *Ninjutsu no honshitsu to shiryaku*; S. 405)

Historisch gesehen setzt die Untersuchung etwa im 5. Jh. u. Z. an; ein Zeitpunkt, der eng mit der Gründung des ersten „japanischen Staates", des Yamato-Reiches, verknüpft ist. Das Yamato-Reich, welches von etwa 400-600 n. Chr. bestand, war gekennzeichnet durch die Herrschaft adliger Geschlechter oder Sippenverbände (*uji*),[39] deren Oberhäupter die politische, militärische und religiöse Macht vereinten (der Clan-Älteste, *uji no kami*, war zugleich Oberpriester der Clangottheit, *ujigami*) und an deren Spitze die Herrscherfamilie von Yamato stand, die sich als direkte Nachfahren der Sonnengöttin Amaterasu sahen.[40] Unter diesen *uji*-Geschlechtern

38 Yamato Takeru ist ein halb-legendärer Kulturheroe Japans, der zur Regierungszeit von Kaiser Keikô (71-130) gelebt haben soll, wahrscheinlich aber im 4./5. Jh. anzusiedeln ist. Er soll den Auftrag erhalten haben, die *kumaso* (frühe Bewohner der Kyûshû-Inseln, wahrscheinlich aus Borneo stammend) zu unterwerfen, die ebenso wie die *ebisu* im Norden im Laufe mehrerer Jahrhunderte unterworfen, assimiliert oder verdrängt wurden. Im *Nihongi* heißt es: "Having arrived at the Land of Kumaso, he inquired into the state of things, and the character of the country in respect of facilities of access. Now the Kumaso had a leader named Torishi-kaya, also called the Brave of Kahakami, who assembled all his relations in order to give a banquet. Hereupon Yamato-dake no Mikoto let down his hair, and disguising himself as a young girl, secretly waited until the banquet should be given by the Brave of Kahakami" (Aston, *Nihongi*; S. 201). Yamato Takerus List gelang, er nahm verkleidet am Bankett teil, wartete bis Torishi-kaya betrunken war, und tötete ihn dann. Siehe auch Morris, *Samurai oder von der Würde des Scheiterns*; S. 15 ff.

39 „Die *uji* waren bestimmt keine Clans im soziologischen Sinn, d.h. exogame Untergruppen eines Stammes. Sie waren ziemlich große Familienverbände, durch wirkliche oder fiktive Blutsbande mit einem Hauptahnengeschlecht verbunden und durch die patriarchalische Macht des Sippenoberhauptes zusammengehalten. Sie bildeten die charakteristischen Einheiten, in die die Oberschicht gegliedert war" (Hall, *Das japanische Kaiserreich*; S. 34).

40 „Die japanische Mythologie berichtet das Herabsteigen des Enkels der Sonnengottheit Amaterasu vom Himmel nach Nord-Kyûshû, und dass dieser Enkel, Kamu Yamato Iware Hiko – dem später der offizielle Name Jimmu, der erste Kaiser, verliehen wurde – die *tenson*-Gruppe, die Sonnenlinie der

standen die Arbeitergemeinschaften oder *be* (部), die an den Dienst bei den *uji* gebunden waren. Die meisten dieser *be*-Gemeinschaften trieben Ackerbau; es gab jedoch auch solche, die sich auf bestimmte Tätigkeiten spezialisierten (z. B. *hatabe* – Weben; *yugebe* – Bogenherstellung; *ukaibe* – Fischfang; *fumibe* – Schreiben;[41] *urabe* – Wahrsagen). Die *yatsuko* oder Sklaven, die vornehmlich in den Haushalten der *uji* dienten, bildeten die dritte Gesellschaftsschicht; ihre Bedeutung für das Leben der damaligen Zeit war jedoch gering.[42] Innenpolitisch ist diese frühe Zeit in Japan vor allem durch die Auseinandersetzungen zwischen verschiedenen mächtigen Familien gekennzeichnet, die sich als Befürworter (Soga)[43] und Gegner

---

Clans, ostwärts führte, um die Yamato-Ebene zu erobern. Im Verlauf dieses Feldzugs traf und unterwarf er viele Stammesfürsten, so dass Yamato schließlich der Ort wurde, von dem eine landesweite politische Hegemonie ausgeübt wurde. Um 400 oder einige Dekaden später war die erste geeinte politische Struktur geschaffen worden“ (Hammitzsch, *Japan-Handbuch*; S. 279).

41 Als erste Vermittler der Schrift nach Japan gelten die aus dem südkoreanischen Altstaat Paekche (jap. *kudara*; eines der drei alten Königreiche in Korea neben Silla und Kugoryö; ca. 400-800) stammenden Adligen Achiki und Wani (um 375). Ab dem 5. Jh. bildeten die schriftkundigen koreanischen Einwanderer Schreibergilden (*fumibe, fumitobe, fumibitobe*), die hohes Ansehen genossen, und dienten als Chronisten und Schreiber dem Staat und dem Adel.

42 „Man nimmt an, dass alles in allem die Sklaven vielleicht fünf Prozent der Bevölkerung ausmachten. Sie wurden zumeist als Dienstboten verwendet, und es spricht wenig dafür, dass sich die Japaner auf ein System stützten, in dem große Sklaventrupps wesentliche Aufgaben erfüllten“ (Hall, *Das japanische Kaiserreich*; S. 35).

43 Die Soga beginnen dabei relativ spät, ab 536, mit der Ernennung von Soga-no-Iname zum Ô-omi (neben dem Ô-Muraji der höchste Minister im Staat) an Macht zu gewinnen. Als im Jahre 552 der König von Kudara in Korea Kaiser Kimmei (Regierungszeit 539-571) einige Buddhastatuen und Sutren als Geschenk übersendet und der Kaiser die Familien um Rat bezüglich der Annahme der neuen Lehre fragt, entscheiden sich die Nakatomi und die Mononobe dagegen, Soga-no-Iname aber dafür. Da die Macht der beiden alten Familien stark durch ihre religiöse Funktion gestützt wurde, scheint dies naheliegend.

(Nakatomi[44] und Mononobe[45]) der in dieser Zeit nach Japan übermittelten buddhistischen Lehre gegenüberstanden.[46] Dabei ging es jedoch auch um die Frage der Staatsordnung überhaupt: Mit der neuen Religion war nämlich auch die Idee eines zentral organisierten Kaiserstaates nach Japan gekommen, als dessen Vorbild das China der Tang-Zeit angesehen wurde.[47] Nach dem Sieg von Soga no Umako im Jahre 587 über die Mononobe war der Weg für den Buddhismus zunächst frei. Shôtoku Taishi,[48] der als Regent von 593-622 in Yamato herrschte, war nicht nur

---

44 Die Nakatomi, ein altes mächtiges Geschlecht, fungierten als Shintô-Ritualpriester am Hof. Die alte religiöse Tradition des Shintô wurzelt in der prähistorischen Yayoi-Zeit (etwa 300 v.u.Z.-300 n.u.Z.) und vereint animistische Anteile mit Elementen des Schamanentums und des Volksglaubens. (Wörtlich „Weg der *kami*", auch *kami no michi*. Der Begriff findet sich erstmals im *Nihon Shoki* aus dem Jahre 720 und wurde wohl aus staatspolitischen Gründen eingeführt, um eine Abgrenzung gegenüber dem *butsudô*, dem „Weg des Buddha/der Buddhas" zu schaffen.) Im Mittelpunkt stehen die *kami,* Kräfte, die in der gesamten belebten und unbelebten Welt wirksam und von den Menschen nicht qualitativ verschieden sind (der Begriff wird mit vielen Wörtern übersetzt, wie Geister, Naturkräfte, Götter etc.) und als deren Wohnsitze oftmals besondere Naturerscheinungen angesehen werden (Wasserfälle, Berge etc.). Weitere wichtige Elemente sind Reinigungs- und Opferrituale, Fruchtbarkeitsrituale und Ahnenverehrung.

45 Mononobe ist die Bezeichnung für die kaiserliche Palastwache dieser Zeit, der Anführer trug den Titel Mononobe no Muraji. Dieser war zugleich Shintô-Priester und leitete die Zeremonien vor einer Schlacht (Farris, *Heavenly Warriors*; S. 27). In späterer Zeit (etwa 8./9. Jh.) wurde der Begriff für die gesamte Kriegerschicht verwendet und wurde gleichbedeutend mit Samurai.

46 Offiziell gelangte der Buddhismus im Jahre 552 bzw. 538 über Korea nach Japan; jedoch bereits vor dieser Zeit wurden Buddha-Statuen von Einwanderern aus China und Korea (*kikajin*) verehrt. Es liegt auf der Hand, dass die Einfuhr des Buddhismus unmittelbare politische und religiöse Auswirkungen haben musste. Die Macht der alten Clan-Familien stützte sich nicht nur auf militärische Überlegenheit, sondern wurde auch entscheidend durch die religiöse Oberherrschaft der *uji no kami* getragen. Dieser Herrschaftsanspruch wurde natürlich untergraben, wenn man die Überlegenheit des Buddhismus und der Buddhas über die alten religiösen Bräuche und *kami* anerkannte.

47 „Gegen Ende des sechsten Jahrhunderts befand sich China, das seit dem Sturz der Han-Dynastie im dritten Jahrhundert uneins gewesen war, unter der Sui- (581-618) und der T'ang- (618-907) Dynastie erneut in einer Phase des Aufstiegs. Bald zeigte sich Chinas Größe wieder – an neuen gewaltigen kulturellen Leistungen, an seinen Städten, Bauten und seiner Kunst, an seinen weitreichenden öffentlichen Unternehmungen und an den Truppenmassen, die es jenseits der Reichsgrenzen zur Schau stellte" (Hall, *Das japanische Kaiserreich*; S. 46).

ein eifriger Verfechter des Buddhismus,[49] sondern bemühte sich eben auch darum, die Macht des Herrscherhauses mittels politischer Reformen zu stützen.[50] Nach seinem Tod im Jahre 622 begannen die Kämpfe zwischen Reformern und Reaktionären aufs Neue, bis im Jahre 645 die Reformkräfte unter der Führung von Naka no Ôe (dem Sohn Shôtoku Taishis) und Nakatomi no Katamari siegten und der Weg für weitere Reformen frei war; diese fanden ihren Ausdruck im Taika-Edikt („großer Wandel") des Jahres 646, das eine völlige Neuordnung des Regierungssystems bedeutete.[51] Die zahlreichen Reformen wurden nach und nach durchgeführt, wobei es im Jahre 672 noch einmal zu einem Krieg kam (*Jinshin no Ran*), der ihren Abschluss zu gefährden drohte. Kaiser Temmu jedoch (Regierungszeit 673-686), der sich besonders durch seine militärischen Erfolge auszeichnete, sorgte für die erfolgreiche Weiterführung der begonnenen Reformen,

---

48 Shôtoku Taishi (574-626), eigentlich Umayado-no-toyotomimi-no-mikoto. Nachdem Soga no Umako 587 die Mononobe ausgeschaltet hatte, ließ er 592 seinen Neffen, Kaiser Sushun, ermorden. Daraufhin brachte er seine Nichte auf den Thron, die als Kaiserin Suiko von 593-628 als Yamato-Oberhaupt fungierte. Gleichzeitig wurde Umayado-no-toyotomimi-no-mikoto zum Regenten ernannt.

49 Das *Nihongi* berichtet, wie sich Shôtoku Taishi beim Kampf gegen die Mononobe hölzerne Abbilder der Vier Himmelswächter des Buddhismus auf seinen Haarknoten setzt und verspricht, diesen im Falle eines Sieges eine Pagode zu errichten (die Vier Himmelswächter des Buddhismus, *shitennô*, beschützen die vier Himmelsrichtungen um den heiligen Berg Shumisen bzw. Sumeru, der als Zentrum der Welt gilt).

50 „Im Jahre 603 proklamierte er ein neues System von zwölf Hofrängen, damit der Souverän die Möglichkeit erhalte, die Beamtenrangordnung in seinem Interesse festzulegen. Im Jahre 604 verkündete er einen Kodex von siebzehn Regierungsartikeln, mit dem er eine neue Art politischer Ethik zu begründen hoffte; er entlehnte hierzu konfuzianische Staatstheorien, in denen die Beziehung zwischen Herrscher und Untertan mit der zwischen Himmel und Erde verglichen wurde" (Hall, *Das japanische Kaiserreich*; S. 51).

51 „Entsprechend dem chinesischen Vorbild forderte es die Abschaffung sämtlichen Privatbesitzes von Reisland sowie der *be*-Verbände, die die *uji* unterstützten. Es machte die Rechte des Herrschers auf Grund und Boden des Landes geltend. Es verlangte die Gründung einer ständigen kaiserlichen Hauptstadt und die Verwaltung des Landes mittels eines Systems von Provinzen, Distrikten und Dörfern. Es ordnete die Durchführung einer Volkszählung an sowie die planmäßige Verteilung des Bodens zur Kultivierung, nachdem er ganz vermessen und seiner Güte entsprechend eingestuft sei. Steuern sollten systematisch auferlegt werden, und die Oberschicht sollte Beamtenstellen einnehmen und gemäß Rang und Status eine Besoldung erhalten" (Hall, *Das japanische Kaiserreich*; S. 52).

deren Ende die Taihô-Gesetze[52] und die Errichtung der Hauptstadt Nara[53] darstellen.

Im Folgenden sollen einige Ereignisse dieser Zeit genauer betrachtet werden, die als früheste Formen unkonventioneller, Ninja-ähnlicher Kriegsführung bedeutsam erscheinen. Dabei soll aber gleich vorweg klargestellt werden, dass es sich bei den angeführten Beispielen nicht um Ninja-Aktivitäten im Sinne späterer Zeiten, wie beispielsweise während der Blütezeit des Ninjutsu zur Zeit der Kämpfenden Provinzen (1467-1568), handelt. Es treten in dieser Zeit keine ausdrücklich auf Spionage oder Intrige spezialisierte Truppen mit einer eigenständigen inneren Organisation auf (wie dies bei den eigentlichen Ninja der Fall war). Vielmehr handelt es sich um hervorragende Einzelcharaktere, welche die allgemein anerkannten Regeln der Kriegsführung überschritten haben und alle ihnen zur Verfügung stehenden Mittel nutzen (Verrat, Intrigen, Täuschung, Mord), um an ihr Ziel zu gelangen. Die wichtigste Quelle für diese frühe Zeit ist dabei das *Nihongi*.[54] Sie als Vorfahren der Ninja zu bezeichnen, wäre daher zu viel gesagt (schließlich wurden solche Methoden schon immer neben der konventionellen Kriegsführung verwendet); richtig aber ist, dass viele dieser Methoden von den Ninja späterer Zeiten ausgebaut und weiterentwickelt wurden, während sich die *tsuwamono* (兵)[55] und *bushi* (武士) eher anderen Aspekten der Kriegsführung widmeten. Dabei ist vor allem interessant, dass der geographische Raum, in dem diese Ereignisse

52 „Der Taihô-Kodex bestand aus zwei Teilen: den *ritsu* oder Strafgesetzen und den *ryô* oder Verwaltungsordnungen. Diesen wurden später ergänzende Präzedenzurteile und Bestimmungen, die als *kyaku* und *shiki* bekannt sind, hinzugefügt.“ (Hall, *Das japanische Kaiserreich*; S. 56)
Die Taihô-Gesetze ersetzten die bisherige lokale Souveränität durch ein zentrales Regierungssystem, an dessen Spitz der Kaiser (Tennô) stand.

53 Nara (der Stadtaufbau wurde zwischen 708 und 712 vollendet), die neue Hauptstadt, orientierte sich in ihrem Aufbau an der Hauptstadt des Tang-Reiches, Chang‘an. Es handelte sich um eine rechteckige Anlage mit einem Grundriss von etwa 4200 x 4800 Metern.

54 Auch *Nihon-shoki* genannt. Eine Sammlung alter japanischer Chroniken, 720 verfasst. Das *Nihongi* und das *Kojiki* sind die beiden wichtigsten Quellenwerke für die japanische Frühzeit.

55 *Tsuwamono* ist die Bezeichnung für den berittenen, mit *tachi* (Langschwert mit einer 90-150 cm langen, gekrümmten Klinge) und Bogen bewaffneten Krieger, der, von einfachen Fußsoldaten (*banrui*) begleitet, in die Schlacht zog (etwa 400-900).

stattfinden, nahezu identisch mit den Regionen ist, in denen die weitere Ausbildung der später als Ninjutsu bezeichneten Formen der Kriegsführung stattgefunden hat (etwa die Provinzen Yamato, Kii, Ômi, Iga und Ise), während der Aufstieg der Bushi ab dem 10. Jh. in den (von der damaligen Hauptstadt Heian) weiter entfernten Provinzen begann.

> „In diesem Sinne gibt es zahlreiche Überlieferungen, wie die von Soga no Umakos[56] Leibwächter-ähnlichem Ninja Azuma-no-aya-no-ataikoma, der Sushun-Tennô (Reg. 587-592) ermordete;[57] oder Shôtoku Taishi, der Menschen aus der Provinz Kôga (damals Iga-Provinz) wie Ôtomo Saijin[58] als Shinobi (志能便) einsetzte (Menschen, die danach strebten, vom Herrscher reich entlohnt zu werden); oder Temmu-Tennô (Reg. 673-686), der den Spion Takoya (多胡弥), einen Meister der Brandstiftung und Intrige, im tatsächlichen Kampf einsetzte.[59]
>
> Zumindest gibt es keinen Zweifel, dass seit dieser Zeit die „Kunst des Einsatzes von Spionen“ (用間術) des *Sunzi* in Japan im Umlauf war. Es ist

---

56 Soga-no-Umako (ca. 551-626); die Soga waren eine Seitenlinie des Yamato(*tenson*)-Geschlechts, die sich gegenüber den alten Familien Mononobe (die als Generäle in Erbtradition dienten) und Nakatomi (die als Shintô-Ritualpriester fungierten) für die Verbreitung der in Japan neuen Religion des Buddhismus einsetzten. Die Meinungsverschiedenheiten führten 587 zum Kampf, bei dem Soga-no-Umako die Mononobe vernichtend schlagen konnte.

57 Im *Nihongi* heißt es: “10th day. Soga no Mumako no Sukune, having been told of the pronouncement of the Emperor, and alarmed at his detestation of himself, called together his people and conspired with them to assassinate the Emperor. … 11th month, 3rd day. Mumako no Sukune lied to the Ministers, saying: ‘To-day I present the taxes of the Eastern provinces,’ and sent Koma, Yamato no Aya no Atahe, who killed the Emperor” (Aston, *Nihongi*; S. 119).

58 Die alte Familie der Ôtomo bildete im frühen Japan eine Klasse von Gardesoldaten in Erbfolge-Führung; ihre Vorfahren sollen Jimmu Tennô bei seinen Kämpfen zur Seite gestanden haben. *Saijin* ist eine der chinesischen Bezeichnungen für Spione. Hatsumi (*Ninjutsu – History and Tradition;* S. 7) erwähnt die Ôtomo-Familie als frühe Vorfahren der Künste des Ninjutsu: “The skills of ninjutsu were said to have passed thereafter to Tennin Nichimei, Okume Mei, and Ôtomi Uji for further development and expansion.“

59 Temmu-Tennô gilt als einer der geschicktesten und kriegerischsten Kaiser in der frühen japanischen Geschichte. Im *Nihongi* heißt es über seine jungen Jahre: “From his birth he had a majestic and intelligent appearance: when he grew to manhood, he was virile and martial. He was skilled in astronomy and the art of becoming invisible“ (Aston, *Nihongi*; S. 301).

also gut möglich, dass Soga no Umako (als *jônin*)[60] und Azuma-no-aya-no-ataikoma (als *genin*) die ersten bewussten Praktiker des Gebrauchs von Spionen waren.“

(Heishichirô, *Ninjutsu no honshitsu to shiryaku*; S. 405)

Das früheste Beispiel für solche Ereignisse ist dabei zur Zeit des legendären Kaisers Jimmu Tennô zu finden, als (legendäres) Datum seiner Thronbesteigung wird das Jahr 660 v. u. Z. angesehen.[61] Hatsumi (*Ninjutsu – History and Tradition*; S. 7) erwähnt zwei Gefolgsleute von Jimmu Tennô (Shinetsuhiko und Otokashi), die diesem behilflich sind. Es ist dies ein frühes Beispiel für den erfolgreichen Einsatz von Verkleidungen, um den Gegner über die wahre Identität hinwegzutäuschen – eine Taktik, die von alters her bis zur Neuzeit immer wieder, und nicht nur von den Ninja, angewendet wurde. Jimmu Tennô, mit der Bekämpfung von Banditen in der Provinz Yamato beschäftigt, erhält im Schlaf die göttliche Eingebung, aus Lehm vom heiligen Berg Kagu Platten zu töpfern, auf denen er den Göttern Opfer darbringen soll. Dafür werde ihm der Sieg geschenkt. Er beauftragt daraufhin Shihi-netsu-hiko und Ukeshi, sich als ein altes Paar einfacher Leute zu verkleiden, um so unbemerkt an den Lehm vom Berg Kagu zu gelangen.

“The Emperor, who had already taken the words of his dream for a good omen, when he now heard the words of Ukeshi the Younger, was still more pleased in his heart. He caused Shihi-netsu-hiko to put on ragged garments and a grass hat, and to disguise himself as an old man. He also caused Ukeshi the Younger to cover himself with a winnowing tray, so as to assume the appearance of an old woman, and then addressed them, saying: ‘Do ye

60 *Jônin* ist die Bezeichnung für führende Ninja-Agenten, allerdings erst ab der Zeit der „Kämpfenden Provinzen“ (siehe 1.4.7). Unter diesen standen die *chûnin* (Mittelsmänner), denen wiederum die *genin*, die eigentlichen Spione, unterstellt waren.

61 Wenngleich die Berichte über Jimmu Tennôs Eroberungsfeldzüge im *Nihongi* sagenhaft erscheinen, so ist es doch möglich, dass sie auf in der Frühzeit tatsächlich stattgefundenen Wanderungswellen und Kämpfen zwischen verschiedenen Gruppen auf dem japanischen Festland beruhen.

> two proceed to the heavenly Mount Kagu, and secretly take earth from its summit. Having done so, return hither. By means of you I shall then divine whether my undertaking will be successful or not. Do your utmost and be watchful.'"
>
> (Aston, *Nihongi*; S. 120)

Die List ist erfolgreich, und die beiden bringen dem Kaiser den gewünschten Lehm. Im folgenden Winter greift der Kaiser die Banditen an; es gelingt ihm aber nicht, sie vollständig zu vernichten. Eine weitere List Jimmu Tennôs bestand daher darin, die Feinde zu einem Festessen einzuladen. Nachdem sie mit Sake schläfrig gemacht wurden, gingen die Soldaten des Tennô auf ein abgemachtes Zeichen daran, die wehrlosen Betrunkenen zu erschlagen.

> "Michi no Omi no Mikoto thereupon, in obedience to the Emperor's secret behest, dug a muro at Osaka, and having selected his bravest soldiers, stayed therein mingled with the enemy. He secretly arranged with them, saying: 'When they have got tipsy with sake, I will strike up a song. Do you, when you hear the sound of my song, all at the same time stab the enemy.' Having made this arrangement they took their seats, and the drinking bout proceeded. The enemy, unaware that there was any plot, abandoned themselves to their feelings, and promptly became intoxicated. Then Michi no Omi no Mikoto struck up the following song: …
> Now when our troops heard this song, they all drew at the same time their mallet-headed swords, and simultaneously slew the enemy, so that there were no eaters left. The Imperial army were greatly delighted; they looked up to heaven and laughed."
>
> (Aston, *Nihongi*; S. 123)

1.4.2 Shugendô, Yamabushi und Kriegermönche

Im Folgenden soll eine kurze Darstellung der Lehren des Shugendô und ihrer Anhänger, der Yamabushi, gegeben werden. Dabei sollen vor allem zwei Punkte im Vordergrund der Untersuchung stehen:

1. Es soll versucht werden, zu erhellen, ob und in welcher Weise die Yamabushi auf die Entwicklung des historischen Ninjutsu Einfluss genommen haben könnten. Dabei ist v. a. die militärische und geschichtliche Bedeutung, die die Yamabushi während des Mittelalters spielten, von Interesse (als Bergführer, Nachrichtenübermittler u. a.). Zudem sollen die Lokalgeschichte von Togakushi, der Heimat des Begründers des Togakure-Ryû Ninjutsu, und ihre Beziehungen zum Shugendô betrachtet werden (1.4.3).

2. Modernes Togakure-Ryû Ninjutsu erhebt den Anspruch, dass ein wichtiger Teil seiner geistigen Lehren auf von den Yamabushi praktizierten Übungen gründet (z. B. das *kuji-no-hô*).[62] Die Gültigkeit dieses Anspruchs hängt zunächst einmal – unabhängig von anderen Fragen wie der Tradierung der Lehre, gemeinsamen Übungsstätten etc. – davon ab, ob diese Lehren inhaltlich mit dem Gedankengut der Yamabushi und den von ihnen praktizierten Übungen übereinstimmen oder sich daraus entwickelt haben könnten.

Shugendô (修験道) bedeutet wörtlich übersetzt etwa „der Weg (*dô*), durch Übungen (*shu*) Wunderkräfte (*gen*) zu erlangen". Die Ausübenden des Shugendô werden dabei als *yamabushi* (山伏), „die sich in den Bergen niederlegen", oder als *shugenja* („Personen des *shugen*") bezeichnet – gemeint ist das Leben und Praktizieren von Übungen in den Bergen, nicht „Bergkrieger", wie oftmals fälschlich angenommen.

Das Shugendô selbst besitzt keinen eigentlichen Stifter oder Gründer; als legendärer Ahnherr gilt jedoch En-no-Gyôja.[63] Sein Geburtsjahr ist ungewiss, für gewöhnlich aber wird das Jahr 634 u. Z. angenommen.[64] Als sein Geburtsland gilt

---

62 Soothill, *A Dictionary of Chinese Buddhist Terms*; S. 17: „*kuji* – The nine magical characters *rin pyô tô sha kai jin retsu zai zen* implying that the armed forces are arrayed against the powers of evil. After reciting these words, four vertical and five horizontal lines, forming a grid, are drawn in the air to show that the forces are arrayed. It was used among Taoists and soldiers, and is still used in Japan, especially when going into the mountains." (siehe 2.3.3 „Die Lehre von den Neun Zeichen")

63 Auch En-no-ozunu, Shôkaku, E-no-kimi, E-no-ubasoku (Sskr. *Upâsaka*; Laienanhänger des Buddhismus), Shôkaku-Sennin und einfach: Gyôja.

die Gegend um den Berg Katsuragi in Yamato. Um die Geburt und das Leben von En-no-Gyôja selbst ranken sich zahlreiche Legenden und Wundergeschichten.

> „En no Ozuno ist der Stifter des Shugendô in Japan. Ozuno wurde zu Beginn der Regierungszeit von Kaiser Jomei (Reg. 629-641) im Lande Yamato im Bezirk Katsuragi in Chihara geboren. Sein Geburtsjahr ist unsicher.
> Seit seiner Jugend verweilte er auf dem Katsuragi-Berg. Nach 30 Jahren der Askese erlangte er die Fähigkeit, mit den Geistern zu verkehren, setzte sie für eigene Dienste ein, konnte am Himmel entlangfliegen und gründete Shugendô – so stellt sich ein Abriss der Legenden um ihn dar. Als Nachkomme der *kikajin* (帰化人)[65] führte er zusammen mit dem Glauben des Buddhismus neue Erkenntnisse der chinesischen Kultur mit sich. Aber die Gestalt seiner asketischen Übungen fußt klar auf Formen des alten Shintô-Glaubens. Als Begründer des Shugendô vertrat er die Lehre der Nicht-Zweiheit von Buddhismus und Shintô (*shinbutsu-funi*) und stand damit in scharfem Gegensatz zum damaligen Tempelbuddhismus der Adligen und zur Verehrung der Clangottheiten (*ujigami*).
> Als Folge davon musste er als Andersgläubiger bis zur Nara-Zeit [710-784], als die *honji-suijaku*-Lehre[66] staatlich wurde, gegen die permanenten Verfolgungen und Angriffe der Machthaber kämpfen. In dem etwa 80 Jahre dauernden Prozess ständiger Kämpfe mit den Truppen des Hofes setzten En-no-Gyôja und seine Yamabushi die Kriegskunst [*heihô*] des *Sunzi* in die Tat um. Dieser Prozess verwandelte die Kriegskunst des *Sunzi* in die

---

64 Es liegen unterschiedliche Angaben mit beträchtlichen zeitlichen Unterschieden vor, die Angaben variieren vom Jahr 509 (Keitai-Tennô 3) bis zum Jahr 662 (vgl. hierzu Gorai Shigeru, *Shugendô shiryo – Vol.1*; S. 327).

65 Bezeichnung für die Immigranten vom asiatischen Festland, die sich vom 4.-8. Jh. in Japan ansiedelten. Es handelte sich in der Regel um gebildete Männer, denen oftmals wichtige Posten im diplomatischen Dienst sowie in militärischen und religiösen Angelegenheiten übertragen wurden. Die Hata waren eine der frühesten dieser Einwanderer-Familien.

66 Dieser Lehre zufolge (本地垂迹), die mitbestimmend für spätere synkretistische Lehren wurde, sieht in den Buddha-Wesen, die in Form der Shintô-Götter ihre Spuren auf der Erde hinterlassen (*suijaku*), den Urzustand (*honji*).

Kriegskunst der Yamabushi (*yamabushi-heihô*), d. h. in eine japanische Kriegskunst (*nihon-heihô*). *Sunzi* ist militärische Theorie; praktische Anweisungen (*bujutsu*) sind nicht enthalten. Aufgrund des Maßstabs der Kämpfe zur Zeit des *Sunzi* hatte *bujutsu* in China als Hauptursache für den Sieg im Kampf an Wert bereits verloren. Aber da im Japan der Asuka-Zeit [552-645] in kleinem Stil gekämpft wurde, war *bujutsu* eine der Hauptursachen für den Sieg im Kampf. Natürlich studierten die Yamabushi die chinesische Tradition des Stockkampfes (*bôjutsu*) und fügten ihr die Lehre vom *kiai*[67] als Besonderheit der Yamabushi bei (sie entwickelte sich als Folge von Festen wie *kugadachi*[68] und *hiwatari*[69] im frühen Shintô). Schließlich war eine genuin japanische Stockkampftechnik, japanisches *bujutsu*, geboren.
Auch die Kriegskunst trainierte Ninja-ähnliche Taktiken wie „mittels etwas Kleinem etwas Großes stürzen",[70] und besondere Angriffe und Verteidigungen wurden formalisiert. Die Technik der Spione des *Sunzi* verband sich hier mit *bujutsu* und bildete eine unorthodoxe Kriegskunst (*ki-heihô*). Und so wie sich diese beiden Künste, *hei* und *bu*, einander entsprechend wandelten, erfuhr auch der Gebrauch der Spione große Veränderungen und entwickelte sich als das Ninjutsu Japans weit über die ursprüngliche Technik des Gebrauchs von Spionen bei Sonshi hinaus."

(Heishichirô, *Ninjutsu no honshitsu to ryakushi*; S. 406)

---

67 Siehe 2.3.4.6.

68 Eine Art Gottesurteil, die der *ukeiyu* („heißes-Wasser-Schwur") genannten Praktik ähnelte, bei der ein Stein aus einem Topf mit kochenden Wasser genommen werden musste; erlitt die Person Verbrennungen, so galt dies als Zeichen ihrer Schuld (Kodansha: *Encyclopedia of Japan*).

69 Die Praxis des Feuerlaufens (火渡) ist bis heute Bestandteil der Shugendô-Praktiken; siehe Gluck, *Zen-Combat and the Secret Power called Ki*; S. 118-122.

70 Der Glaube daran, dass das Kleine über das Große, das Schwache über das Starke und das Weiche über das Feste siegt, ist eine der Grundanschauungen des Taoismus: „Nichts auf der Welt ist so nachgiebig und aufnahmebereit wie Wasser, doch im Bekämpfen des Harten und Starren trägt nichts so trefflich den Sieg davon. Dank dem, was es nicht ist, gelingt ihm dies leicht. Das Aufnahmebereite siegt über das Harte; das Nachgiebige siegt über das Starre" (*Daodejing*, Kapitel 78). Wenn nicht anders angegeben, erfolgt die Zitierung des *Daodejing* nach Wing, L. R., *Der Weg und die Kraft*.

Die zunächst undoktrinären Lehren des Shugendô umfassten Elemente des Taoismus,[71] Buddhismus[72] und Shintôismus sowie der Bergverehrung (*sangaku-shinkô*),[73] populären Volksglauben, Magie und Wahrsagerei. Dabei war es oftmals so, dass Klöster- und Tempelanlagen als Lehr- und Übungsstätten gleichermaßen von Mikkyô- und Shugendô-Praktikanten genutzt wurden.[74] Zwei der frühen Hauptzentren des Shugendô sind dabei die Regionen der alten Provinz Yamato

---

71 Besonders interessant ist hierbei die taoistische Vorstellung der *hsien* (jap. *sennin*), in den Bergen lebende Einsiedler mit magischen Kräften (besonders bedeutend erscheint dabei die Fähigkeit zu fliegen, die auch En-no-gyôja zugesprochen wird). Weitere Ähnlichkeiten betreffen die Fähigkeit, Dämonen zu beherrschen (der Enryaku-Tempel der Tendai-Schule liegt im Nordosten von Kyôto; diese Richtung gilt im Taoismus als Einfallspforte der Dämonen) und die Verlängerung des Lebens mittels gymnastischer Übungen und der Einhaltung bestimmter diätetischer Vorschriften. Auch die Lehre der neun Zeichen, *kuji-no-hô*, besitzt taoistische Ursprünge, ging aber eine enge Verbindung mit den Lehren des esoterischen Buddhismus ein.

72 Insbesondere die beiden großen Schulen des esoterischen Buddhismus, Tendai (Begründer Saichô, posthum Dengyô Daishi, 762-822; Haupttempel ist der Enryaku-ji am Hiei-Berg bei Kyôtô) und Shingon (Begründer Kûkai, posthum Kôbô Daishi, 744-835; ein Hauptzentrum dieser Schule befindet sich auf dem Koya-Berg in der Provinz Wakayama) standen in enger Verbindung zu der sich etwa zur gleichen Zeit entwickelnden Bewegung des Shugendô. Während der Kamakura-Zeit spaltete sich die Shugendô-Yamabushi-Bewegung in zwei Hauptgruppen auf, die *Honzan*-Schule, die sich der Tendai-Lehre zugehörig sah (Haupttempel ist der Shôgoin im Nordosten von Kyôto), und die dem Shingon verbundene *Tôzan*-Schule (Haupttempel ist der Sambôin im Süden von Kyôto). Dabei bestanden v.a. bei magischen Praktiken (z.B. die wichtige Bedeutung der „[Zauber-]Formeln", *mantra, dharani* und *jumon*) und meditativ-zeremoniellen Übungen (so zeichnen bestimmte Pilger-Wallfahrtswege der Yamabushi Muster von *mikkyô*-Mandalas nach) viele Gemeinsamkeiten zwischen dem Shugendô und dem *mikkyô*.

73 Seit frühester Zeit werden Berge in Japan als heilige Stätten, übernatürliche Bereiche und Wohnsitze von Berggottheiten (*yama no kami*) und Ahnengeistern angesehen. Damit verband sich die Vorstellung, durch bestimmte Riten wie z.B. rituelles Bergbesteigen (*mine-iri*) in eine besondere Beziehung mit der dort wohnenden Gottheit gelangen zu können und so magischer Kräfte teilhaftig zu werden. Später wurden Berge im Allgemeinen als besonders geeignete Stätten zur Durchführung asketisch-religiöser Praktiken angesehen. Der Ursprung von Bergwallfahrten ist ebenfalls hier zu suchen.

74 So findet sich am Hiei-Berg die Praxis des Berggipfelumwanderns (*kaihogyô*), die länger dauernde Bergaskese einschließt und auch Bestandteil des Tendai-Shugendô ist (*honzan*-Shugendô). Der 33. Großmeister des Togakure-Ryû, Takamatsu Toshitsugu (1889-1972), war ebenfalls Mönch im Enryaku-ji.

(mit den bedeutenden Bergen Yoshino, Kimpusen und Ômine) und der alten Provinz Dewa (bedeutende Berge Haguro, Yudono und Gassan).[75]

Auf ihren oftmals lang dauernden, sich über weite geographische Gebiete erstreckenden Pilgerreisen waren die Yamabushi dabei den üblichen Gefahren einer mittelalterlichen Reise wie Überfällen von Banditen, Verirren in der Wildnis etc. ausgesetzt. Dabei wurden bestimmte heilige Berge in einer bestimmten Reihenfolge aufgesucht; die Mönche, die dabei an Übungen anderer Bergzentren teilnahmen, wurden als Gastmönche, *kyaku-sô*, bezeichnet. Zudem waren sie erheblich auf die Hilfsbereitschaft ihrer Mitmenschen angewiesen, ihnen Unterkunft und Nahrung zuteil werden zu lassen. Im Gegenzug dienten die Yamabushi mittels ihrer in strenger Askese erworbenen Kräfte einfachen Bürgern wie auch den Adligen als Krankenheiler, Dämonenaustreiber und dergleichen mehr.[76] Dabei waren die Yamabushi auch durch ein spezifisches äußeres Erscheinungsbild geprägt, zu dessen wichtigsten Elementen das *suzu-kake-*

---

75 Ihr Einflussbereich erstreckte sich bis in die Provinzen Mutsu, Echigo, Etchu, Shinano und Sado, umfasste also auch die Ortschaft Togakushi. Sie waren ursprünglich der Shingon-Richtung des Tendai zugehörig, wechselten aber Mitte des 17. Jh. zur Tendai-Richtung.

76 Die Praxis des Exorzismus wird als *tsukimono otoshi* bezeichnet, wobei verschiedene Wesenheiten von einer Person Besitz ergreifen konnten (z.B. verärgerte *kami* oder die Seelen Verstorbener). "The process by which these entities are persuaded to leave the bodies of their victims first requires a competent exorcist. Such a person is usually a *yamabushi* or a Buddhist priest" (Sawako, *Keys to the Japanese Heart and Soul*; S. 257).

Gewand,[77] die *tokin*-Kopfbedeckung,[78] die Schnecken-Trompete (*hora-gai*),[79] der *irataka-juzu*-Rosenkranz,[80] der *oi*-Schulterkorb[81] und das *ken*-Schwert[82] gehörten.

Die politisch-militärische Bedeutung der Yamabushi ist durch verschiedene Aspekte gekennzeichnet. Zum einen waren die Yamabushi aufgrund ihrer ausgedehnten Reisetätigkeiten und ihrer profunden Ortskenntnis zur Ausführung von Spionage- und Kurierdiensten besonders geeignet. Dieser Umstand wurde dadurch erleichtert, dass die Yamabushi das Privileg genossen, Provinzgrenzen ohne Gebühren überschreiten zu dürfen. Hinweise auf solche Tätigkeiten finden

---

77 Charakteristisches, weitärmliges Gewand der Yamabushi, das während des Pilgerns und der Zeremonien getragen wurde und Schutz vor der Witterung gewährte.

78 Schwarzes Falttuch, das zum Schutz vor Nebel und Kälte getragen wurde. Ursprünglich wurde es um den Haarknoten gebunden (im Gegensatz zu buddhistischen Mönchen trugen die Yamabushi die Haare lang) und hing am Hinterkopf herab; später setzte sich eine kürzere Form durch.

79 Bereits in Indien als militärisches Signalgerät gebraucht, gilt sie im Buddhismus als Hoheitszeichen und Symbol der Stimme des Dainichi Nyorai (der „Große Sonnenbuddha“ steht im Zentrum der Lehren des Shingon-Buddhismus). Für die Yamabushi war sie ein wichtiges Signalgerät zur Weg-Orientierung sowie zur Nachrichtenübermittlung.

80 Rosenkranz mit meist 108 flachen, eckigen Perlen, der bei Gebeten und Beschwörungen zwischen den Fingern gerieben wurde.

81 Korb-ähnlicher Behälter aus geflochtenem Bambus, der die für die Übungen notwendigen Utensilien enthielt.

82 Seit der Kamakura-Zeit scheint das Tragen eines Schwertes zum typischen Erscheinungsbild vieler Yamabushi zu gehören. Zweierlei Gründe dürften hierfür mitverantwortlich sein: zum einen die Notwendigkeit, sich auf den langen Reisen, die oftmals durch unwegsames Gebiet führten, verteidigen zu können (gegen Räuber, wilde Tiere etc.), zum anderen die Tatsache, dass sich oft Adlige und Krieger für ein Leben als Yamabushi entschieden und auf ihre Waffen nicht verzichten wollten. Die spätere Shugendô-Doktrin sieht im Yamabushi-Schwert ein Abbild des Schwertes des *Fudô Myô*, einer Schutzgottheit des Buddhismus.

sich vor allem im *Taiheiki*,[83] wobei neben den Yamabushi auch noch Zen[84]- und Ji[85]-Mönche in dieser Funktion tätig gewesen zu sein scheinen (Rotermund, *Die Yamabushi*; S. 171). Darüber hinaus boten die geographischen Beschaffenheiten des südlichen Shugendô-Kernlandes (d. i. die Kii-Halbinsel) ideale Bedingungen, um Flüchtlingen Sicherheit und Unterschlupf zu gewährleisten. Rege Tätigkeit in diesem Sinne findet sich am Ende des 12. Jh., zur Zeit des Genpei-Krieges, im Fall des Minamoto Yoshitsune (1159-1189; siehe 1.4.5), sowie im 14. Jh., zur Zeit der Nord-Süd-Dynastie (1336-1392) bei Kusunoki Masashige (1294-1336; siehe 1.4.6). Des Weiteren wurde der Aufzug der Yamabushi gerne benutzt, um unbehelligt durch die Lande reisen zu können – sowohl auf der Flucht, d. h. um aus einem bestimmten Gebiet zu entkommen, als auch zur Erledigung bestimmter Aufträge, d. h. um in ein bestimmtes Gebiet hinein zu gelangen. Ein bekanntes Beispiel hierfür ist die Erzählung von Minamoto Yorimitsu, der sich mit seinen Begleitern als Yamabushi verkleidet anschickt, das Monster *shuten-dôji* zu töten.[86]

---

83 Das *Taiheiki*, eines der bekanntesten Kriegsepen (*gunki monogatari*), behandelt den Zeitraum von der Thronbesteigung Go-Daigos (1318) bis zum Tod des zweiten Ashikaga-Shôguns Yoshiakira im Jahre 1367. In seiner frühesten Form ist es zwischen 1412-1421 niedergeschrieben worden.

84 Dabei dürfte es sich auch um sogenannte *Komusô*-Mönche gehandelt haben, Anhänger der chinesischen *Fuke*-Schule des Zen-Buddhismus der Tang-Zeit (618-907), die mit einem tief ins Gesicht gezogenen Strohhut und auf der *shakuhachi*-Flöte spielend durchs Land zogen. Die Verkleidung als Komuso zählt, wie die Verkleidung als Yamabushi, zu den traditionellen Deckidentitäten des klassischen Ninjutsu (siehe 2.3.1 Die Kunst des Unsichtbarmachens).

85 Die *ji*- bzw. „Zeit"-Schule wurde 1276 von dem Mönch Ippen (1239-1289) gegründet. Kernlehre ist die ständige Anrufung (*nenbutsu*) des Buddha Amida: *namu amida butsu* – Ehre sei Amida-Buddha. Amida ist der Buddha des westlichen Reinen Landes, in dem alle wiedergeboren werden, die vor ihrem Tod seinen Namen ausrufen. Die *ji*-Schule wurde auch *yugyô-ha* („Schule der Reisenden") genannt, da ihre Anhänger das Land bereisten und die Bevölkerung zum *nenbutsu* aufforderten.

86 "The Ôeyama monster was a demonic youth called Shutendôji (literally the 'wine-drinking youth'). Wine made him into a demon that could assume many forms, and he was wont to steal into Kyôto and take away sons and daughters to his fastness in the mountains. The commission to destroy him fell upon a hero called Raikô (the historical Minamoto Yorimitsu 944-1021), who chose four companions, Watanabe Tsuna, Urabe Suekata, Usui Sadamitsu and Sakata Kintoki to accompany him on the dangerous journey. The disguise they adopted was that of *yamabushi*, the wandering mountain monks who were later to be associated with the ninja" (Turnbull, *Ninja – The True Story of Japan's Secret Warrior Cult*, S. 16).

Nicht zuletzt griffen die Yamabushi auch direkt in kämpferische Auseinandersetzungen ein, womit sie einen Teil der Kriegermönch-Tradition bilden.[87]

Der Brauch verschiedener Klöster, bewaffnete Truppen zu unterhalten, beginnt gegen Ende der Heian-Zeit. Dafür lassen sich insbesondere zwei Gründe anführen. Der Reichtum der großen Tempel (wie z. B. des Enryaku-ji) war zu dieser Zeit, gefördert durch staatliche Unterstützung, Steuervergünstigungen und wachsenden Landbesitz (klösterlicher Landbesitz war in vielen Fällen erblich), stark angewachsen. Dies brachte die Notwendigkeit mit sich, gegen eventuelle Übergriffe (z. B. seitens Räuberbanden oder Steuereintreibern) gewappnet zu sein, weshalb die Klöster begannen, eigene Schutztruppen aufzubauen. Darüber hinaus begannen die Klöster, auch politisch Stellung zu beziehen. Zudem wurden sie nicht selten um Beistand angerufen, wodurch sie noch mehr in das kriegerische Geschehen dieser Zeit verwickelt wurden. Hinzu kamen Streitigkeiten zwischen einzelnen Tempeln, besonders um Landbesitz und Autoritätsansprüche (v. a. zwischen den Tempeln der alten Hauptstadt Nara, wie Kôfuku-ji und Tôdai-ji, und denen der neuen Hauptstadt Kyôto, wie Enryaku-ji und Mii-dera). Dabei war das In-Brand-Stecken des verfeindeten Tempels eine übliche Vorgehensweise, wobei es natürlich auch zu direkten Auseinandersetzungen zwischen bewaffneten Mönchen kam. Diese Kriegermönche wurden in der Folge als *sôhei* (僧兵), die „Mönche, die zum Schwert gegriffen haben“, bezeichnet.[88]

---

87 Rotermund (*Die Yamabushi*; 1968; S. 164) schreibt: „Es ist hierbei ... nicht leicht zu unterscheiden zwischen Yamabushi und z.B. den Yoshino-Mönchen; es darf aber wohl angenommen werden, dass auch an den Shugendô-Zentren – wie an allen großen Schreinen jener Epoche – Mönchsheere standen ...“

88 “Alliances were frequently formed, and as easily broken. In 989 and 1006 the Enryaku-ji took arms against the Kôfuku-ji. In 1036 Enryaku-ji fought Mii-dera. In 1081 Enryaku-ji united with Mii-dera against the Kôfukuji, and during the dispute Kôfuku-ji burned Mii-dera and carried off much loot. Later in the same year Enryaku-ji burned Mii-dera over a succession dispute. In 1113 Enryaku-ji burned the Kiyomizu temple during a dispute over the election of an abbot. In 1140 Enryaku-ji attacked Mii-dera once again, and in 1142 Mii-dera attacked the Enryaku-ji. So the long catalogue goes on, until the ‘monks’ warlike activities were swallowed up in the great war that swept the country [Genpei-Krieg, 1180-1185]” (Turnbull, *The Samurai*; S. 29).

„Die Nara-Zeit war die Zeit des Übergangs vom hochtrabenden Buddhismus des Adels zum weltlichen Buddhismus der Massen. Die Fahnenträger dieses Volksbuddhismus waren natürlich die beiden Schulen von Tendai (Saichô) und Shingon (Kûkai); aber auch die Existenz des Pioniers Gyôgi[89] darf nicht übersehen werden.
Eine der Bedingungen für diese Vermassung des Buddhismus war die offizielle Anerkennung der *honji-suijaku*-Lehre (*shinbutsu-konkô*; die Vermischung von Kami und Buddhas). Größere Schwierigkeiten, die diese Vermassung behinderten, wurden – den Ansichten der Yamabushi folgend – vom Staat beseitigt.
Shugendô wurde offiziell zugelassen, und die Yamabushi wurden von der Notwendigkeit befreit, die Regierungstruppen zu bekämpfen. Aber gleichzeitig mit dieser Befreiung bekehrten sich die Yamabushi zum *mikkyô*, und als vorderste Soldaten der Mission des *mikkyô* verbreiteten sie sich im ganzen Land. Auf die Errichtung von *mikkyô*-Tempeln in den Provinzen folgte später der Aufbau von Mönchsklausen, denen die Verantwortung zum Schutz der Tempel übertragen wurde. Nach dieser Zeit spaltete sich Shugendô in die beiden Zweige Tendai und Shingon auf.
Diese gaben das Üben der erlernten Kriegskünste (*heihô, bujutsu, ninjutsu*) nicht auf, und die zu den *mikkyô*-Tempeln gehörigen Mönchsklausen waren seit dieser Zeit so etwas wie reine Übungsstätten (*dôjô*) für Kriegsfertigkeiten (*bujutsu*). Später, vom Ende der Heian-Zeit [1180] über die Kamakura-Zeit [1185-1333] bis zum Beginn der Zeit der Kämpfenden Provinzen [1467] sprossen im ganzen Land Stile von *heihô, bujutsu* und *ninjutsu* aus dem Boden, von denen eine Vielzahl aus den Yamabushi-Klausen der *mikkyô*-Klöster hervorgegangen sind.
Da die Yamabushi *mikkyô*-Anhänger waren, waren die Fingerzeichen der *ninja* und ihre Zauberformeln dieselben.

---

89 Gyôgi, ein Mönch der Hossô-Schule (eine der „Sechs Schulen“ des Nara-Buddhismus), lebte von 668-749. Er bereiste das Land und errichtete Tempel; 741 wurde er von Kaiser Shômu beauftragt, Gelder für den Bau des Tôdaiji zu sammeln.

Im Kinki-Gebiet[90] gab es besonders viele Tempel, in denen sowohl Tendai als auch Shingon gelehrt wurde, und die dazugehörigen Mönchsklausen erfüllten ihre Funktion als Übungsstätten der Kriegskünste (*heihô*, *bujutsu*, *ninjutsu*) von der Heian-Zeit bis zur Zeit der Kriegführenden Staaten.
Hier entwickelte sich die Kriegskunst der Yamabushi zur japanischen Kriegskunst. Darüber hinaus gelangten die drei *jutsu* (*heijutsu, bujutsu, ninjutsu*) den Anforderungen der Zeit entsprechend zur Eigenständigkeit. Verfolgt man diese Spuren, so kann man zustimmen, dass sich die japanische Kriegskunst in den Händen der Yamabushi entwickelte und von diesen vollendet wurde.
Am Ende der Heian-Zeit entwickelte sich aus den acht Klausen des Kurama-Tempels der *Kurama-hachi-ryû* (Acht Stile von Kurama)[91] genannte Stil der Kriegskunst. Zu dieser Zeit gab es in den gemeinsamen Tempeln von Tendai und Shingon viele Krieger, die ihre Profession wechselten, und in die im ganzen Land neu entstehenden *bushi*-Verbände fanden die Techniken der Kriegskunst der Yamabushi Einzug. So wie die *sôhei* kämpften und die Kriegskünste studierten, gab es nicht wenige wie die *bushi* und solche, die das Lernen aufgaben und *nobushi*[92] oder Diebe (*yatô*) wurden. Von der Mitte bis zum Ende der Heian-Zeit gab es viele eigenartige Diebe, die sich in der

90 Das Gebiet Ôsaka-Kyôto. Es umfasst die Präfekturen Hyôgo, Kyôto, Ôsaka, Mie, Nara, Shiga und Wakayama

91 Der Kurama-ji bei Kyôto ist ein sehr alter Tempel mit einer ereignisreichen Geschichte. Als sein Gründungsjahr wird 770 angegeben. Die Tempelanlage war dabei ein Zentrum verschiedener buddhistischer Schulen, zunächst der Hossô-Schule (eine der sechs Schulen des Nara-Buddhismus, *nanto rokushû*), dann des Shingon- und später des Tendai-Buddhismus. (Siehe auch Kaneoka, *Koji meisatsu jiten*; S. 92)

92 Der Begriff hat viele Bedeutungen. In dieser Schreibart (野武士) bezeichnet er bewaffnete Bauernverbände, die flüchtigen Kriegern (*ochimusha*) Waffen und Rüstungen abgenommen haben; zudem wird er im Allgemeinen für Räuber und Diebe in den Bergen verwendet (*sanzoku*). In der Schreibart (野伏) bezeichnet er Mönche, die in den Bergen ihren Übungen nachgehen (Yamabushi). Er kann zudem als Ausdruck für einen Hinterhalt verwendet werden.

Hauptstadt herumtrieben und zu deren Vertreter Kidô Maru,[93] Hakama Dare,[94] Kumasaka Chôhan[95] und andere gehören.
Obwohl man annimmt, dass Taira no Masakado[96], Fujiwara Sumitomo[97] und andere die Kriegskunst von Kurama studiert haben, ist dies für diejenigen, die über Fujuwara Chikado[98] Bescheid wissen, wenig überraschend. Chikado lebte zur Zeit von Kaiser Murakami (Regierungszeit 946-967), seine Domäne lag in der Provinz Iga, sein Heimatdorf war Takao. Er war ein Mann, der von den unwegsamen Kunimi-Bergen aus Aufstände gegen kaiserliche Truppen unternahm. Dem *Taiheiki* zufolge soll er vier Arten von Dämonen eingesetzt haben, nämlich Winddämonen, Feuerdämonen, Erddämonen und Dämonen mit ‚verborgener Form', welche die kaiserliche Vernichtungsarmee belästigten. Zwar wurde er nach mehrmonatigem Widerstand am Ende mit dem Tode bestraft, aber auf dem von ihm eingenommenen Kunimi-Berg sind noch heute Ruinen erhalten, die ‚Felsenhöhle des Chikado' genannt werden. Es heißt, dass viele Yamabushi

---

93 Ein Bandit, der von Minamoto Yorimitsu (944-1021) niedergeschlagen wurde (*Kokushidaijiten*).

94 Bandit, der in der Mitte der Heian-Zeit lebte und Straßenräuber (*oihagi*) war. Er war bekannt für seine Kraft, Schnelligkeit und seinen Einfallsreichtum (*Kokushidaijiten*).

95 Kumasaka Chôhan ist ein Bandit, der zum Sagenkreis um Minamoto Yoshitsune (siehe 1.4.5) gehört und diesem zu einem späteren Zeitpunkt auf seiner Flucht durch Japan begegnet. Es kommt zum Kampf, bei dem Yoshitsune Kumasaka mit seinen vom *tengu* Kiichi Hôgen erlernten Kampffertigkeiten besiegt.

96 „Im Jahre 935 griff er seinen Verwandten Taira-no-Kunika, stellvertretender Gouverneur der Provinz Hitachi, an und tötete ihn, und im Jahre 939 nahm er die Hauptstädte der Provinzen Shimotsuke und Kôzuke ein und beanspruchte die Herrschaft über die acht Kantô-Provinzen. Er gab sich selbst sogar den Titel eines ‚neuen Kaisers'. Von Fujiwara-no-Hidesato (dem neu ernannten ‚Polizeiherrn von Shimotuske') und Taira-no-Tadamori, dem Sohn Kunikas, wurde er schließlich getötet und sein Aufstand niedergeschlagen." (Hall, *Das Japanische Kaiserreich*; S. 85) Der Aufstand ist als *Tenkei no Ran* bekannt. Siehe auch Rabinovitch, *Shômonki – The Story of Masakado's Rebellion*; 1986.

97 Fujiwara-no-Sumitomo wurde von der Hauptstadt ausgesandt, um gegen Piraten entlang der Inlandsee vorzugehen. Er wurde selbst mit einigen Gefolgsleuten zum Räuber und 939 getötet.

98 Zu Fujiwara Chikado siehe auch Heishichirô, *Ninjutsu – sono rekishi to ninja*; S. 67.

als seine rechte Hand fungierten; daher gibt es keinen Zweifel, dass auch er die Kriegskunst der Yamabushi erlernt hatte."

(Heishichirô, *Ninja no honshitsu to shiryaku*; S. 407)

Welche Rolle spielt dies alles nun für die Entwicklung des Ninjutsu in Japan? Zwei wichtige Punkte seien hier angesprochen.

Zum einen ist klar, dass etwa ab dem 10./11. Jh. intensive Beziehungen zwischen Kriegern und Mönchen bestanden: viele Klöster stellten eigene Kriegerheere auf, andererseits wandten sich viele Krieger (noch verstärkt ab dem 12. Jh.) einem geistig-religiös orientierten Leben zu.[99] Dabei ist es nur natürlich, dass ein Gedanken- und Erfahrungsaustausch (sowohl militärische Strategien und Kampftechniken als auch religiöse Lehren) von Mönchen zu Kriegern als auch umgekehrt stattfand. Dabei setzt sich diese Tradition fort bis in die Zeit der Kriegführenden Staaten, in der sich die eindeutig als Ninja-Clans identifizierbaren Organisationen herausbildeten. Dieser Punkt ist insofern von Bedeutung, als die von den Ninja praktizierten Strategien und Taktiken (die in zumindest offiziellem Gegensatz zu denjenigen der Samurai standen), die man manchmal als Guerilla-Kriegführung bezeichnet (z. B. heimliches Eindringen in Gebäude, Legen von Hinterhalten etc.) hier ihre eindeutigen Vorläufer haben. Dieser Punkt wird gestützt durch die Tatsache, dass der geographische Raum dieser Entwicklung fast exakt mit dem vorher untersuchten Raum der Ursprünge einer solchen Kriegführung übereinstimmt.

Zum anderen ist diese frühe Zeit in Japan für den kulturellen Austausch mit China von besonderer Bedeutung. Zwischen 630 und 894, als man die diplomatischen Beziehungen abbrach, reisten 19 offizielle Gesandtschaften von Japan nach China

---

99 „Trotz all ihrer rauen Sitten wurde die Kriegeraristokratie sehr vom Buddhismus angezogen, und viele ihrer Männer zogen sich in späteren Jahren ins Klosterleben zurück. Innerhalb der *bushi*-Gesellschaft spielten die Mönchsorden eine wichtige Rolle: die Priesterschaft stellte ein Reservoir gebildeter Leute dar, die den ungelehrten Militärverwaltern als Schreiber oder Ratgeber dienen konnten; die Klöster fungierten als Zufluchtsstätte für Kunst und Wissenschaft oder ermöglichten einfach denen, die das Kriegerleben scheuten, ein ruhiges Dasein" (Hall, *Das Japanische Kaiserreich*; S. 99).

(*kentôshi*). Dabei blieben die Hofbeamten und Gelehrten oft mehrere Jahre am Hof in Chang'an oder bereisten zu Studienzwecken das Land. Auf diesem Wege fanden auch viele taoistische Vorstellungen (*onmyôdô*)[100] ihren Weg nach Japan, die v. a. in den Lehren des Shugendô ihren Niederschlag fanden. Die Wurzeln der taoistischen Lehren des Togakure-Ryû Ninjutsu könnten ebenfalls hier liegen (siehe 2.3 Lehrinhalte des Togakure-Ryû).[101]

> „Ein Wort noch zu den ‚Bergmenschen', den Austausch zwischen *sanka* (山窩)[102] und Yamabushi. Fast alle *sanka* sind Shingon-Anhänger. Aber weil sie ein in den Bergen umherziehendes Volk sind, sind ihre Beziehungen zu den Yamabushi, die ihre Übungen in den Bergen praktizierten, relativ neu. Diese Sanka-Familien wurden zur Zeit der Kriegführenden Staaten von Feldherrn wie den Hôjô,[103] Uesugi,[104] Takeda, Imagawa[105] und anderen als Ninja-Verbände beschäftigt und waren zu einem Zeitpunkt als Truppen für

---

100 Bezeichnung für die frühen, vom Taoismus beeinflussten Lehren, die unter anderem Astronomie und Wahrsagerei beinhalteten. Siehe Bock, *Classical Learning and Taoist Practices in early Japan*.

101 Hatsumi (*Ninjutsu – History and Tradition*; S. 7) erwähnt die Taoisten Gamon, Garyu, Kain und Unryu sowie Cho Gyokko, Ikai und Cho Busho, Generäle der Tang-Zeit, als Übermittler militärischen Wissens und geistiger Lehren in jener Zeit, da sie als Flüchtlinge aus China nach Japan gekommen waren: "Military strategies, religious philosophies, folklore, cultural concepts, medical practices, and a generally wide scope of perspective that blended the wisdom of China with that of India, Tibet, Eastern Europe, and Southeast Asia were their gifts to their newly-found followers in Japan."

102 Gruppe von in den Bergen lebenden, umherziehenden Personen: "*Sanka* are one type of *yamabito* ('mountain people'), a broad term covering all those who make their living in the mountains. Such people have always been treated as strange and different by the rest of Japanese society, where settled pursuit of agriculture represents the traditional ideal." (*Kodansha-Enzyklopädie*)

103 Mächtige *daimyô*-Familie der Sengoku-Zeit, nicht verwandt mit dem gleichnamigen Clan der Hôjô, die die *shikken*-Regenten der Kamakura-Zeit stellten. Der Gründer des Clans war Hôjô Soun (1432-1519), früher Ise Shinkuro, der seinen Sohn mit einem Nachkommen der *shikken*-Regenten verheiratete und den Namen *Hôjô* annahm. 1590 ging der Clan im Kampf gegen Toyotomi Hideyoshi zugrunde.

104 Uesugi Kenshin (1530-1578) und Takeda Shingen (1521-1573) waren zwei der berühmtesten *daimyô* der Sengoku-Zeit. Beide sollen ausgiebigen Gebrauch von Spionen gemacht haben; um den Tod Kenshins ranken sich zahlreiche Legenden (so besagt eine, dass er von einem Ninja auf der Toilette ermordet wurde). Siehe Turnbull, *Ninja – TheTrue Story of Japan's Secret Warrior Cult*; S. 54 ff.

Spionage und Intrige aktiv. Solcherart waren die *rappa* und *suppa*[106] des Takeda, die *nokizaru*[107] des Uesugi, die *fûma* (風魔) der Hôjô und die *rappa* der Imagawa. Es heißt weiter, innerhalb dieser Gruppen hätten die *fûma*-Banden die solideste Organisation (mit Fûma Kotarô als Oberhaupt).[108] Auch dies sind Gruppen, die innerhalb einer Geschichte des Ninjutsu nicht übersehen werden dürfen."

(Heishichirô, *Ninjutsu no honshitsu to ryakushi*; S. 410)

1.4.3 Lokalgesschichte Togakushi[109]

Geschichte des Glaubens von Togakushi

„Der Überlieferung der Tempel zufolge wurde Togakushi als Trainingsstätte (*reijô*) für Shugendô-Asketen (*gyôja*) zu Beginn der Heian-Zeit gegründet. Zur Blütezeit während der Kamakura-Epoche besaß der Haupttempel der

105 Mächtige alte *daimyô*-Familie, deren Herrschaftssitz sich in Sumpu (heute Shizuoka) befand. Das Geschlecht der Imagawa fand 1560 bei einem Kampf unter der Führung von Imagawa Yoshimoto sein Ende, als dieser ein 25.000 Mann starkes Heer gegen Kyôto führte und auf dem Weg in der Provinz Owari von Oda Nobunaga angegriffen wurde.

106 Bezeichnung für Spione der Sengoku-Zeit, deren Hauptaufgaben Brandstiftung und das Legen von Hinterhalten darstellten.

107 Der Begriff findet sich auch im *Bansenshûkai* und bedeutet wörtlich in etwa „Dächer-Affen", was ein Hinweis auf die Techniken des Eindringens in Befestigungen sein könnte.

108 "Born in Sagami Prefecture, Kotaro was the fifth generation *jonin* head of Fuma ryu ninjutsu. He and his 200 followers, called *rappa* or *suppa* ('battle disrupters'), worked as a guerilla band in support of Odawara's Hojo family. Fuma Kotaro's most famous battle was in March 1581, when the massive troops of Takeda Shingen's son Katsuyori attacked the Hojo stronghold. … The story of the battle is written in the *Hojo Godaiki* volume. By the time of the Tokugawa Shogunate, however, the Fuma group had degenerated into a gang of pirates operating in the inland sea" (Hayes, *The Mystic Arts of the Ninja*; S. 4).

109 Hayes (*Ninja 3*; S. 11) schreibt: „,Toh gah ku rey'. So wurde der Dorfname und die betreffende Ninjutsu-Tradition in alten Zeiten ausgesprochen. Selbst heutzutage behält der Ryu die alte Aussprache der japanischen Kanji bei. Die Einwohner des Dorfes nennen ihren Ort heute jedoch Togakushi. Trotz dieser unterschiedlichen Aussprachen sind Form und Bedeutung der Schriftzeichen gleich."

Tendai-Schule 19, der mittlere Tempel 32 und der Hôkô-Tempel 29 Mönchszellen (*bô*); es gab eine Shintô-Priesterfamilie in Erbtradition und die Shingon-Schule zählte 10 Tempel. Zusammen mit den Zweigtempeln war der Einfluss von Togakushi enorm und es gab etwa 1000 Mönche.

Aber während der Muromachi-Zeit kam es zu heftigen Auseinandersetzungen zwischen der Tendai und der Shingon-Schule, bis die Shingon-Schule schließlich gänzlich verschwand. Als Togakushi in die Kämpfe zwischen Uesugi und Takeda verwickelt wurde, mussten die drei Tempel mit Flößen in das Dorf Kogawa im Kreis Mizuuchi verlegt werden.

In der Edo-Zeit genoss die Religionsgemeinschaft von Togakushi den Schutz des Bakufu und wurde ein Zweigtempel des Kanei-ji.[110] Unter der Bezeichnung Akimitsu-Tempel des Togakushi-Berges erhielt sie 1.000 *koku*[111] und erlangte ihre ursprüngliche Macht zurück. Im Zuge der Trennung von Buddhismus und Shintô durch die Meiji-Reform[112] wurde die Buddha-Verehrung zu einem Schreinkult (*gongen*),[113] bei dem Götter der Landwirtschaft und des Wassers stark verehrt wurden. Darüber hinaus begann die Religionsgemeinschaft (zusammen mit dem Aufkommen der Eisenbahn) eine positive Missionierungsarbeit. Die Gemeinschaft der Tempel von Togakushi ist daher nicht nur im ganzen Land von Hokkaidô bis Kyûshû organisiert, sondern die Glaubensvorstellungen von Togakushi

110 Der Kanei-ji im Ueno-Park des heutigen Tôkyô wurde 1625 vom Tendai-Mönch Tenkai als Schutztempel der Stadt gegründet.

111 Ein *koku* entspricht 180 l Reis. Reis war die Grundlage für die Entsoldung der *bushi* und *daimyô*. Das von Toyotomi Hideyoshi eingeführte System auf der Grundlage von Reis zur Besteuerung und Entsoldung, welches bis 1872 in Gebrauch war, wird als *kokudaka-sei* bezeichnet.

112 Die Meiji-Reform (*meiji-isshin*) von 1868 bedeutete das Ende der Tokugawa-Periode und die Wiederherstellung der kaiserlichen Macht in Japan. Dabei wurde der Shintôismus gegenüber dem Buddhismus zur zentralen religiösen Staatslehre erhoben.

113 *Gongen* ist die Bezeichnung für inkarnierte Buddhas oder Shintô-Götter, die als solche verehrt werden.

verbreiteten sich bis über das Meer. Gegenwärtig zählt die Glaubensgemeinschaft von Togakushi 30.000 Mitglieder."

(Genichi, *Zengoku shiseki sôken*; S. 377)

Die Schreine von Togakushi

„Zwar gab es vor den Toren des Inneren Schreins (*okusha*) und des inneren Tempels (*okuin*) bis 1873 (Meiji 6) etwa 20 Mönche, aber wegen des Umzugs der Siedlung des mittleren Schreins (der *ribô* besitzt) mit 8 Haushalten und des Dorfes des Hôkô-Schreins („Schrein des Lichtschatzes") mit 4 Haushalten wurden die Siedlungen aufgegeben. Die Siedlung liegt etwa 1260-1300 Meter über dem Meeresspiegel; wegen der strengen Kälte des Winters und der vielen Schneefälle war das Leben dort nicht einfach. Darüber hinaus konnten hier wegen des Verbots für Frauen des *okuin* keine Laien-Anhänger (*zaike*) leben. Zu Beginn des 17. Jh. wurde den zwanzig Mönchen des *okuin*, um dem Leben des Winters folgen zu können, erlaubt, beim *chûsha* [Mittlerer Schrein] und beim Hôkô-Schrein *ribô* zu erhalten, und fortan war es eine jahreszeitliche Siedlung. Heute sind von den *inbô* des *okusha* nur mehr Ruinen erhalten. Der Weg zu den Ruinen, der vom rotlackierten Tor der Niô[114] etwa 700 Meter zur Tempelhalle führt, ist von über 500 Jahre alten Zedern gesäumt und ein wirklich überwältigender Anblick.

Dass der *okusha* zudem einen entsprechenden Tempel (*garan*) besaß, geht aus einer Gesamtuntersuchung über Togakushi der Jahre 1964-67 klar hervor. An der Nordseite des Tempelweges des *okusha* wurden Reste einer großen Halle ausgegraben, und aus dem Fundament wurde der Stil rekonstruiert.

Die Siedlung des mittleren Schreins liegt etwa 1165-2000 Meter über dem Meeresspiegel, es leben dort 163 Familien; die 21 im Inneren des Schreins

---

114 Ein Paar von Schutzgottheiten des Buddhismus (*kongô-jin*) mit indischen Ursprüngen, die häufig an den Eingängen von Tempeln zu finden sind; dabei befindet sich Naraen Kongô rechts und Misshaku Kongô links.

lebenden Familien werden *shachû* genannt. Die Zellen mit Schilf- und Walmdächern bezeugen den Architektur-Stil der Edo-Zeit und dienen den Mitgliedern der Togakushi-Glaubensgemeinschaft zur Übernachtung. Die Verwaltung der Mitglieder der Togakushi-Glaubensgemeinschaft liegt beim *shûchô*, die Shugenja besitzen einen *sendatsu*; zudem wird noch eine Herberge geführt. Die meisten der hier als *zaike* lebenden Menschen betreiben Landwirtschaft, Kohleabbau oder stellen Bambuserzeugnisse her; mit dem zunehmenden Tourismus in jüngster Zeit gibt es auch immer mehr Imbissbuden und Souvenirläden.
Die Halle des Hôkô-Schreines ist ein Bau vom Ende der Edo-Zeit, deren Tempel-Stil gut erhalten ist. Im Zuge der Togakushi-Gesamtuntersuchung wurden unter dem Flurboden mehrere Buddha-Statuen entdeckt. Die Siedlung des Hôkô-Schreines liegt etwa 1020-1090 Meter über dem Meeresspiegel. Im Zentrum dieser Tempelsiedlung stehen 16 Mönchszellen. Aber da diese Siedlung mehrmals Bränden zum Opfer gefallen ist, bietet die Landschaft keinen so alten Anblick wie beim Mittleren Schrein."

(Genichi, *Zengoku shiseki sôken*; S. 377)

1.4.4 Exkurs I: Kampfkunst in China 600-900[115]

Die Kampfkünste in China besitzen eine lange Tradition, zu deren frühester Bogenschießen, Reiten, Fechten (mit Stock- und Klingenwaffen) sowie Ringen (als Sammelbegriff für alle waffenlosen Kampfkünste) zu zählen sind. Die früheste Form des waffenlosen Kampfes wird dem sagenhaften „Gelben Kaiser" Huang Ti zugeschrieben und trägt die Bezeichnung *Ch'ih Yu-hsi*; sie soll sich aus einem Kampf des Kaisers mit einem gehörnten Ungeheuer namens *Ch'ih yu* entwickelt haben.[116]

Weitere frühe Formen des Nahkampfes waren unter der Bezeichnung *Wu-i* („Kampfkunst"), *Chi-Chi* („mit Geschicklichkeit zuschlagen"), *Chi Ch'iao* („Geschicklichkeit und Talent"), *Shou Po* („Hand, die mit der Faust schlägt") und *Ch'ang Shou* („lange Hand", 1. Jh. u. Z., als Begründer gilt Kuo I) bekannt. Als bedeutende Persönlichkeiten des 3. Jh. u. Z. sind zudem Kuan Yü (auch als Kuan

---

115 Die Transkription der chinesischen Begriffe in diesem Kapitel, ebenso wie bei 1.4.9 „Kampfkunst in China: 1700-1900", ist nicht einheitlich, sondern folgt der jeweiligen Literatur, der sie entnommen wurden.
Dieser erste Exkurs soll dazu dienen, einen Überblick über die Entwicklung und den Stand der Kampfkünste in China zu dieser frühen Zeit zu erhalten, wobei nicht militärische Aspekte wie Waffen und Heeresstrukturen, sondern die Formen des Zweikampfes beleuchtet werden sollen. Interessant ist dabei v.a. der bereits in früher Zeit in Erscheinung tretende Einfluss von Buddhismus und Taoismus auf die Entwicklung der Kampfkünste, eine Tendenz, die sich über die Jahrhunderte hinweg fortgesetzt hat. Während der Einzug buddhistischer und taoistischer Gedanken in die Zweikampfsysteme stets mit einer individuellen Weiterentwicklung des Individuums verbunden war, ist der Einfluss konfuzianischen Gedankengutes v.a. in der Art und Weise der kriegerischen Auseinandersetzung und des damit verbundenen Ehrenkodex zu suchen, wie er sich besonders in den Wertanschauungen des *bushidô* findet (wobei der Zen-Buddhismus eine mittlere Stellung zwischen Taoismus und *mikkyô* einerseits und Konfuzianismus andererseits einnimmt).

116 Draeger, *Comprehensive Asian Fighting Arts*; S. 15. Vergleiche hierzu Chang, *Shaolin Kung Fu 1*; S. 19: „Es scheint, dass bereits im dritten Jahrtausend vor Christus, in der noch nebulösen Epoche des sagenhaften Gelben Kaisers *Huang Ti*, der als Stammvater des chinesischen Volkes betrachtet wird, es eine Form des Kampfes mit der bloßen Hand gegeben hat, die *Chiao-ti* genannt wurde und bei der die Rivalen wie Stiere kämpften und dabei mit den Köpfen aneinander stießen."
Eine Bezeichnung für eine frühe Form des japanischen Ringkampfes (*sumô*) lautet *tsunoriki* und wird mit den Zeichen für „Horn" (角) und „Kraft" (力) geschrieben. Als *chikara-kurabe*, „Kräftemessen", findet es im *Kojiki* Erwähnung und soll göttlichen Ursprungs sein.

Kung), ein Meister im Umgang mit der Hellebarde,[117] und Hua To, der Schöpfer des „Spiel der Fünf Tiere“[118], zu nennen.

Am populärsten unter den frühen Kampfsystemen in China aber ist zweifellos das des Shaolin-Klosters in der Provinz Honan. Dorthin soll im Jahre 527 Bodhidarma (chin. Ta Mo), der 28. Patriarch des Buddhismus und Begründer des Chan(jap. Zen)-Buddhismus, gelangt sein und in einer Höhle meditiert haben. Um den dortigen Mönchen zu einer besseren Gesundheit zu verhelfen, soll er dann einen Komplex von Atem-, Gymnastik- und Kampfübungen entwickelt haben, die als *I Chin Ching* („Abhandlung über die Bewegung der Sehnen“), *Hsi Sui Ching* („Abhandlung über die Wäsche des Knochenmarks“) und *Sho Pa Lo Han Shou* („die 18 Hände der Schüler Buddhas“) bezeichnet wurden.

581 wurde China unter der Sui-Dynastie (581-618), die aber nur kurz währte, wiedervereint; die sich daran anschließende Tang-Zeit gilt als Blütezeit des chinesischen Rittertums. Dabei soll der Gründer der Tang-Dynastie, Kaiser Tai Tsung, seinen Widersacher Wang Shih Ch‘ung mit Hilfe der Mönche aus Shaolin niedergeschlagen haben. Als berühmte Kämpfer jener Zeit gelten T‘an Tsung, Chih Ts‘ao, Hui Yang und Szu K‘ung Pei (dieser soll einen *Shang T‘iao Hsia Kou Ch‘üan*, „Boxkampf des hohen Blocks und der tiefen Faust“, genannten Kampfstil entwickelt haben). In der Tang-Zeit sollen sich auch die ersten „weichen“ oder „inneren“ Stile der Kampfkunst, das *Mien Ch‘üan* („Wattefaust“) und *Jou Ch‘üan* („weicher Boxkampf“) entwickelt haben; sie gelten als Vorläufer der späteren inneren Stile Hsing-I, Pa Kua und T‘ai Chi.[119]

---

117 Die Hellebarde ist eine der grundlegenden Waffen des Shaolin Kung Fu. Kuan Yü wurde während der Ming-Dynastie (1368-1644) vergöttlicht und als Kriegsgott verehrt.

118 „Das ‚Spiel der fünf Tiere‘ wird als eine Kombination des statischen und dynamischen Qi Gong angesehen. Diese Übungen wirken gleichzeitig auf die Geschmeidigkeit, die Ausdauer, die Konzentration und vor allem auf die Einfühlungsgabe. Der Schüler muss sich mit dem Qi des Tieres identifizieren, das heißt mit dem, was es freisetzt. Auf diese Weise zeigt die Übung eine doppelte Wirkung, einmal durch die körperliche Bewegung und dann durch das Wesen des Tieres, das man zu imitieren versucht.“ (Requena, *Qi Gong*; S. 239)

119 Siehe 2.3.6 [Anmerkung 2017: Die Behauptungen Bodhidharma betreffend sind von der modernen Forschung mittlerweile als haltlos und nachträgliche Zuschreibungen ermittelt worden.

Der Buddhismus erlebte in der Tang-Zeit einen enormen Aufschwung und fand weite Verbreitung; dies ging schließlich so weit, dass die Regierung darin eine Gefährdung der Staatssicherheit sah und im Jahre 845 eine Zerschlagung der buddhistischen Anlagen im großen Stil anordnete.[120] Es ist dies eben die Zeit, in der China in noch regen diplomatischen Beziehungen zu Japan stand; eine Übermittlung von religiös-philosophischen Lehren und kriegerischen Fertigkeiten durch chinesische Flüchtlinge scheint daher als durchaus wahrscheinlich.

Der Ruhm des Shaolin-Klosters allerdings blieb ungebrochen und vermehrte sich im Laufe der Jahrhunderte noch weiter (siehe auch: Exkurs II). Damit einher ging auch eine immer größer werdende Anzahl von Sagen und Legenden über die Fähigkeiten, die durch das Training erlangt werden können. Dies ist insofern interessant, als sich hier eindeutige Parallelen zu den Fähigkeiten finden, die den japanischen Ninja zugeschrieben wurden, und da sie viele Gemeinsamkeiten mit den Kräften der indischen Yogis[121] und der chinesischen *hsien* aufweisen. Dazu gehörten unter anderem Fähigkeiten wie, andere ohne direkten Körperkontakt zu verletzen oder zu töten, enorme körperliche Kräfte und Leistungsfähigkeit, schnelles Rennen ohne Ermüden, Laufen ohne Bodenberührung, Levitation, Telekinese und Ähnliches.[122]

Ebenso gibt es derzeit keine Belege dafür, dass die Geschichte konkreter Kampfstile mit einer bis heute reichenden Tradition vor die späte Ming-Zeit zurückreicht.]

120 „Schließlich jedoch begann die buddhistische Expansion, die rasche Vermehrung der Tempel, die riesige Zahl derer, die Mönche oder Nonnen wurden, einem Staat im Staate zu ähneln, der die anerkannten Grundlagen der chinesischen Gesellschaft in Frage stellte. Die Verwaltung geriet dadurch in wachsende Unruhe, und 845 kam es zu einer großen Säuberungswelle. Nahezu 4.600 Tempel wurden zerstört, 40.000 Schreine verwüstet, mehr als 260.000 Mönche und Nonnen säkularisiert, 150.000 Sklaven freigelassen und Millionen Hektar Ackerland eingezogen" (Needham, *Wissenschaft und Zivilisation in China*; S. 66).

121 Siehe 2.3.1.

122 Chow, *Kung Fu – History, Philosophy and Technique*; S. 144 beschreibt eine Vielzahl von Fähigkeiten, die der Übersetzung eines geheimen chinesischen Buches des Shaolin Kung Fu, des *Treasured Secret Book* von Wu Toy San Ling Qung, entnommen sein sollen.

1.4.5 Minamoto Yoshitsune (1159-1189)

Minamoto Yoshitsune, der jüngere Bruder des Begründers des Kamakura-Shogunats, Minamoto Yoritomo (1147-1199), ist einer der populärsten Helden des Genpei-Krieges.[123] Seine Abenteuer (und die seiner Begleiter, allen voran der Mönch Benkei[124]) liefern Ideen und Stoffe für zahlreiche Bearbeitungen in volkstümlichen Erzählungen, Tänzen, Puppenspielen, Nô- und Kabuki-Stücken.[125] Yoshitsune gilt zudem als Begründer des nach ihm benannten Yoshitsune-Ryû, einer Methode der Kriegsführung, die auch als frühester Ninjutsu-ryû ausgelegt wird.[126]

Über die jungen Jahre Yoshitsunes ist nur wenig bekannt. Das Jahr nach seiner Geburt ist gekennzeichnet durch den *Heiji no Ran*-Aufruhr,[127] der mit einem Sieg

---

123 Der Genpei-Krieg, so genannt nach der sinojapanischen Lesung der Zeichen für „Minamoto" und „Taira", der beiden mächtigen verfeindeten Familien, dauerte von 1180-1185. Er endete mit der Niederschlagung der Taira in der Seeschlacht von Dan-no-ura am 25. April 1185. Der Sieger Minamoto Yoritomo gründete daraufhin fern der Hauptstadt in Kamakura eine Militärregierung, die der folgenden Epoche der japanischen Geschichte ihren Namen gab: Kamakura-Zeit (1185-1333).

124 Saitô Musashi Benkei wurde als Sohn des Abtes von Kumano geboren; aufgrund mysteriöser Umstände bei seiner Geburt (sein Jugendname lautete *oniwaka* – „junger Teufel") wurde er von dort fortgebracht. Seine Jugend verbrachte er im Westturm (*saitô*) des Enryakuji am Mt.Hiei. Er zeichnete sich als tapferer Kämpfer aus und begann, in der Hauptstadt Krieger zum Kampf aufzufordern, um an ihr Schwert zu gelangen. Dabei traf er auf Yoshitsune; im folgenden Kampf gelang es diesem nach langem Hin und Her schließlich, Benkei mit Hilfe eines Fächers zu schlagen. Benkei wurde daraufhin Yoshitsunes treuer Begleiter.

125 „Die modernen japanischen Historiker bemühen sich, den Wust von Legenden, auf dem nahezu die gesamte Literatur über Yoshitsune basiert, zu entwirren und sich auf das geringe dokumentarische Material zu beschränken, das verifizierbar ist. Über seine ersten zwanzig Jahre gibt es keinerlei authentische Informationen, wenn auch dieses Faktenvakuum von einer Menge phantastischer Legenden ausgefüllt wird" (Morris, *Samurai oder Von der Würde des Scheiterns*; S.91).

126 Yoshitsune findet in mehreren Büchern über Ninjutsu Erwähnung (Turnbull, Hayes, Heishichirô). Aber auch wenn seine Kampftaktiken sich von denen der Bushi unterschieden und durch Yamabushi und Kriegermönche beeinflusst wurden, hat er selbst sich wohl kaum als Ninja verstanden.

127 Der *Heiji no Ran* (1159-60) war der erfolglose Versuch Fujiwara Nobuyoris und Minamoto Yoshitomos, die Kontrolle über die Regierung zu übernehmen. Die Zeit von 1160-1185, in der die Taira die dominierende Macht waren, wird auch als Rokuhara-Periode (nach dem Stadtteil in Kyôto, in der sich Kiyomoris Residenz befand) bezeichnet.

Taira Kiyomoris und dem Tod von Yoshitsunes Vater Yoshitomo endete. Im Alter von sechs Jahren wird Yoshitsune dem Kurama-Tempel im Norden Kyôtos übergeben, um dort ein friedliches Priesterleben zu erlernen. Allerdings soll er sich nachts heimlich aus dem Tempel gestohlen haben und im nahe gelegenen Wald von einem dort hausenden *tengu*[128] in den Kriegskünsten unterrichtet worden sein:

> „Yoshitsune verbrachte seine Kindheit in dem Tempel auf dem Kurama-Berg und wuchs dort heran. In dieser Zeit nannte sich Yoshitsune ‚Ushiwakamaru' und lernte von einem Tengu des Tales Sojôga die Künste des *bugei* und *heihô*. Es heißt, dass er von diesem Kiichi Hôgen genannten Tengu-General, der sein Weggefährte wurde, die Schriften *Rikutô*, *Sanryaku* und *Tora no maki* erhalten hat.[129] Dass er im Kurama-Tempel aufgewachsen ist, ist historische Tatsache, das andere sind Legenden und Überlieferungen."
> (Heishichirô, *Ninjutsu – sono rekishi to ninja*; S. 90)

Im Jahre 1180 schließlich beginnt Yoshitsunes kurze, aber steile militärische Karriere. In zwei entscheidenden Schlachten des Genpei-Krieges, Ichi-no-tani (1184) und Dan-no-ura (1185), trägt Yoshitsune entscheidend zum Sieg der Minamoto bei. Mit dem Sieg bei Dan-no-ura waren die Taira endgültig bezwungen, wodurch Yoshitsune für seinen Bruder Yoritomo (in dessen Auftrag er seine Siege errungen hatte) nutzlos wurde – ein Mordversuch folgt ein paar Monate später, dem Yoshitsune allerdings entgehen konnte. Nun beginnt seine ruhelose Zeit, ständig auf der Flucht vor den Häschern Yoritomos, die den Grundstock zahlreicher Legenden bildet.[130] Eine der berühmtesten Episoden ereignete sich

---

128 Die Tengu („Himmelshunde") sind legendäre mythologische Wesen, deren Ursprünge in China liegen. Sie hausen in den Bergen und besitzen eine Vielzahl magischer Kräfte und Fähigkeiten. Die Tengu nehmen oftmals das Aussehen von Yamabushi an; zudem gelten sie als Meister der Kriegskünste. Von den Ninja heißt es oftmals, dass sie von den Tengu abstammen (siehe auch Rotermund, *Die Yamabushi*; S. 190).

129 *Rikutô* und *Sanryaku* sind klassische chinesische Schriften über die Kriegskunst (siehe 1.3). Die Bezeichnung *Tora no maki* leitet sich von einem Kapitel der *Rikutô*-Abhandlung her und wird auch als Bezeichnung für geheime Schriften der Kriegskunst im Allgemeinen verwendet.

130 „Es gibt zahlreiche Mutmaßungen über die genaue Route Yoshitsunes auf seiner gefährlichen Reise durch die mittleren und östlichen Provinzen (die alle im Einflussbereich Kamakuras lagen) bis

dabei an der Wegsperre von Ataka am Japanischen Meer (Präfektur Ishikawa).[131] Die Sperre wird von Fürst Togashi, einem treuen Vasall Yoritomos, bewacht. Yoshitsune und seine Begleiter sind als Yamabushi verkleidet, fürchten aber trotzdem, erkannt zu werden, da Yoritomo eigens angeordnet hatte, auch Wandermönche genau zu überprüfen. Um dieser Gefahr zu entgehen, verkleidet sich Yoshitsune auf Benkeis Rat hin als einfacher Lastenträger im Gefolge der Mönche. Als die Wachen dennoch Verdacht schöpfen, schlägt Benkei Yoshitsune mit seinem Stab, um die Wachen zu überzeugen, dass es sich beim Lastenträger nicht um Yoshitsune handeln kann. Die List gelingt und die Gruppe kann passieren.

Im hohen Norden von Honshû, zu dieser Zeit Herrschaftsgebiet des Fürsten Hidehira der nördlichen Fujiwara (1096-1187), findet er schließlich Aufnahme. Fürst Hidehira, zu diesem Zeitpunkt bereits über neunzig Jahre alt, stirbt allerdings wenige Monate später. Sein Nachfolger Yasuhira missachtet den Wunsch seines Vaters, Yoshitsune weiter zu beschützen, wohl auch, um ein militärisches Eingreifen Yoritomos zu verhindern. Im April des Jahres 1189 schließlich führt er mit einem zahlenmäßig weit überlegenen Heer einen Angriff gegen Yoshitsunes Befestigung. Die wenigen Getreuen Yoshitsunes halten die Angreifer gerade so lange auf, dass dieser sich selbst das Leben nehmen kann; auch Benkei findet hier sein Ende.

---

zu seinem letzten Ziel im entlegenen nordöstlichen Teil Japans, den er Ende 1187 nach sechsmonatiger Wanderung erreichte. ... Wahrscheinlich unterstützten ihn die Klosterbrüder und Kriegermönche der Tempel nahe der Hauptstadt und entlang seiner Reiseroute erheblich. ... Der Legende nach verkleideten er und seine Begleiter sich als ‚Bergmönche' (*yamabushi*), die durch die Ostprovinzen pilgerten, um Spenden für den Wiederaufbau eines Tempels zu sammeln. Die Route, die Yoshitsune auf seiner Flucht genommen haben soll, ist dieselbe, der asketische Pilger aus Kumano im Süden der Hauptstadt in späteren Jahrhunderten folgten. Viele der Geschichten über Yoshitsunes Flucht wurden vielleicht von diesen Mönchen erfunden und unterwegs auf ihren langen Reisen rezitiert. Dies ist wahrscheinlich einer der Wege, auf denen sich die Legende von Yoshitsune über ganz Japan verbreitete, und erklärt möglicherweise auch die besondere Route, die in den Balladen besungen wird" (Morris, *Samurai oder Von der Würde des Scheiterns*; S. 116).

131 Diese Begebenheit bildet die Grundlage für das Nô-Stück *Ataka* sowie das Kabuki-Stück *Kanjinchô* („Die Spendenliste").

„Ein typischer Feldherr der Acht Stile von Kurama ist Minamoto Yoshitsune.
Seine Strategie bei Schlachten wie Hyodorie, Yashima und der Seeschlacht von Dan no Ura war es, den eindringenden Feind ständig unerwartet zu überfallen. Eben dies ist typisch für die Kriegskunst der Yamabushi (*ninpô* – die Methoden des Verbergens). Seine rechte Hand, Ise Saburô Yoshimori[132] war ein aus Iga stammender Kriegermönch (*ninshô*), der in den alten Tempeln von Iga, den von Gyôgi gegründeten Übungsstätten des Shugendô und den 49 Tempeln[133] die Kriegskunst der Yamabushi studiert hatte. Nur kurz erwähnt werden soll an dieser Stelle, dass der Zufluchtsort von Yoshitsune in Ôshû, im Norden Japans, unter dem Schutz der Yamabushi stand. Der Großteil der von ihm zurückgelegten Strecke in Yoshino, Kumano, Iga, Mino, Hokuriku und Ôshu führte auf Wegen der Yamabushi mitten durch die Berge.“

(Heishichirô, *Ninjutsu no honshitsu to shiryaku*; S. 409)

132 "One of the four body-guards (*shitennô*) of Minamoto Yoshitsune. He was born in Ise, hence his name, and was compelled to flee into Kôzuke for having committed a murder. It was there that Yoshitsune going to Mutsu became acquainted with him and took him into his service. He engaged in all the campaigns of his master and, when the latter was no longer on good terms with his brother and had to leave Kyôto, he went to Ise to levy recruits for him. At their head he attacked Fujiwara Tsunetoshi, governor of the province, was defeated and killed himself on Suzuka-yama (1186)" (Papinot, *Dictionary*; S. 210).

133 Zu den 49 Tempeln des Gyôgi siehe Inoue Kaoru, *Gyôgi*; S. 168.

1.4.6 Kusunoki Masashige und die Nord-Süd-Dynastie[134]

Nachdem Minamoto Yoritomo im Jahre 1185 das Kamakura-Shôgunat gegründet hatte, begann in Japan das sogenannte Zeitalter des Dualismus: Kamakura-Recht und Institutionen bestanden als parallele Macht zu Kaiser und Hof. Doch schon kurz nach dem Tode Yoritomos im Jahre 1199 fiel die Macht in die Hände der Hôjô, die das Land faktisch die nächsten 100 Jahre beherrschen sollten.[135] Dennoch gab es zahlreiche Uneinigkeiten im Land, sowohl unter den Bushi als auch am Hof in Kyôto. Der endgültige Niedergang der Hôjô begann im Jahre 1331, als Kaiser Go-Daigo aus der Daikaku-Dynastie[136] mit der sogenannten Kemmu-Restauration den Versuch unternahm, die Jimyôin-Dynastie zu unterdrücken und dem Kaiser die Macht früherer Zeiten wiederzugeben. Er verschanzte sich auf dem Berg Kasagi,

---

134 Die Zeit der Nord-Süd-Dynastie (1336-1392) mit ihren zahlreichen Kämpfen ist von wesentlicher Bedeutung für die weitere Ausbildung der japanischen Kriegskunst. Es finden sich hier klare Belege für eine neue Art der Kampfführung, die in späteren Zeiten eng mit den Methoden der Ninja verbunden ist. Eine wichtige Quelle ist dabei das *Taiheiki*. Einen guten Überblick über die Zeit und die Kämpfe liefern Turnbull, *The Samurai*; S. 89-105, Varley, *Warriors of Japan*; S. 159-213 und Morris, *Samurai*; S. 136-180.
"The fighting methods of western warriors [d.h. die Krieger aus den zentralen Provinzen im Gebiet der Hauptstadt] in *Taiheiki* appear to have evolved among local groups of *nobushi* warriors: literally, warriors who 'hide in the fields'. These *nobushi* groups are presumably the same as the armed bands identified in other records of the age as *akutô* or 'rowdy (literally, 'evil') bands' – that is, bands engaged in essentially lawless activities, including the seizure of lands and crops from others. As fighters, the western warriors of *Taiheiki* are guerillas. They specialize particularly in erecting and defending fortresses – that is, withstanding sieges. But they are also adept in hit-and-run tactics of harassment. They recognize no rules in warfare and employ unorthodox and wily stratagems. Many are organized as units of foot soldiers and use spears (*yari*), as well as bows and swords" (Varley, *Warriors of Japan*; S. 173).

135 „Schließlich konnten Yoritomos Witwe Hôjô-no-Masako (1157-1225) und die männlichen Mitglieder ihrer Familie die Macht an sich reißen. Im Jahre 1203 wurde Masakos Vater Vorsitzender (*shikken*) der Verwaltungsbehörde, was darauf hinauslief, dass er diese Position zu einer Regentschaft über den Shôgun ausbaute. Durch diese Stellung konnten nacheinander Angehörige der Hôjô-Sippe das Kamakura-Shogunat beherrschen, bis es im Jahre 1333 sein Ende fand" (Hall, *Das Japanische Kaiserreich*; S. 93).

136 „Im Jahre 1259 brach man mit der Sitte, dass der älteste Prinz die Thronfolge antrat, und das Kaisergeschlecht zerfiel in zwei rivalisierende Dynastien: die ‚ältere' oder Jimyôin und die ‚jüngere' oder Daikakuji" (Hall, *Das japanische Kaiserreich*; S. 105).

unterlag aber im Jahre 1332 den Streikräften des Shôgunats aus Kamakura und wurde auf die Insel Oki verbannt. Go-Daigos Sohn, Prinz Morinaga, fand auf der Festung Akasaka in Kawachi bei Kusunoki Masashige Unterkunft, einem Minamoto-Samurai, der sich 1331 auf Go-Daigos Seite gestellt hatte. Nach langen Versuchen des Shôgunats, Akasaka einzunehmen, gibt Kusunoki die Festung 1332 auf und verschanzt sich in Chihaya, wo es zu weiteren Kämpfen kommt. 1333 nimmt Ashikaga Takauji für Go-Daigo Kyôto ein, Nitta Yoshisada erobert Kamakura und besiegelt den Untergang der Hôjô. 1335 wendet sich Ashikaga Takauji gegen Go-Daigo, als dessen Entlohnungen weit hinter seinen Erwartungen zurückbleiben. 1336 kommt es zur Schlacht bei Minatogawa, in der Kusunoki Masashige den Tod findet. Ashikaga Takauji erobert erneut Kyôto, und Kaiser Go-Daigo flüchtet sich in die Wälder südlich von Nara in das Gebiet von Yoshino.[137] Hier dauern die Kämpfe bis 1392 an; 1338 stirbt Nitta Yoshisada, im Jahr darauf findet Kaiser Go-Daigo den Tod. 1347 übernimmt Kusunoki Masatsura, der Sohn Masashiges, die Führung über die Truppen der Südlichen Dynastie. Diese bewegte Zeit der japanischen Geschichte, in der zahlreiche Bündnisse geschlossen und wieder gebrochen worden, liefert eine Vielzahl von Beispielen für unkonventionelle, Guerilla-ähnliche Taktiken, wie sie im Zusammenhang mit Ninjutsu-Begebenheiten häufig zu finden sind.[138]

---

137 „Im Jahre 1335 wandte sich der unzufriedene Ashikaga Takauji gegen Go-Daigo und ging daran, sich selbst ein neues Shôgunat zu schaffen. Nachdem er im Jahre 1336 Kyôto von Go-Daigo erobert hatte, erhob er den Prinzen Toyohito aus der älteren Jimyôin-Dynastie zum Kaiser, der seine Stellung für rechtmäßig erklären sollte. Zwei Jahre später, im Jahre 1338, erlangte er den Titel Shôgun“ (Hall, *Das japanische Kaiserreich*; S. 108).

138 “Scholars have pointed out that many of the methods used by Masashige at Akasaka and in other battles – throwing logs and rocks, for example, and pouring boiling water down on attackers – were the fighting methods of commoners and rowdies, tactics apparently adopted by the western warriors who formed *akutô*. Okabe Shûzô suggests that Masashige was also a student of the art of the *ninja*. Citing various references to ninja practices in the Taiheiki, Okabe contends that the ninja art was widespread, at last in the central provinces, at this time” (Varley, *Warriors of Japan*; S. 188).

Kusunoki Masashige und *dakkonin* (奪口忍)[139]

„Auch Kusunoki Masashige verbrachte seine Jugend in einem Tempel des esoterischen Buddhismus, im Kanshinji in der Provinz Kawachi.[140] Über die Tätigkeiten seiner späteren Jahre ist klar berichtet, dass er ein Veteran der Kriegskünste der Yamabushi war. Im Gegensatz zu Yoshitsune war Masashige ein Meister der ungewöhnlichen Verteidigungsstrategien. Kleine Burgen wie Akasaka[141] und Chihaya[142] verteidigte er mit nur tausend Soldaten lange Zeit gegenüber den zahlenmäßig weit überlegenen Hôjô; als die Macht der Hôjô verfiel, war der Weg frei für die Kemmu-Restauration. Zwar ist Masashige der Verfasser des Werkes *Kusunoki-ryû Dakkonin* (die Eigenheiten der Kriegskunst Masashiges wurden extrahiert und zu Beginn der Tokugawa-Zeit editiert), aber da es sich hauptsächlich mit der Informationssammlung befasst, wird die Notwendigkeit erklärt, in

---

139 Laut Heishichirô der Name der Kusunoki Masashige zugeschriebenen Abhandlung über die Kriegskunst. [Anmerkung 2017: Im *Shôniniki* ist *dakko* eine andere Bezeichnung für regionale Spione (*inko no kan*), welche den Dialekt des Landes beherrschen.]

140 Der Tempel soll der Legende nach von En-no-gyôja errichtet und unter Kukai 815 als Shingon-Tempel wiederaufgebaut worden sein.

141 "After three disastrous attempts to take Akasaka Fortress by storm, the Bakufu army, while lamenting that it cannot achieve an impressive victory at arms, decides to starve the defenders into submission. … He [Masashige] decides that, with all save one man, he will secretly escape from Akasaska Fortress on a dark night. The one left behind will set fire to the fortress, and the charred bodies of companions killed earlier in the fortress's defence will convince the Bakufu army that Masashige and all the defenders chose to die rather than surrender" (Varley, *Warriors of Japan*; S. 188). Siehe auch McCullough, *The Taiheiki*; S. 85-91.

142 "Kusunoki's defence of Chihaya, which contributed greatly to the Imperial cause, is regarded as one of the finest achievements in Japanese military history. Campaigns such as this led to the first change in samurai warfare since the Mongol invasions. The act of defending a fortress, or attacking one for a long period of time, made the use of horses unnecessary except as transport. The box-like 'yoroi' armour proved clumsy when dismounted, so with the increase in fighting on foot the design of Japanese armour was gradually modified" (Turnbull, *The Samurai*; S. 91).
Es finden sich also klare Anzeichen für eine Art der Kriegführung, wie sie später insbesondere von den *ashigaru*, den „leichtfüßigen" Fußsoldaten der Zeit der Kriegführenden Staaten, weiter ausgeformt wurde.

Friedenszeiten ein Spionagenetz zu errichten.[143] Es heißt auch, dass Masashige in Wirklichkeit 48 Ninja aus Iga an wichtige Plätze in der gesamten Kinki-Region beorderte. Vor kurzem wurde von dem Landsamurai Suki-no-ki aus der Familie Uejima in Iga-Ueno ein Dokument entdeckt. Dieses zeigt enge verwandtschaftliche Bindungen der Zweigfamilie der Hattori, den Uejima, mit dem Haus Kusunoki. Masashiges Vater, Kusunoki Masadô (die Kusunoki waren eine mächtige Familie in Kawachi), heiratete in die Uejima-Familie ein, und es ist klar, dass dem Bauch seiner Tochter der Gründer des Kanze-ryû, Kan'ami (Uejima Kiyotsugu)[144], entstammt. Wahrscheinlich konnte Masashige wegen dieser Wurzeln zahlreiche Iga-Ninja um sich versammeln und ein Spionagenetz an den wichtigen Orten der Kinki-Region errichten. Man nimmt an, dass auch der Gründer der Gilde, Kan'ami aus Yusaki in der Provinz Yamato, in verwandtschaftlicher Beziehung zum Hause Kusunoki steht. Dass Kusunoki Masashige und die Iga-Ninja enge Verbindungen unterhielten, ist darüber hinaus daran zu erkennen, dass in der Nanbokuchô-Zeit [1336-1392] alle Ninja aus Iga und Kôga die Süddynastie unterstützen."

(Heishichirô, *Ninjutsu no honshitsu to ryakushi*; S. 412)

---

143 Der Aufbau einer Spionageorganisation bereits zu Friedenszeiten steht auch im Mittelpunkt der weiter unten behandelten *tôiri*-Taktiken des Ninjutsu (1.4.7.2).

144 Die Kanze-za („Kanze-Gilde") ist eine der alten Vereinigungen von *Sarugaku*-Künstlern, der von Kanze Ami begründete Stil wird daher *Kanze-ryû* genannt. Die Verkleidung als *Sarugaku* zählt zu den sieben Deckidentitäten des *shichi-ho-de*-System des Ninjutsu (siehe 2.3.1).
"As the great temples and shrines proceeded to invite and even sponsor free *sarugaku* troupes, the necessity to define areas of interest and to settle ruinous competition in the 13th century brought about the adaption of the guild (*za*) system. The results were economic security, hierarchic stability, and artistic continuity" (*Kodansha-Enzyklopädie*).

1.4.7 Die Zeit der Kämpfenden Provinzen[145]

Die Blütezeit des Ninjutsu ist der Zeitraum von etwa 1467 (Beginn des Ônin-Krieges)[146] bis etwa 1600 (Schlacht von Sekigahara),[147] die in der japanischen Geschichte als *sengoku-jidai* (戦国時代) bezeichnet wird, die „Zeit der Kämpfenden Provinzen". Diese Zeit der japanischen Geschichte ist geprägt durch ständige Kämpfe rivalisierender Daimyô,[148] den Aufstieg neuer und den Untergang alter Kriegerfamilien[149] und durch eine sich ständig wechselnde Bündnispolitik (Verrat, Betrug, Intrige und Attentate eingeschlossen). Um ihre Ziele zu erreichen, bedienten sich viele mächtige Daimyô der Hilfe der Ninja, die sie zu diesen

---

145 Die Geschichte des Ninjutsu in den folgenden zwei bis dreihundert Jahren wird zunehmend komplexer und verworrener. In dieser Zeit, etwa dreihundert Jahre nach der ersten, noch partiellen Machtübernahme der Kriegerklasse, bildet sich Ninjutsu als klar von der Kunst der *bushi* unterschiedenen Methode der Kampfführung (*bugei* oder *bujutsu*) heraus und findet auch ihren eindeutigen literarischen Niederschlag. Literatur zur Sengoku-Zeit ist reichlich vorhanden, allerdings konnte ich nur relativ wenig ausführliche japanische Literatur zum Thema Ninjutsu für diese Zeit ausfindig machen. Eine abgeschlossene Darstellung des Ninjutsu in dieser Zeit kann daher nicht das Ziel dieser Arbeit sein, vielmehr sollen einige Aspekte näher beleuchtet und, wenn auch nur knapp, mit japanischen Quellen unterlegt werden.

146 Der Ônin-Krieg, der von 1467-1477 dauerte, stellt den Beginn der Zeit der „Kämpfenden Provinzen" dar. Auslöser war ein Machtkampf zwischen den beiden mächtigen Sippen der Hosokawa und der Yamana in den Straßen von Kyôto, in den immer mehr *daimyô* aus dem ganzen Land verwickelt wurden.

147 Die Schlacht von Sekigahara (21. Oktober 1600) ist eine der bedeutendsten in der ganzen japanischen Geschichte. Der Sieg Tokugawa Ieyasus über das Bündnis der „westlichen Allianz" unter der Führung der Ishida bedeutete das Ende der Zeit der Kämpfenden Provinzen und den Beginn der über 250 Jahre währenden Herrschaft der Tokugawa.

148 Die *daimyô* („große Namen") entwickelten sich aus den *shugo*, Militär-Gouverneuren, die – neben den *jitô*, militärischen Landverwaltern – erstmals nach der Ernennung Minamoto Yoritomos zum Shôgun von diesem eingesetzt wurden. Nach dem Ônin-Krieg war die Macht des Shôgunats quasi vollständig zusammengebrochen, die *shugo* entwickelten sich zu unabhängigen Lokalherren, die über ihre Gebiete als Verwaltungs- und Militäroberhaupt fungierten. Zugleich machten die bisher üblichen *shôen* Lehen im eigentlichen Sinne Platz (*chigyô-chi*), die der Feudalherr nach eigenem Gutdünken verteilen konnte.

149 Die japanische Geschichtsschreibung verwendet hierfür den Begriff *ge-koku-jô* (下克上), der in etwa mit „das Untere erobert das Obere" übersetzt werden kann.

Zwecken aus verschiedenen Lagern für befristete Zeit anwarben oder fest in ihren Dienst übernahmen.

1.4.7.1 Iga und Kôga

Die historischen Provinzen Iga (der nordwestliche Teil der heutigen Provinz Mie) und Kôga (südlicher Teil der Provinz Ômi) stehen im Mittelpunkt der weiteren Entwicklung des Ninjutsu. Sie bilden die beiden Zentren der Ninjutsu-Aktivitäten für die nächsten gut 250 Jahre bis zur Errichtung des Tokugawa-Shôgunats im Jahre 1603 und gelten als eigentliche Geburtsstätten des Ninjutsu in Japan.[150] Die Gebiete selbst liegen in unmittelbarer Nachbarschaft zu den Hauptzentren der Yamabushi-Wallfahrtsstätten sowie zu den Gegenden, in denen viele der Kämpfe der Nord-Süd-Dynastie stattgefunden hatten.[151]

Dabei sind in es in der Region Iga insbesondere drei Familien – der Momochi-Clan im Süden, der Hattori-Clan im Zentrum und die Fujibayashi im Norden – die sich auszeichneten, während die Region Kôga von mehr als 50 Ninja-Clans beherrscht wurde.

---

150 Allerdings gibt es auch viele Aktivitäten von Ninjas in den entfernteren Provinzen. Turnbull (*Ninja – The True Story of Japan's Secret Warrior Cult*; S. 41) weist darauf hin, dass diese Ninja-Verbände meist Anhänger eines bestimmten Daimyô waren, von dem sie auch unterstützt wurden, wohingegen die Ninja aus den Provinzen aus Iga und Kôga ihre Dienste wechselnden Fürsten anboten. Dies könnte die von Hatsumi und Hayes vertretene These stützen, dass die Ninja dieser Regionen ihre eigenen Interessen als vorrangig ansahen.

151 "Iga province (now the northwestern part of Mie prefecture), was entirely landlocked, and almost the whole length of its borders followed the tops of several ranges of mountains. The villages in the flatlands within, therefore, nestled inside a ring of natural defences, pierced only by steep mountain passes. The one side of Iga that is not entirely protected by mountains is the north, where it borders on to its 'ninja neighbour' Kôga, the southern portion of Ômi province. ... Directly to the west of the Iga/Kôga border lies Mount Kasagi, first refuge of the Southern Emperor. To the southwest lies Yoshino, his last hiding place, and beyond that the seemingly endless chain of mountains known at this time only to the villagers who lived their entire lives in one tiny valley, or to the wandering *yamabushi* who traversed this wild country on their pilgrimages. Several accounts refer to these mountains as the haunt of bandits who acted as highwaymen along the Tôkaidô and pirates on the sea coast of nearby Ise province" (Turnbull, *Ninja – The True Story of Japan's Secret Warrior Cult*; S. 29).

DIE MOMOCHI

Als die zwei bedeutendsten Vertreter dieser Familie gelten Momochi Sandayû und Momochi Tanba, wenngleich nur wenige Informationen über sie verfügbar sind.[152] Bekannt wurde Momochi Sandayû vor allem als Lehrer von Ishikawa Goemon, einem der prominentesten Banditen-Helden Japans.[153] Es wird angenommen, dass Momochi Sandayû während des Iga-Aufstandes (1579-81) ums Leben kam (einer anderen Theorie zufolge wurde der Ninja Hajikano Jube'e damit beauftragt, Sandayû zu töten; siehe Turnbull, *Ninja*; S. 54). Sein erst vor wenigen Jahrzehnten entdecktes Grab befindet sich etwa 25 Kilometer südlich von Iga-Ueno beim Dorf Nabari, wo sein 17. Nachkomme, Momochi Itsuke, noch heute lebt.

> „Momochi Tanba ist ein Anführer-Ninja aus Iga, der zur Zeit der Kriegführenden Staaten zeitgleich mit Fujibayashi Nagato lebte. Die Familie der Tanba errichtete in der Provinz Iga im Distrikt Yamada beim Dorf Yushô am Hôjiro eine Festung und beherrschte seit der Mitte der Heian-Zeit das gesamte Umland des Dorfes. Die Nachfahren der Momochi errichteten zur Zeit der Kämpfenden Provinzen die Festungen Yamato-Tatsuguchi und Iga-Tatsuguchi als weit im Süden gelegene Stützpunkte, wo sie als einflussreiche *jônin*-Familie in beratender Stellung tätig waren."
>
> (Heishichirô, *Ninjutsu – sono rekishi to ninja*; S. 162)

---

152 Einigen Theorien zufolge (siehe Adams, *Ninja*; S. 37 ff. und Hayes, *The mystic arts of the Ninja*; S. 3) handelt es sich bei den beiden um ein und dieselbe Person. Hierzu ist anzumerken, dass *sandayû* eigentlich eine Bezeichnung für eine Art „Butler" oder hochrangigen Bediensteten adliger oder wohlhabender Familien ist, also kein Eigenname, was für diese Annahme sprechen würde. Weiterhin wurde spekuliert, dass Momochi Sandayû darüber hinaus mit Fujibayashi Nagatô identisch sei (siehe „Die Fujubayashi").

153 "Thought to have originally been a genin agent of Iga ryu ninjutsu, Goemon was killed on August 24, 1594, the legends claiming that he was boiled to death in oil. Though Ishikawa Goemon's name is not listed in the *Bansenshûkai* written record of Iga ryu ninjutsu, the notorious bandit hero appears often in the world of novels and theater as the greatest thief in the history of Japan" (Hayes, *The Mystic Arts of the Ninja*; S. 7).

DIE HATTORI

Die Hattori sind die bekannteste Ninja-Famile dieser Zeit, was vor allem Hattori Hanzô zu verdanken ist, der später zusammen mit einigen ihm unterstellten Ninjas von Tokugawa Ieyasu in den Dienst genommen wurde (s. u.). Die Geschichte der Hattori-Familie lässt sich weit zurückverfolgen und scheint auch mit derjenigen der Mochizuke, einer weiteren bedeutenden Ninja-Familie,[154] verknüpft zu sein.

> „Die entfernten Vorfahren von Hattori Ienaga sind eine Familie von Auswanderern (*kikajin*), welche im Altertum nach Uzumasa in Kyôto gekommenen waren und von denen es heißt, dass sie eine Zweigfamilie der Hata gewesen seien (秦氏).[155] Zu der Zeit im Altertum, als sie nach Iga umzogen, beherrschten sie die besondere Technik der Hata-Familie zur Herstellung von Kimono-Stoffen. Mittels des aus China übermittelten *shinraku*[156] (*kabuki – ongyoku*[157] *– karuwaza*[158] *– chikarawaza*[159] *– kijutsu*[160] – Puppentheater – *fukkatsu-jutsu*[161]) wurde ihnen die Aufgabe übertragen, bei Schreinfesten zu dienen.
>
> Zur Blütezeit der Hattori-Familie (etwa zum Höhepunkt der Heian-Zeit) wurde das Hausfest der Hattori-Familie, das *kurôdo-matsuri*, jedes Jahr bei

---

154 Die Mochizuke sind eine der bedeutenden Ninja-Familien der Zeit der Kämpfenden Provinzen, die in der Provinz Kôga ansässig waren.

155 Die Familie der Hata leitet ihre Herkunft von dem koreanischen Prinzen Yuzuki no kimi her, der im Jahre 283 nach Japan gekommen sein soll. Hata Sake no kimi, ein Enkel von Yuzuki, tat sich besonders in der Seidenproduktion hervor; im Jahre 471 erhält er vom Kaiser Yûryaku den Namen Uzumasa.

156 „Neue Künste“, Bezeichnung für die aus China übermittelten Künste und Fertigkeiten.

157 Altjapanische Volksmusik mit Shamisen-Begleitung.

158 *Karuwaza* ist die Bezeichnung für eine Gruppe gefährlicher akrobatischer Kunststücke, wie auf einem Seil zu balancieren, Entfesseln, Verschwinden (*kagônuke*) und Leitern emporklettern.

159 „Kraft-Techniken“; eine Gruppe von Kunststücken und Fertigkeiten, zu deren Beherrschung ein hohes Maß an Körperkraft notwendig war.

160 „Zauberkünste“; Taschenspielereien und Zaubertricks.

161 Wörtlich etwa „Wiederbelebungskünste“.

der großen Feier des Aikuni-Schreines abgehalten.[162] Aber die Personen, die sich mit dieser Feierlichkeit befassen, sind keine Hattori, und beim Vollzug der Feierlichkeiten sind alle in Schwarz gekleidet. (Zu der Zeit, da es selten war, dass Nicht-Hattori an den Feierlichkeiten teilnahmen, empfingen diese vom *soke* den Hattori-Namen; später wurde es Tradition, den Namen Hattori anzunehmen.) Bei diesem seltsamen Fest hatten die Ninja aus Iga bereits schwarze Kleidung entdeckt – dies gibt Aufschluss darüber, dass die Techniken des Ninjutsu bereits in hohem Masse spezialisiert waren."

(Heishichirô, *Ninjutsu no honshitsu to shiryaku*; S. 411 ff.)

DIE FUJIBAYASHI

Die beiden wichtigsten Vertreter dieser *jônin*-Ninja-Familie sind Fujibayashi Nagato und Fujibayashi Yasutake. Über Nagato ist wenig bekannt; es wird angenommen, dass er zusammen mit Momochi Sandayû einer der führenden Iga-Ninja jener Zeit war. Sein Grab soll sich zu Füßen des Shokakuji-Tempels in Higashiyubune befinden. Zudem sollen die Fujibayashi mit den Hattori in verwandtschaftlicher Beziehung stehen. Bekannt wurde vor allem ein späterer Nachfahre, Fuijbayashi Yasutake, der als Verfasser des Ninjutsu-Kompendiums *Bansenshûkai* gilt.[163]

„Von der Mitte bis zum Ende der Sengoku-Zeit errichtete er [Fujibayashi Nagato] in der Provinz Iga im Distrikt Ayama in Motoyubune beim Dorf Tomoda (an der Grenze zwischen Iga und Kôga, an das Gebiet der bekannten Ninja-Familie der Mochizuki angrenzend) eine Festung und herrschte über das gesamte Umland von Tomoda, weitete seinen Einfluss gar auf ganz Nord-Iga aus. Oberflächlich betrachtet nichts weiter als eine kleine

162 Das *kurodô-matsuri* ist ein Fest, das zu Ehren der Ahnengötter der Hattori-Familie beim Aikuni-Schrein in Iga abgehalten wird. Der Name *aikuni* ist eine Umwandlung von *abekuni*, „Land der Abe". Die Abe sind eine Familie, deren Ursprünge in der Nara-Zeit liegen und die sich zunächst als Gelehrte des *onmyôdo*, der aus China eingeführten taoistischen Künste der Wahrsagerei und des Kalenderwesens, und später als Familie mit militärischer Bedeutung hervortaten.

163 Das Bansenshûkai (1676) ist mit dem Shôninki (1681) eine der wichtigsten Quellenschriften des Ninjutsu.

Landsamurai-Familie, stellte sie in Wirklichkeit zusammen mit den Momochi die beiden großen *jônin*-Familien von Iga.
Fujibayashi Nagato hatte viele Anhänger unter den Ninja von Iga und Kôga, und seine geheimen Spionage- und Informationsnetze waren ungewöhnlich groß.
Hauptsächlich war er als Berater für die *bushi*-Verbände aus dem Norden Igas tätig."

(Heishichirô, *Ninjutsu – sono rekishi to ninja*; S. 161)

Die Iga-Ninja

„Sammelbegriff für die *chiji* („Land-Samurai") von Iga; Amtstitel der vom Edo-Bakufu für diverse Aufgaben beschäftigten Iga-Landsamurai (*gôshi*). Sie werden auch *iga-no-mono* oder *iga-shû* genannt. Da Iga zu allen Seiten von Bergen umgeben ist, blieben die Bewohner äußerst isoliert und hatten nicht die Kraft, eine Einigung herbeizuführen, so dass sich kleine Gruppen von *gôshi* und *chiji* gegenseitig bekämpften. Unter ihnen gab es welche, die als besondere Fähigkeiten *shinobi-no-jutsu* beherrschten, wie z. B. nächtliche Überfälle, Brandstiftung, Spionage und anderes. Während der Feldzüge von Kitabatake Nobuo (1579) und Oda Nobunaga (1581) machten sie sich durch ihre Gegenwehr einen Namen im ganzen Land, aber nachdem der Vernichtungsschlag gegen sie geführt worden war, zerstreuten sie sich in zahlreiche Provinzen.[164] Zu dieser Zeit nahm sie der in Mikawa befindliche Tokugawa Ieyasu bei sich auf. Am 2.6.1582 erfuhr Ieyasu auf einer Inspektionsreise durch Izumi vom Vorfall im Honnôji-Tempel und dem Tod Nobunagas und ging, wahrscheinlich um Land und Leute für Mikawa zurückzugewinnen, auf Schleichwegen über Kawachi und Yamashiro nach Shiragaki in Ômi, von wo er nach Iga aufbrach. Dort fand er als Erwiderung auf seine Wohltaten im Vorjahr Schutz und Führung bei den Samurai des Dorfes Tsuge, überquerte Kanbe und gelangte am sechsten Tag in Shirako in Ise an. Von dort kehrte er ohne Zwischenfälle auf dem Seeweg nach Mikawa

164 Siehe 1.4.7.3.

zurück. Ieyasu dankte diesen Dienst, indem er die Begleiter auf seinem Weg nach Ise später zu direkten Vasallen (*jikisan*) ernannte. Von den 200 Mann, die ihn bis Kanbe begleitet hatten, rief er 70 nach Hibi zu sich, machte sie zu *dôshin*[165] und gliederte sie Hattori Hanzô an (dies ist der Ursprung der Iga-*dôshin*). Später, bis zum Jahr 1615 (Genna 1), zog er mit ihnen zwanzig Mal zu Felde, wobei es viele Tote gab. Auch beim Feldzug von Nagakute und Osaka waren Spione beschäftigt. Im September 1618 gab es im Schloss von Edo erstmals die *gô-kofu* des Inneren Palastes, und von den altgedienten Iga-Leuten wurden 20 zur Wache befohlen. Dies ist der Beginn der *gô-kofu-iga-mono*. Die jüngeren erfüllten Spionage-Tätigkeiten ohne feste Anstellung, aber in Fällen wie *agoden* oder *goyô-ayashiki* wurden diese Wachen damit beauftragt, weshalb man sie irgendwann *goyô-ayashiki-ban-iga-mono* nannte. Im Jahre 1689 (Genroku 2) wurde bei einer Patrouille an einem Bauplatz die Tätigkeit der Arbeiter bemerkt (durch *ko-fusei-hô-iga-mono* genannte Ninja; das Entstehungsjahr ist ungewiss); auch wurden *yamasato-igamono* Genannte im Schloss Nishimaru beschäftigt. Aber mit dem Ende des Tokugawa-Shôgunats traten Änderungen im Beschäftigungsverhältnis auf, die Iga-Verbände wurden aufgelöst und zur Verstärkung von Kôshu eingesetzt. Anfangs erhielten sie in Kiku-machi in Edô, später in Ishitani Landhäuser.“

(*Kokushi-daijiten*; S. 438)

Die Kôga-Ninja

„Sammelbezeichnung für die Landsamurai des Kreises Kôga in der Provinz Ômi. Sie zeichneten sich in der Kunst des Ninjutsu aus und wurden zusammen mit den Iga-Leuten vom Edo-Bakufu und verschiedenen *daimyô* beschäftigt.

Zwar sind Aktivitäten der mächtigen Familien und Landsamurai aus Kôga seit der Kamakura-Zeit verzeichnet; zur Berühmtheit gelangten ihre Namen

165 *Doshin* (同心) ist die Bezeichnung für niedere Polizei-Gendarmen der Edo-Zeit, die den *yoriki* (与力) untergeordnet waren.

jedoch erst später, während der Jahre 1487 (Chôkyô 1) bis 1489 (Entoku 1), als Shôgun Ashikaga Yoshihisa und zwischen 1491 (Entoku 3) bis 1492 (Meiô 1) Ashikaga Yoshitane gegen den *shugo* von Ômi, Rokkaku Takayori, Vernichtungsarmeen aufstellten. Dieser antwortete auf seine Unterdrückung mit kleinen Soldatentrupps, die überfallartige Angriffe ausführten und den neuen Unterdrückungsarmeen Sorgen bereiteten.[166]

Zu dieser Zeit erwarben sich von den 53 Familienverbänden die 21 Häuser von Ôhara, Mochizuki, Wada, Yamanaka, Ikeda, Minobe, Ukai, Hattori, Akutagawa, Tomonai, Takamine, Ôkawara, Saji, Jinbô, Ueno, Oki, Taki, Naiki, Iwamuro, Ôno und Tongu große Verdienste.

Aber die Familien waren nicht nur auf diese Weise verbunden, sondern bildeten auch eine solide Allianz im Bezirk Kôga. Dieser Zusammenschluss sorgte auch im Jahre 1568 (Eiroku 11) für Unruhen und Aufstände, als der nach der Hauptstadt strebende Oda Nobunaga die Burg der Rokkaku-Familie (die Kannonji-Burg)[167] dem Erdboden gleichmachte. Schließlich jedoch schworen sie Oda und Hideyoshi den Treueid.

Im Jahre 1562 (Eiroku 5) unterstützten sie Tokugawa Ieyasu bei der Vernichtung der *teiden-nagamochi*. Im Jahre 1582 (Tenshô 10), bei der Rückkehr Ieyasu's von Izumi über Iga, standen sie seiner Leibgarde zur Seite; bei den Schlachten von Komaki in Owari[168] und Nagakute[169] im Jahr 1584 (Tenshô 12) gab es geheime Verbindungen mit Ieyasu.

Toyotomi Hideyoshi war sich dieser Dinge voll bewusst, und als es im folgenden Jahr (Tenshô 13) bei dem Unternehmen, die Burg von Saiga Ôta in Kishû durch das Abgraben von Wasser zur Aufgabe zu zwingen

---

166 Zu den Beziehungen zwischen den Ashikaga, den Rokkaku und den Ninja aus Iga und Kôga siehe Turnbull, *Ninja – The True Story of Japan's Secret Warrior Cult*, S. 30-32 und 38-40.

167 Die Burg Kannonji (*kannonji-jô*) befindet sich in der Präfektur Shiga und war etwa seit der Zeit der Nord-Süd-Dynastie der Hauptsitz der Rokkaku-Familie.

168 Hier kam Tokugawa Ieyasu Oda Nobuo (dem Sohn von Oda Nobunaga) gegen Toyotomi Hideyoshi zu Hilfe.

169 Hier unterlag die Armee Hashiba Hideyoshis der von Tokugawa Ieyasu.

(*mizuzeme*), zu Problemen beim Errichten der Dämme kam, nahm Hideyoshi dies als Vorwand, die Menschen aus Kôga ihrer Lehen zu enteignen und sie zu vertreiben.

Danach wandten sie sich schnell Ieyasu zu, und als es im Jahr 1600 (Keichô 5) zur Schlacht von Sekigahara kam, eilten etwa 100 von ihnen zur Burg von Fushimi,[170] von denen 70 den Tod im Kampf fanden. Nach der Schlacht wurden ihre Verwandten und Angehörigen als Kôga-Verband (*kôga-gumi*) Yamaoka Kagetomo anvertraut. Aber die Mehrzahl von ihnen lehnte es ab, unter Kagetomo als mit Gewehren ausgerüstete *dôshin* zu dienen, und da sie auch in der Kantô-Region unter Ieyasu, Hidetada und Iemitsu keine Beschäftigung fanden, gingen sie nach altem Brauch und Stolz in ihrem Geburtsland als Landsamurai zugrunde.

Während dieser beklagenswerten Zeit, zu der sie in Kôga ansässig waren, wurden sie von verschiedenen *han* (藩)[171] wie Owari, Takaki und Kishiwada als Ninja und *teppô-dôshin* beschäftigt."

(*Kokushi-daijiten*; S. 297)

1.4.7.2 Die Struktur der Ninja-Organisationen

Das oberste Gebot der Ninja-Organisationen war selbstverständlich Geheimhaltung; sowohl was die Aktivitäten als auch was die Struktur der Verbände und Identitäten der Agenten anbelangte. Um dieses Ziel zu erreichen, waren die Ninja-Clans streng hierarchisch gegliedert: An der Spitze eines Clans stand der *jônin* (上人) oder „Obermann", der Oberbefehlshaber; dieses Amt wurde in der Regel in Erbtradition vom Vater an den Sohn weitergegeben. Der *jônin* hatte die Führung und Leitung der gesamten Clan-Organisation zur Aufgabe. Unter den *jônin* dienten die *chûnin* (中人), „Zwischenmänner", deren Aufgabe es war, die

170 Die Burg von Fushimi bei Kyôto wurde 1594 von Toyotomi Hideyoshi erbaut.

171 *Han* ist die seit dem 19. Jh. gebräuchliche Bezeichnung für ein Daimyat, die während der Tokugawa-Zeit gebräuchliche lautete *ryô*. Während der Edo-Zeit wurden die *daimyô* mit der Verwaltung wechselnder *han* beauftragt, was die persönliche Bindung zwischen den *daimyô* und den lokalen Samurai schwächte.

Befehle und Anordnungen des Oberhauptes richtig zu interpretieren und deren Ausführung zu überwachen. Die *chûnin* stellen das Bindeglied zwischen dem *jônin* und den *genin* (下人), den „Untermännern", dar, also den eigentlichen Agenten, denen die Identität des *jônin* verborgen blieb. Die *jônin* waren für die eigentliche Ausführung der geplanten Operationen zuständig. Durch diese Struktur sollte eine größtmögliche Anonymität des Oberhauptes gewährleistet werden.
[Anmerkung 2017: Diese drei Level finden sich bei Hayes und Heishichirô (s. u.); die Bezeichnung *jônin* und *genin* findet sich auch im *Mondô-Kapitel* des *Bansenshûkai* (siehe Anhang). Ob eine solche Struktur tatsächlich existierte, ob sie für bestimmte Ninjutsu-Gruppen exklusiv war, oder ob sie Parallelen in der Hierarchie anderer Gruppierungen und Gilden hat, wäre jedoch noch genauer zu untersuchen.]

> JÔNIN
> „Dies ist die Person, die an der Spitze einer geheimen Ninja-Organisation stand, d. h. der oberste Befehlshaber. Die Ninjas, die sich in dieser Position befanden, sind keine berühmten Existenzen. Sie waren eher als kleine Daimyô denn als mächtige Familien ihres Heimatdorfes bekannt. Sie beorderten geheime Untergebene ins ganze Land, und mittels dieser Organisation von Spionen erfüllten sie Spionage- und Sabotage-Aufgaben für die lokalen Machthaber."

> CHÛNIN
> „In der geheimen Organisation der Ninja waren dies die Personen, die – im Gegensatz zum *jônin* – die Rolle der Befehlshaber über dessen Untergebene hatten. Dies waren keine einfachen Soldaten, sondern sie hatten als Gruppenführer ihre Soldaten unter sich. Zur Zeit eines Einsatzes waren sie selbst dabei und gaben von der Spitze ihrer Untergebenen aus die Kommandos. Den Befehlen des *jônin* gemäß gab es viele Fälle von Bewegungen der Führer der Soldaten, der Untergebenen oder der *chûnin* selbst. Einerseits gehörten sie zum Stab der *jônin*, andererseits stellten sie selbst eine Klasse von wirklichen Ninja. Ihr gesellschaftlicher Stand war der von einfachen Landsamurai."

GENIN

„Diese Männer folgten den direkten Anweisungen des *jônin* oder der *chûnin* und gebrauchten dabei die Techniken des Ninjutsu; sie sind die eigentlichen Praktiker. Diese Leute besaßen gesunden Menschenverstand und entsprechen voll und ganz dem Bild eines Ninja. Sie waren ungewöhnlich behände und Meister der Verkleidung und des Versteckens, außerdem waren sie ausgezeichnete Attentäter. als gute Läufer wurden sie als Eilboten zur Nachrichtenübermittlung eingesetzt. Da ihre Eigentümlichkeiten unter Freunden deutlich bemerkt wurden, wurde sie der Zeit und den Umständen gemäß eingesetzt, damit sie ihre Fähigkeiten entfalten konnten."

(Heishichirô, *Ninjutsu – sono rekishi to ninja*; S. 160)

Um einen besseren Einblick in die Wirkungs- und Funktionsweise einer solchen Ninja-Organisation zu bekommen, werden im Folgenden zehn fundamentale Spionagemethoden der feudalen Ninja näher erläutert. Diese sind im achten Band des *Bansenshûkai*, in dem *Yô-nin* (陽忍) betitelten Buch, dargelegt.[172] In der Einleitung hierzu heißt es:

172 *Bansenshûkai*, in *Nihon Budô Taikei – Vol.5*; S. 481 ff.; siehe auch Hayes, *The Ancient Art of Ninja Warfare*; S. 91 ff. und Adams, *Ninja*; S. 125 ff. Die Darstellung der Taktiken bei Hayes folgt der Anordnung im Bansenshûkai, wobei jedoch leichte Unterschiede in der Ausführlichkeit der beschriebenen Taktiken und der verwendeten Begriffe festzustellen sind. Da Hayes keine Quelle angibt, ist es nicht möglich, diese Unterschiede näher zu untersuchen. Allerdings ist es wahrscheinlich, dass verschiedene Ausgaben des Bansenshûkai existieren, die in einzelnen Punkten voneinander abweichen können. (Die hier verwendete Ausgabe enthält selbst einige Vermerke auf gekürzte Stellen und mündliche Überlieferungen).

„Kapitel über *tô-iri* (遠入り).[173]

Ninjutsu kennt die Künste des Lichts (*yô-jutsu*) und die Künste des Dunkels (*in-jutsu*). *Yô-jutsu* nennt man das Eindringen von Ninjas in sichtbarer Gestalt mit Hilfe von Intrigen (*bôryaku*) und Listen (*chiryaku*). *In-jutsu* bedeutet, mittels der Künste die Gestalt zu verbergen (*ongyô*), nicht in den Augen anderer zu erscheinen und so einzudringen. In diesem Band sind zahlreiche Methoden dargestellt, die Schwachstellen des Gegners zu erkennen und einzudringen. Daher sind sie mit *yô-nin* bezeichnet."

(Heishichirô, *Bansenshûkai*; S. 481)

Es folgt eine Erläuterung von sechs vorbereitenden Bedingungen für die weitere Vorgehensweise; daran schließt sich die Beschreibung der zehn Methoden an:

1. *Katsura otoko no jutsu* (桂男之術)[174]

Diese Strategie diente dazu, in einem mehrstufigen Prozess Ninja-Agenten zu Friedenszeiten im Feindesgebiet anzusiedeln, um zu einem späteren Zeitpunkt auf sie zurückgreifen zu können. Zu diesem Zweck suchte der Führer der Ninja-Organisation (*ninshô*) geeignete Kandidaten im entsprechenden Gebiet aus und versuchte dann, sie auf seine Seite zu ziehen. Dabei wurden hohe Anforderungen an den zukünftigen Agenten gestellt. Auch wurden aus der Familie Geiseln genommen, um sich so der Loyalität zu versichern.[175] Oftmals vergingen dabei lange Zeiträume, bis die so angeworbenen Agenten zum tatsächlichen Einsatz

---

173 Der Begriff *tô-iri* („weites, fernes Eindringen") steht im Gegensatz zum Begriff *chika-iri* („nahes Eindringen"), der als Oberbegriff der im darauffolgenden Band beschriebenen Taktiken verwendet wird. *Tô-iri* meint dabei sowohl räumlichen als auch zeitlichen Abstand zum Gegner: räumlich, als es sich um Taktiken handelt, in denen Ninja-Agenten von der Ferne aus gelenkt werden; zeitlich, als die Errichtung der Agentennetze bereits zu einem Zeitpunkt stattfinden sollte, da es in dem Gebiet noch keine Feindseligkeiten gibt, um so für einen eventuellen späteren Krisenfall optimal vorbereitet zu sein.

174 "A popular old Chinese legend told of graceful katsura trees that were said to grow on the moon. Coincidentally, the ninja of Japan often used the moon as a metaphor to refer to an enemy of the family. Therefore, the katsura tree became the symbol for the ninja group's agent on the inside of the enemy's territory. Far away from familiar faces and sights, the *katsura otoko* ninja was as cut off and on his own as the man on the moon" (Hayes, *The Ancient Art of Ninja Warfare*; S. 92).

175 Dies ist eine Praxis, die unter den Daimyô weit verbreitet war.

kamen. Mit dem Begriff *anaushi* („Vieh im Bau") wurden Familien bezeichnet, die die späteren Agenten unterstützen sollten. *Chitsumushi* („Insekt, das sich verbirgt") war die Bezeichnung für Agenten, die aus der näheren Umgebung des Feindes rekrutiert wurden. Kamen die Agenten nicht aus dem näheren Umfeld des Feindes, wurden sie als *tonshi* (etwa „entlaufene Krieger") bezeichnet. Weiterhin waren Mittelsmänner (*sôdan-nin*) nötig, die Informationen zwischen dem Führer der Ninja-Gruppe und dem *katsura no otoko* vermittelten. Um zu häufigen Kontakt mit demselben Mittelsmann zu vermeiden, wurden mehrere solcher Vermittler eingesetzt, die sich zudem diverser Verkleidungen bedienten.[176]

2. *Joei no jutsu* (如影之術)

Diese Technik leitet ihren Namen von der Vorstellung ab, dass der Ninja-Führer mit seinen Agenten bei den ersten Anzeichen für Feindseligkeiten „wie ein Schatten" (*joei*) dem Gegner auf den Fersen ist. Dabei ist es wichtig, dass noch keine Feindseligkeiten stattgefunden haben, damit der Gegner keinen Verdacht schöpft. Es finden sich dabei ähnliche Vorgehensweisen wie bei der *katsura no otoko*-Methode, d. h. es kommen *chitsumushi* und *tonshi* zum Einsatz. Es werden ebenfalls wieder Mittelsmänner benötigt, die sich in der Nähe der gegnerischen Burg befinden (dazu können Verkleidungen als Kaufleute, *shôbaijin*, und als buddhistischer Mönch, *dôshinsha*, gebraucht werden). Um den Anschein zu erwecken, dass es sich bei dem feindlichen Agenten um einen loyalen Anhänger handelt, gab es auch die Möglichkeit, diesen mit einer falschen Familie in der Burg des feindlichen Herrschers einzuquartieren; eine Praktik, die den Herrscher von der Zuverlässigkeit des neuen Vasallen überzeugen sollte.

176 Es werden die Verkleidung als Yamabushi und *akindo* (Händler) erwähnt (siehe 2.3.1). Hayes führt auch die Verkleidung als *unsui* („Wolken und Wasser") an, eine Bezeichnung für umherziehende, sich in der Ausbildung befindliche Mönche.

3. *Kunoichi no jutsu* (久ノ一之術)[177]

Diese Taktik wird empfohlen, wenn es für einen männlichen Agenten schwer erscheint, in die Nähe des Feindes zu gelangen.[178] Auch hier werden wieder strenge Auswahlkriterien an die zukünftigen *kunoichi* angelegt; bevor ein(e) *kunoichi* in die Räume des Feindes geschickt wurde, hatte er/sie einen schriftlichen Eid beim Führer der Ninja-Gruppe abzuleisten. Dabei wird die Technik *kakuremino-no-jutsu* (隠蓑之術), die Kunst des „Verbergens mit Hilfe eines Strohmantels", als besonders nützlich angesprochen. Hierbei verbarg sich der *kunoichi* im doppelten Boden einer Truhe, die als Geschenk für den Fürsten an den Wachen vorbei in dessen Gemächer gebracht wurde.

4. *Satobito no jutsu* (里人之術)

Diese Methode bestand darin, im Gebiet des Feindes ansässige Bewohner („Technik der Dorf-Leute") anzuwerben und auf die Seite des Ninja-Führers zu ziehen. Als besonders geeignet hierfür sind in diesen Gebieten lebende Verwandte des Ninja-Oberhauptes und solche, die mit den Umständen in dieser Region, aus welchen Gründen auch immer, unzufrieden waren. Hierbei wurden auch Geschenke und Bestechungsgelder verwendet, um solche potentiellen Agenten zur Mitarbeit zu überreden. Zur Festigung und Sicherung der neuen Verhältnisse war

---

177 Der Begriff *kunoichi*, im Allgemeinen als Bezeichnung für weibliche Ninja-Agenten verwendet, ist aus der Zerlegung des Schriftzeichens für Frau bzw. *onna* (女) in drei separate Bestandteile, *ku* (久), *no* (ノ), *ichi* (一) entstanden. Das so entstandene Wort *kunoichi* besitzt im gewöhnlichen Japanischen keine Bedeutung und konnte daher, ohne Verdacht zu erwecken, verwendet werden. Eine berühmte *kunoichi* ist Mochizuke Chiyome, die Frau von Moritoki Mochizuki, dem Herrn des Mochizuki-Schlosses von Kitasaku in der Provinz Nagano, der in der Schlacht von Kawanakajima im Jahre 1561 den Tod fand. Chiyome soll sich daraufhin unter den Schutz Takeda Shingens begeben haben und für diesen eine verdeckte Organisation weiblicher Agenten errichtet haben. (Vgl. Hayes, *Ninja 4*; S. 113)

178 Hayes weist darauf hin, dass die Bezeichnung *kunoichi* keineswegs auf weibliche Agenten, die ihren Charme gegenüber Männern ausnutzten, beschränkt war: "In actual fact, however, this strategy was the practical application of employing any sexually attractive agent to gather intelligence to aid in the downfall of an adversary invulnerable to more conventional tactics. Therefore, if the target of the ninsho leader happened to be a homosexual (not necessarily considered to be uncommon or scandalous behaviour among warriors in feudal Japan), an attractive boy could be used in application of the kunoichi no jutsu strategy as well" (Hayes, *The Ancient Art of Ninja Warfare*, S. 96).

es üblich, Geiseln an die Ninja-Organisation zu stellen und einen schriftlichen Eid zu leisten.
Eine zweite Möglichkeit bestand darin, dass sich der Ninja unter die Dorfbewohner mischte und so versuchte, Zugang zur feindlichen Festung zu erlangen, wo er auf ein verabredetes Zeichen hin mit seinen Sabotageaktionen wie z. B. Brandstiftung beginnen konnte.

5. *Minomushi no jutsu* (身虫之術)
Diese Taktik beruhte darauf, Vasallen aus den eigenen Reihen des verfeindeten Herrschers zum Überlaufen zu bewegen, wobei sie dem Anschein nach weiterhin ihrem alten Herrn treu ergeben sein sollten. Wie ein „Wurm im Inneren des Körpers" (*mi-no-mushi*) den Menschen zerfrisst, sollten diese umgedrehten Gefolgsleute der Organisation des feindlichen Führers von innen her Schaden zufügen. Dieser Prozess gliederte sich dabei in zwei Abschnitte, die Beobachtung geeigneter Kandidaten (es werden acht Umstände angeführt, die eine Person als *mi-no-mushi* geeignet erscheinen lassen) und die eigentliche Annäherung. Zu den besonders geeigneten Personen zählen:

- solche, die unschuldig für ein Verbrechen bestraft worden waren, oder die Nachkommen von Personen, die trotz einer nur geringen Schuld zum Tode verurteilt wurden;
- solche, die Talent und Verstand besitzen und eine hohe Position angestrebt haben, aber durch die Intrigen anderer nur ein niedriges Amt erlangten;
- solche, die sich große Verdienste und einen bekannten Namen erworben haben, aber nur ein kleines Lehen besitzen;
- solche, die zwar Talent, Verstand und Köpfchen besitzen, aber sich nicht mit dem Feldherrn verstehen und deshalb seinen Ärger abbekommen und nur niedrige Ämter bekleiden;
- solche, die sich zwar in der Welt der Künstler auszeichnen, aber dennoch nur von niederem Stand sind und gerne bei einem anderem Fürsten Karriere machen würden;

- solche, die im Krieg vom Fürsten genötigt wurden, gegen Eltern, Geschwister oder Verwandte zu kämpfen;
- solche, die voller Begierde sind, nach Gold und Silber verlangen, wankelmütig und ohne Treue sind und zwei Herzen besitzen; und
- solche, die im Verhältnis zu ihren Vätern schlechter belohnt wurden.

War ein geeigneter Kandidat gefunden, begann der Prozess der Annäherung. Wesentlich hierfür war es, die Absichten und Wünsche des Kandidaten in Erfahrung zu bringen. Der *ninshô* ließ sich in der Umgebung des Fürsten nieder und begann langsam, Beziehungen zu dem potentiellen *mi-no-mushi* aufzubauen, um ihn bei geeigneter Gelegenheit anzugehen. Häufig wurden auch Geschenke (Gold und Silber, Stoffe und Kleider) zur Bestechung verwendet. Die bereits bekannte Praxis des Geiselnehmens und der schriftlichen Eide war ebenfalls üblich.

6. *Hotarubi no jutsu* (蛍火之術)
Hierunter fallen verschiedene Strategien, mit Hilfe von gefälschten Dokumenten, die dem Gegner zugespielt werden, für Unruhe zu sorgen (wie das wuselnde Licht von Glühwürmchen, *hotarubi*). Dabei werden drei Taktiken unterschieden, wobei es auch hier wieder wesentlich ist, über den Gegner genauestens Bescheid zu wissen.
Eine dieser Methoden beispielsweise bestand darin, den Ninja mit dem gefälschten Dokument durchs feindliche Territorium zu schicken, in der Absicht, sich von den Truppen des Feindes gefangen nehmen zu lassen. Nach langem Widerstand (gefangen genommene Ninjas wurden nicht selten der Folter unterzogen) scheint der Widerstand des Ninja gebrochen und er kann das gefälschte Dokument in die Hände des Kriegsherrn spielen, der nun von der Ehrlichkeit des Gefangenen überzeugt sein sollte.
Eine andere List des Ninja war es, eine der Führungskräfte des Feldherrn als Verbündeten zu kompromittieren, um so für weiteren Aufruhr zu sorgen. Zu diesem Zweck wurden sogenannte *funnin* (紛忍) oder *innin* (隠忍), getarnte Ninja, damit beauftragt, heimlich in die Burg des Feindes einzudringen. Dabei führte der

Ninja ein an einen Vasallen des Feindes gerichtetes Schreiben mit sich, welches er nach seiner Entdeckung dem feindlichen Feldherrn im Tausch gegen sein Leben anbieten konnte.

7. *Fukurogaeshi no jutsu* (袋飜之術)[179]

Diese Taktik beruhte darauf, einen Agenten in den Dienst des feindlichen Herren einzuschleusen und diesen dort so lange beschäftigt zu lassen, bis er das Vertrauen des neuen Herrschers genoss. Um das Vertrauen des feindlichen Feldherrn zu gewinnen, konnte der Ninja einige kleinere Aufträge ausführen, die gegen seinen „alten" Herren gerichtet waren. War dann der richtige Zeitpunkt gekommen, erhielt der Agent ein Zeichen von seinem eigentlichen Herrn und konnte sofort darangehen, seinen neuen Auftrag auszuführen. Diese Taktik ähnelt der Verwendung der *hankan*, der klassischen Doppelagenten im *Sunzi*. Dabei können auch Personen angeworben werden, die, ohne Verdacht zu erregen, beim Gegner ein- und ausgehen; als Beispiele werden Ärzte, Künstler (*sarugaku*)[180], buddhistische Mönche (*shukke*), Kaufleute (*akindo*) und *zatô*[181] angeführt.

Zu dieser Taktik gehörte es auch, Spione aus den Reihen des Gegners, die ins eigene Lager eindringen, abzuwerben und mit falschen Informationen zum Feind zurückzuschicken.

---

179 "With the ninja's *fukurogeashi no jutsu* (bag reversal technique), the ninja on the outside went to the inside and back to the outside once again. Just as a bag can be turned inside out to change entirely in appearance, one of the familiy's ninja could appear to have become one of the enemy's ninja" (Hayes, *The Ancient Art of Ninja Warfare*; S. 101).

180 Die Verkleidung als *sarugaku* zählt zu den traditionellen Deckidentitäten des Ninjutsu; siehe 2.3.1. Die Kunst des Unsichtbarmachens.

181 Der Begriff hat mehrere Bedeutungen:
"1. Heads of guilds (*za*) of entertainers or merchants in the Muromachi period.
2. Lowest of four ranks (*kengyô*, *bettô*, *kôtô*, and *zatô*) given to members of a guild of blind male entertainers (*tôdôza*) formed early in the Muromachi period. *Zatô* later became a general term for blind men (usually members of the *tôdôza*) who shaved their heads and wore the vestments of a Buddhist priest. They earned their living as musicians, singers, and storytellers, or as practitioners of acupuncture or massage (*amma*)" (Sawako, *Keys to the Japanese Heart and Soul*; S. 183).

8. *Tensui no jutsu* (天唾之術)[182]

Diese Methode beruhte im Wesentlichen auf dem Einsatz von Doppelagenten (*hankan*). Gefangen genommene feindliche Spione wurden dazu gebracht, für die eigene Organisation zu arbeiten, und zurück ins Lager des Feindes geschickt, während der ursprüngliche Anführer im Glauben an die Zuverlässigkeit seines Agenten verblieb. War sich der neue Ninja-Führer der Loyalität des gegnerischen Agenten nicht gewiss, konnte er ihn auch als Schein-Doppelagenten einsetzen (*kari-hankan*); in diesem Fall wurde er mit gefälschten Informationen zurück zu seinem alten Herrn geschickt.

Eine Variation dieser Methode bestand darin, einen gefangenen Soldaten des Feindes mit falschen Informationen zu versorgen und ihn dann zum Gegner zurückzuschicken (*ryohan no jutsu*).

9. *Chikyû no jutsu* (弛弓之術)[183]

Wurde ein Ninja vom Feind gefangen genommen, so konnte er zum Schein darauf eingehen, als Agent für seinen neuen Herrn tätig zu sein, und so am Leben bleiben, um, wenn die Umstände es ermöglichten, seinen ursprünglichen Auftrag weiter auszuführen.

Dabei war es durchaus möglich, dass er, um das Vertrauen seines scheinbaren neuen Herrn zu gewinnen, einen schriftlichen Eid ablegte und für seinen neuen Herrn zunächst verschiedene kleinere Aufträge (beispielsweise das In-Brand-Setzen von Hütten) erledigte, um diesen von seiner Loyalität zu überzeugen. In Wirklichkeit wartete er jedoch nur auf den geeigneten Zeitpunkt, bei seinem neuen Herrn großen Schaden anrichten zu können, um dann zu seinem alten Führer zurückzukehren.

---

182 „So wie der Speichel, wenn man gegen den Himmel spuckt, umdreht und einem ins eigene Gesicht fällt, richtet der vom Feind ausgesandte Spion nach seiner Rückkehr bei diesem selbst Schaden an" (Heishichirô, *Bansenshûkai*; S. 492).

183 "When the string of the bow was tight, the bow took on a halfmoon shape. When the string was loosened for storage, the bow resembled a *bo* (long staff). Strung or unstrung, the bow was still a potent weapon" (Hayes, *The Ancient Art Of Ninja Warfare*; S. 102).

10. *Yamabiko no jutsu* (山彦之術)[184]

Diese Taktik beruhte darauf, dem Gegner einen Streit zwischen dem Ninja-Führer und einem seiner Agenten vorzutäuschen (so konnte der für den Einsatz bestimmte Ninja zum Schein langen Verhören unterworfen, ins Gefängnis geworfen oder mit einer Geldbuße und dem Auflösen seines Hausstandes bestraft werden, damit der Disput glaubwürdig erschien). Daraufhin verlässt der Agent seinen alten Herren und begibt sich in den Dienst des neuen Führers, der aufgrund der vorangegangenen Ereignisse von dessen Aufrichtigkeit überzeugt ist. Dort wartete er auf das Zeichen seines eigentlichen Anführers, führte seinen Auftrag aus und kehrte zu seiner alten Organisation zurück.

1.4.7.3 Der Iga-Aufstand[185]

Der Iga-no-Ran (auch Tenshô Iga no Ran, nach der Tenshô-Epoche 1573-1591, in der er stattfand), welcher von 1579-1581 dauerte, ist eng verbunden mit der

184 "In this complex strategy, the ninsho leader's 'voice' is reflected in the 'echo' of the ninja agent's damaging work. The underground ninja waited for his leader's signal, and when he heard the coded command he attacked the enemy from within. When the work was finished, the ninja agent returned to his home side, bringing the echo back to the one who had spoken in the first place" (Hayes, *The Ancient Art of Ninja Warfare*; S. 103).

185 Der sogenannte *Tenshô Iga no Ran*, der von 1579-1581 dauerte, findet in vielen Geschichtswerken keine oder kaum Erwähnung, so findet sich etwa nur ein kurzer Hinweis auf eine Kampagne, die die Verwüstung einer ganzen Provinz mit sich brachte. Zudem spielen die Ninja eine wichtige Rolle als Helfer des späteren Shôgunat-Begründers Tokugawa Ieyasu, eine ebenfalls selten erwähnte Begebenheit (s.o.). Ausführlicher über den Feldzug berichten Heishichiro, *Ninjutsu – sono rekishi to ninja* und Turnbull, *Ninja – The True Story of Japan's Secret Warrior Cult* (siehe Bibliographie). Turnbull führt dabei drei Hauptquellen an: das *Seishû Heiran-ki* (1638), das *Kôsei Iran-ki* (1897) und das *Shinchôkô-ki*. Da mir keine der Quellen zur Verfügung stand, soll an dieser Stelle eine kurze Zusammenfassung der Ereignisse aus den beiden Sekundärquellen genügen, um diesen doch interessanten Aspekt in der Geschichte des Ninjutsu etwas näher zu beleuchten.

Geschichte der Nachbarprovinz Ise.[186] Iga wurde zu dieser Zeit von den Nikki (仁木)[187] regiert, während in Ise Kitabatake Tomonori[188] (1528-1567) herrschte.

Im Jahre 1568/9 fällt Oda Nobunaga in Ise ein, wohl auch mit dem Ziel, Herrschaft über die strategisch wichtige Handels- und Verkehrsstraße Tôkaidô[189] zu erlangen. Es kommt zu Kämpfen mit Kitabatake Tomonori, die Oda Nobunaga für sich entscheiden kann. Kitabatake willigt ein, den Sohn von Nobunaga, Oda Nobuo, als Adoptivsohn anzunehmen; darüber hinaus muss er Ländereien an Nobunagas Heerführer Takigawa Saburôhei Kazumasu abgeben. Als 1576 Kitabatake Tomonori von seinen eigenen Samurai ermordet wird, fällt das Land in die Hände von Oda Nobuo. Allerdings gibt es Widerstand von Tomonoris jüngerem Bruder Tomoyori, der auch aus Iga Unterstützung erhalten haben soll. Die Aufstände werden jedoch rasch niedergeschlagen und die Überlebenden flüchten sich ins benachbarte Iga. Im Jahre 1579 schließlich erscheint ein Iga-Samurai (Shimoyama Kai no Kami) bei Oda Nobuo und beklagt sich über das Verhalten der Krieger aus Ise. Dies gibt Nobuo einen Grund, direkt in Iga einzumarschieren, um die flüchtigen Verräter aufzustöbern – der Beginn der Iga-Kämpfe.

Als Ausgangspunkt für seine Operationen wählt Nobuo die im Herzen von Iga gelegene Burgfeste Maruyama, deren Bau unter Kitabatake Tomonori begann. Nobuo beauftragt Takigawa mit dem Wiederaufbau der Burg; es kommt zu Kämpfen mit den Kriegern aus Iga, in denen Takigawa mit seinen Truppen unterliegt und sich nach Ise zurückziehen muss.

Auf Rache sinnend entschließt sich Oda Nobuo zu einem sofortigen Gegenschlag, der auf drei Einfallsrouten stattfinden sollte:

---

186 Die Provinz Iga wurde im Jahre 680 von der Nachbarprovinz Ise abgetrennt.

187 Die Nikki sind eine Familie von *daimyô*, die sich auf Minamoto Yoshikiyo (*Seiwa-Genji*) zurückführen.

188 Die Familie der Kitabatake entstammt dem Murakami-Genji-Zweig der Minamoto, als deren Stammvater Minamoto Morofusa (1003-1077) gilt. Die Kitabatake brachten es während der *sengoku*-Zeit vom Range der *shugo* zu einer Familie von *sengoku-daimyô*.

189 Die Tôkaido war eine der wichtigsten Handels- und Verkehrsstraßen in Japan seit frühester Zeit.

1. Die erste Route führt über den Pass von Nagano in die Nähe der Ortschaft Awa, an der östlichen Grenze von Iga. Dieser Zug steht unter der Führung von Oda Nobuo. Gerade, als er mit seinen Leuten die Ortschaft einnehmen will, werden sie überraschend von den Iga-Kriegern angegriffen und müssen eine vernichtende Niederlage hinnehmen.
2. Die zweite Armee steht unter der Führung von Takigawa Saburôhei Kazumasu und versucht über einen nahe gelegenen Pass einzudringen; auch sie wird von plötzlich zuschlagenden Iga-Truppen aufgerieben.
3. Die dritte Armee befehligen Nagano Sakyô Tayû und Akiyama Ukyô Tayû; sie gelangen über einen südlicheren Pass zur Ortschaft Iseji. Dort werden sie von den Iga-Kämpfern angegriffen und teilen das Schicksal ihrer Kameraden auf den nördlicheren Routen.

Dieser erste Feldzug gegen die kriegerischen Bewohner (insgesamt waren etwa 12.000 Samurai ausgezogen) der Iga-Provinz endete mit einer völligen Niederlage für Oda Nobuo und seine Truppen. Die von Turnbull übersetzten Stücke der Quellentexte betonen die Ortskenntnis und den Kampfgeist der Iga-Samurai, als Beispiel sei hier der Kampf um die Ortschaft Awa wiedergegeben:

> "They were a strong army because it was their native province, and they skillfully appreciated the advantages of the terrain. They had established strongpoints, and fired bows and guns, and taking swords and spears fought shoulder to shoulder. They cornered the enemy and cut them down at the entrance to the rocky valleys. The army of Nobuo were so preoccupied with the attack that they lost direction, and the Iga men, hidden in the western shadows on the mountain, overwhelmed them easily. Then it began to rain and they could not see the road. The Iga warriors took the opportunity, and, aware of the others lurking in the mountain, raised their warcry. The band of provincial samurai, hearing the signal, quickly gathered from all sides and attacked. The Ise samurai were confused in the gloom and dispersed in all directions. They ran and were cut down in the secluded valley or on the steep rocks. They chased them into the muddy rice fields and surrounded them. …

The enemy army collapsed. Some killed each other by mistake. Others committed suicide. It is not known how many thousands were killed."

(Momochi Orinosuke, *Kôsei Iran-ki*; Ueno 1897)[190]

Es liegt auf der Hand, dass Oda Nobunaga über den Ausgang der Ereignisse alles andere als erfreut war. Dennoch sollte einige Zeit verstreichen, bis ein zweiter Feldzug unternommen wurde. Die Gelegenheit hierfür ergab sich, als sich zwei Bewohner von Iga, Fukuchi Iyô und Mimisu Iyajirô, als Kundschafter im Dienste Nobunaga's zur Verfügung stellten.[191] Der folgende Feldzug umfasste etwa 44.300 Mann, die auf sechs verschiedenen Routen nach Iga vordrangen:

1. Eine Truppe von 10.000 Mann unter der Führung von Oda Nobuo dringt im Süden zur Ortschaft Iseji vor. Die Ortschaft und die umliegenden Dörfer werden niedergebrannt, und Nobuo teilt seine Truppen auf. Takigawa Saburôhei Kazumasu kämpft bei Tanenama-no-shô und Kunimiyama, Hioki Daizenryô und Nagano Sakyô brennen den Kansen-Tempel nieder und Oda Nobuo, in der Begleitung seines Vetters Oda Nobuzumi, kämpft und siegt bei der Festung von Kawashio in Zentral-Iga.

2. Eine 12.000 Mann starke Armee dringt aus Kôga nach Iga zur Ortschaft Tsuge vor.

3. Etwas weiter westlich dringen 7.000 Mann über die Tamataki-Route nach Iga vor. Dabei kommt es zu einem Kampf mit einem Kôga-Ninja der Mochizuke-Familie, Mochizuki Chotarô. Dieses Ereignis ist insofern von Bedeutung, als es Aufschlüsse über die Zusammenarbeit von Iga- und Kôga-Ninja liefert.

4. Vom Südwesten, aus Yamato, dringen 10.000 Mann über die Yamato-Hase-Route in Richtung Kashiwabara vor.

---

190 Zitiert in Turnbull, *Ninja – The True Story of Japan's Secret Warrior Cult*; S. 64

191 Turnbull weist daraufhin, dass sich Nobunaga der Gefahr von Doppelagenten durchaus bewusst war; Fukuchi wurde daher als Geisel in Schutzhaft genommen.

5. Über die Kasama-Route, etwas oberhalb der Yamato-Hase-Rute, dringen 3.000 Mann unter der Führung von Tsutsui Junkei in Iga ein. In Iga wendet Junkei seinen Vormarsch nach Norden und vereint sich mit den Kräften von Gamô Ujisato, welcher über die Tamataki-Route kam. Sie schlagen ihr Lager am Nagaokayama in der Nähe des Hijiyama-Berges auf, die Iga-Krieger verschanzen sich in dem nahegelegenen Kannon-Tempel. Es kommt zu einigen Überfällen und nächtlichen Angriffen, an denen auch Mitglieder der Hattori-Familie beteiligt gewesen sein sollen.

6. Über die Tarao-Rute im Nordwesten fallen 2.300 Krieger ein.

Der entscheidende Schlag gegen die Iga-Aufständischen erfolgte am Hijiyama. Obgleich die Iga-Samurai zunächst einige erfolgreiche Nachtangriffe ausführen konnten, war die zahlenmäßige Überlegenheit der gegnerischen Armeen, die zudem durch weitere Truppen der anderen Einfallsrouten ständig verstärkt wurden, zu groß. Das Niederbrennen der Tempelanlage bedeutete die vollständige Zerschlagung der bewaffneten Iga-Verbände, die den Tod fanden oder ins gesamte Land zerstreut wurden.

1.4.8 Die Tokugawa-Zeit

Die Tokugawa-Zeit stellt eine bedeutende Epoche in der japanischen Geschichte dar und übte darüber hinaus einen großen Einfluss auf die Entwicklung der Kriegskünste aus.

Nach der Schlacht von Sekigahara im Oktober 1600 hieß der neue Herrscher des Landes Tokugawa Ieyasu, der 1603 den Titel des Shôgun verliehen bekam. Die nächsten 250 Jahre sollte Japan eine Zeit des relativen Friedens und Wohlstand erleben, verbunden mit grundlegenden Veränderungen auf politischer und gesellschaftlicher Ebene.[192] Dennoch war auch die Tokugawa-Zeit keineswegs frei

192 Die Tokugawa-Zeit gilt als die Blütezeit der Herrschaft des Kriegeradels (*buke*), während der der Hofadel (*kuge*) und der Kaiser nur mehr repräsentative Aufgaben erfüllten. Die gesellschaftliche Struktur war durch vier Klassen gekennzeichnet, an deren Spitze sich die Krieger befanden: *shi* – Krieger (*shôgun, daimyô, samurai*), *nô* – Bauern, *kô* – Handwerker, *shô* – Kaufleute und Händler.

von Kämpfen und inneren Auseinandersetzungen, wie sich besonders deutlich in den Osaka-Feldzügen[193] und dem Aufstand von Shimabara[194] zeigt.

Vom Bujutsu zum Budô, vom Ninjutsu zum Ninpô

Der ursprünglich gebrauchte Begriff zur Bezeichnung der Tätigkeiten der *bushi* war *bugei* oder „Kriegskünste". Er bezeichnete die verschiedenen Fähigkeiten, die ein Krieger beherrschen sollte und musste. Hierunter fielen neben den Kampfstilen mit und ohne Waffe auch die für das Kriegswesen im weiteren Sinne notwendigen Anforderungen, wie Wissen über Strategie, Belagerungstaktiken, Meteorologie, Führungskunst etc. Eine systematische Entwicklung der *bugei* beginnt sich etwa ab dem 11. Jh. abzuzeichnen, also etwa ab der Zeit, da der Einfluss der *bushi* zu wachsen begann.

Der Begriff *bugei* wurde jedoch bereits relativ früh, etwa ab dem 12. Jh., durch den Begriff *bujutsu* ersetzt, der sich mit „Kriegsfertigkeit" oder „Kriegstechnik" übersetzen lässt. Die verschiedenen Waffenstile wurden von nun an als *ken-jutsu* (Schwertkampf), *iai-jutsu* (Technik des Schwertziehens), *kyû-jutsu* (Bogenschießkunst) etc. bezeichnet. Auch andere militärische Fähigkeiten wurden dementsprechend mit der Bezeichnung *jutsu* belegt, z. B. *ba-jutsu* (Reitkunst), *chikujô-jutsu* (Befestigungs- und Belagerungstechnik), *sui-jutsu* („Wassertechniken", z. B. Schwimmtechniken und Bootsgebrauch) etc. Etwa ab dem 15. Jh. findet sich dabei auch die Bezeichnung *nin-jutsu*, die als Sammelbegriff zur Abgrenzung gegenüber den Künsten der Bushi, dem *bu-jutsu*, aufzufassen ist.

---

193 Bei den beiden Feldzügen gegen die Burg von Osaka (1614 Winterkampagne; 1615 Sommerkampagne), auf der sich Toyotomi Hidetada, der Sohn Hideyoshis, mit etwa 90.000 Männern verschanzt hatte, ging das Tokugawa-Shôgunat mit etwa 180.000 Mann vor. Dabei waren auf beiden Seiten auch Ninja im Einsatz (siehe Turnbull, *Ninja*; S. 84.).

194 Der Christenaufstand von Shimabara (eine Burg in der Nähe von Nagasaki) im Jahre 1637/38 versammelte etwa 30.000 Rebellen und unzufriedene Samurai (darunter befanden sich auch viele Christen), gegen die das Shôgunat mit etwa 100.000 Kriegern vorging; auch hierbei sollen Ninja beteiligt gewesen sein (siehe Turnbull, *Ninja*; S. 85 und Heishichirô, *Ninjutsu – sono rekishi to ninja*; S. 237).

Dabei war es so, das die mit *nin-jutsu* bezeichneten Techniken oftmals auch zum Ausbildungsprogramm klassischer *bujutsu-ryû* gehörten, während umgekehrt die verschiedenen Agenten und Spione auch in den Techniken der *bushi* unterwiesen wurden.[195]

Dabei steht die Praxisbezogenheit der erworbenen Kenntnisse eindeutig im Vordergrund. Die Nützlichkeit und Anwendbarkeit auf dem Schlachtfeld war das wichtigste Kriterium für die Entwicklung der *bujutsu*-Disziplinen. Der *bushi* bemühte sich, in möglichst vielen Gebieten ein solides Grundwissen zu erlangen, um so auf alle denkbaren Situationen auf dem Schlachtfeld bestmöglich vorbereitet zu sein. Etwa ab dem 17. Jh. begann die Entwicklung des *dô*-Konzepts in den Kriegskünsten, in deren Verlauf sich *ken-jutsu*, *iai-jutsu*, *kyû-jutsu* etc. in *kendô* („Schwert-Weg"), *iaidô* („Weg des Schwertziehens"), *kyûdô* („Weg des Bogens"), etc. wandelten – Namen, die die meisten von ihnen bis heute beibehalten haben. Der Begriff „Weg" wird dabei im Sinne eines Weges für den Menschen zu körperlicher und geistiger Vervollkommnung gebraucht und geht über ein rein praktisches Wissen weit hinaus; es kam zu einer Vergeistigung der ursprünglich nur auf ihre Zweckmäßigkeit hin betrachteten militärischen und kämpferischen Fertigkeiten. Dieser Prozess wurde dabei im Wesentlichen durch zwei Faktoren bestimmt:

Zum einen führte die Periode des inneren Friedens während der Tokugawa-Zeit dazu, dass die *bushi* ihre Fertigkeiten nur noch selten in der Praxis auf dem Schlachtfeld anwenden konnten. So konnten sich Techniken in die Systeme einschleichen, ohne auf ihre Nützlichkeit im echten Kampf überprüft worden zu sein. Auf der Suche nach einer geeigneten Möglichkeit, die Kampffähigkeit der *bushi* zu erhalten, wurden reglementierte Übungskämpfe ausgetragen, in denen

---

195 Ein gutes Beispiel hierfür ist die *Tenshin Shôden Katori Shintô-ryû*, eine der ältesten, heute noch existierenden *bujutsu-ryû*. Die Schule wurde von Iizasa Chôsai Ienao (1387-1488) gegründet und wird heute von Otake Ritsuke angeführt. In ihr werden neben diversen Waffentechniken auch verschiedene, unter der Bezeichnung *ninjutsu* zusammengefasste Künste gelehrt, so auch die „Methode der Neun Zeichen", *kuji no hô*, und der Umgang mit Wurfklingen, *shuriken*. [Anmerkung 2017: Siehe hierzu auch die Übersetzung des *Shôninki* von Minami & Cummins, welche ein Vorwort von Otake Risuke und ein Kapitel zur „Abwehr von feindlichen Ninja" enthält.]

oftmals Schutzausrüstung verwendet wurde, um ernste Verletzungen zu vermeiden (so wurde beispielsweise im *kenjutsu* das scharfe Schwert zunächst durch ein hölzernes *bokken* und später im *kendô* durch ein Bambus-*shinai* ersetzt). In dieser Zeit beginnt auch die Übungsmethode der *kata*, festgelegte Formen mit und ohne Waffen, die die traditionellen Kampfmethoden der jeweiligen Schule beinhaltet, die so über die Generationen hinweg vermittelt werden können, weite Verbreitung zu finden.[196] Andererseits führte die lange Friedenszeit aber auch dazu, dass sich die *bushi* intensiver mit den einzelnen Stilen befassen konnten und so neue Entdeckungen im Gebrauch der verschiedenen Waffen machten. Statt viele Stile oberflächlich zu erlernen, befassten sich die *bushi* nun intensiv mit ein oder zwei Kampfstilen.

Die zweite Ursache für die Umwandlung vom *bujutsu* zum *budô* ist im zunehmenden Einfluss des Zen-Budddhismus auf die Kriegerklasse zu suchen.[197] Der Zen-Buddhismus, der sich im 6. Jh. in China herausbildete, erfuhr im Japan des 12. Jh. durch Eisai (1141-1215) und Dôgen (1200-1253) einen großen Aufschwung und wurde besonders von den Hôjô gefördert.[198] Der Zen-Buddhismus

---

196 „Historisch betrachtet hat das Konzept des Kata-Trainings zwei verschiedene Ursachen. So wurden die Kata benutzt, um die Kampftechniken einer Schule in relativen Friedenszeiten weiterzureichen. Da die Samurai gegen Ende des Mittelalters keine Möglichkeit mehr hatten, persönliche Kampferfahrungen zu sammeln (und nicht mehr unter dem Druck standen, sich innerhalb kürzester Zeit todbringende Techniken aneignen zu müssen), übten sie sich in Kata, um so das Gefühl eines Kampfes zu simulieren und das Wesentliche der in der Vergangenheit erfolgreichen Techniken zu erlernen. Jede Veränderung oder Überprüfung eines Kata war bei den meisten Bujutsu-ryu in Friedenszeiten streng untersagt“ (Hayes, *Ninja 3*; S. 70).

197 „Der zweite Sinn der Kata bestand darin, dem Trainierenden eine gegebene Anzahl von festgelegten, nicht veränderbaren Techniken zu geben, die er auswendig lernen und als mobile Zen-Meditation ausüben konnte. Das letzte Ziel der Zen-Künste liegt jedoch weniger in der Überwindung von Feinden als vielmehr in der Vervollkommnung des Charakters und des Erreichen des Friedens der Erleuchtung“ (Hayes, *Ninja 3*; S. 70).

198 „Mit der Unterstützung Kamakuras kehrte Eisai nach Kyôto zurück, gründete den Kenninji, den ersten Tempel, der ausschließlich für Zen-Praktiken bestimmt war, und rief eine Bewegung ins Leben, die zu der Errichtung der Fünf Offiziellen Tempel (Gozan) in Kyôto und Kamakura und zu der Ausbreitung der Zen-Sekte in ganz Japan führen sollte“ (Hall, *Das japanische Kaiserreich*; S. 103).

gab den *bushi* Unterstützung zum einen dadurch, dass er durch Meditation geistige Ausgeglichenheit, Selbstbeherrschung und Vertrautheit mit dem Gedanken des Todes förderte und somit Eigenschaften entwickelte, die die *bushi* auch kämpferisch unterstützten. Zum anderen erlaubte es der Zen-Buddhismus den *bushi*, die von ihnen ausgeübte Tätigkeit, deren Nützlichkeit sich in Friedenszeiten anzweifeln ließ, als Mittel zum Zweck zu betrachten, d. h. als Weg (*dô*), um körperliche und geistige Vervollkommnung und die Erfahrung der Erleuchtung, *satori*, zu erlangen. Hier wurzelt auch die Vorstellung, dass der Weg nicht nur in den Kampfkünsten, sondern in allen Tätigkeiten geübt werden kann. Tatsächlich wandten sich auch viele Samurai während der Tokugawa-Zeit anderen Künsten wie dem *ikebana* („Kunst des Blumensteckens"), dem *chadô* („Teezeremonie"), der Dichtung, Malerei oder Kalligraphie zu. Dieses neue (Selbst)Verständnis der *bushi* spiegelt sich auch in der während der Tokugawa-Zeit gebräuchlichen Bezeichnung *bunbu-ryôdô* („der gemeinsame Weg von Schwert und Pinsel") wider, die Ausdruck dafür ist, dass ein hervorragender Krieger sowohl in den militärischen (*bu*) als auch in den geistigen Künsten (*bun*; Kalligraphie, die chinesischen Klassiker etc.) bewandert sein sollte.

Es scheint dabei nur folgerichtig, eine parallele Entwicklung auch für die Künste des Ninjutsu anzunehmen. So wie viele *bushi* während der Tokugawa-Zeit ihre Rolle in der Gesellschaft neu überdenken mussten, waren auch zahlreiche Ninja-Familien in einer neuen Position, insofern als die zahlreichen ständigen Kriege im Lande seltener wurden. Während die *bushi* sich dabei vor allem dem Zen und verwandten Künsten und Praktiken zuwandten, war dieser Weg den Ninja aufgrund ihres geringen Ansehens in der Gesellschaft nicht offen. Es lag daher nahe, wieder zu den Traditionen zurückzukehren, die von Anfang an die Entstehung des Ninjutsu mit beeinflusst haben, wie z. B. die Lehren der Yamabushi und des esoterischen Buddhismus.[199]

---

199 „Sowohl der Autor des *Bansenshûkai*, der Iga-Ryû-Ninja Yasuyoshi Fujibayashi, wie auch spätere Spezialisten wie etwa der Kôga-Ryû-Ninja Seiko Fujita und der Togakure-Ryû-Ninja Shinryuken Masamitsu Toda stimmen darin überein, dass die Kunst eines wahren Ninja die rein technischen Aspekte, die wir mit dem Wort Ninjutsu sofort assoziieren, bei weitem übersteigt. Da die Kunst der Ninja nicht von den Samurai ausging und eine Verwandlung in Nindo somit kulturell

[Anmerkung 2017: Die hier geschilderte Entwicklung des pragmatisch ausgerichteten *bujutsu* bzw. *bugei* zum *budô* und der gleichzeitigen Nicht-Anerkennung der Ninja kann in dieser Form heute nicht mehr als zutreffend angesehen werden. Zum ersten ist es so, dass die Begrifflichkeiten *bujutsu* und *budô* keineswegs trennscharf, weder inhaltlich noch zeitlich, verwendet wurden oder werden. Eine Klassifizierung allein anhand der Endung *jutsu* oder *dô* ist daher nicht möglich. Zweitens sind die heute vor allem bekannten *dô*-Disziplinen wie Judo, Aikido oder Karatedo allesamt Erzeugnisse des späten 19. und frühen 20. Jh. Drittens ist der Einfluss des Zen zwar vorhanden, doch hat sich dieser eher in der Adaption theoretischer Begrifflichkeiten denn in formaler Zen-Meditation der *bushi* niedergeschlagen. Viertens schließlich ist die Rolle und die Selbsteinschätzung der Ninja in dieser Zeit noch weitgehend ungeklärt. Für eine ausführliche Darstellung des erwähnten *bunbu-ryôdô* siehe meine überarbeitete Dissertation aus dem Jahr 2016, *Bunbu-ryôdô: Philosophie und Ethik japanischer Kriegskunst.*]

1.4.9 Exkurs II: Kampfkunst in China 1700-1900

An dieser Stelle soll ein kurzer Blick auf die Entwicklung der Kampfkünste in China in der jüngeren Vergangenheit gegeben werden, die aufs Engste mit dem Shaolin-Kloster und zahlreichen Geheimgesellschaften verbunden ist, zu deren bekanntesten die Vereinigung der „Boxer" zählt.[200]

[Anmerkung 2017: Auch bezüglich der Rolle des Shaolin-Klosters in der Geschichte der chinesischen Kampfkünste müssen viele gängige Vorstellungen aus der Zeit der 1980er und 1990er-Jahre als überholt angesehen werden. Führende moderne Titel

---

gesehen nicht möglich war, und da der Ninjutsu-Schüler womöglich die Erleuchtung schon erreicht haben soll, *bevor* er an das Erlernen von Kampftechniken geht, zogen es die fortgeschrittenen Ninja der jüngeren japanischen Geschichte (nach der Gründung des Tokugawa-Shogunates im Jahre 1603) vor, ihre Kunst als *Nin-po* zu bezeichnen (‚Gesetz des Shinobi(=Ninja)-Reiches')" (Hayes, *Ninja 2*; S. 12).

200 Die Geschichte der Geheimgesellschaften in China ist äußerst komplex; siehe Chesnaux, *Weißer Lotus, rote Bärte – Geheimgesellschaften in China*; Dolin, *Kempo – Die Kunst des Kampfes*; S. 192 ff. und Franke, *China-Handbuch*; S. 381. Karten mit den Aktivitäten der Geheimgesellschaften sind enthalten in Blunden/Elvin, *Bildatlas der Weltkulturen – China*; S. 149 & 152.

hierzu sind u. a. Kai Filipiak, *Die chinesischen Kampfkünste* und Meir Shahar, *The Shaolin Monastery*.]

Wie bereits oben angeführt, blieb das Shaolin-Kloster von den Repressionen gegen die Buddhisten im Jahre 845 verschont. Am Ende der Ming-Dynastie (1368-1644) wurde das Land von mehreren Bauernaufständen erschüttert; der Heerführer der Ming-Armee, Wu Sangui, wandte sich an die in der Mandschurei ansässigen Stämme um Hilfe. Diese schlugen die Aufständischen nieder, aber anstatt das Land wieder zu verlassen, zogen sie in Peking ein und begründeten die Qing- bzw. Mandschu-Dynastie (1644-1911). Unverzüglich folgte der Widerstand chinesischer Patriotenbewegungen, wobei auch das Shaolin-Kloster zu einem Zentrum des Widerstands wurde.[201] Dies führte letztlich dazu, dass die Mandschu-Herrscher sich entschlossen, den Hort des Widerstands zu zerstören – im Jahre 1723 wurde das Kloster angegriffen und niedergebrannt.[202] Die Zerstörung des Tempels hatte weitreichende Folgen, die überlebenden Mönche zerstreuten sich im ganzen Land und trugen so erheblich zur Verbreitung und Differenzierung des Shaolin-Kung Fu bei.[203] Einige von ihnen sollen nach Südchina in die Provinz Fukien geflüchtet sein und dort einen zweiten Tempel errichtet haben; wieder andere schlossen sich unter der Führung von Chen Jinnan zusammen und bildeten eine neue Widerstandsbewegung – der Ausgangspunkt der Geheimgesellschaft der „Triade" (*sanhehui*), die auch die Bezeichnung „Vereinigung von Himmel und Erde" (*tiandihui*) oder „Bruderschaft Hong" (*hongmeng*) trägt.[204] Die zahlreichen Kämpfe

---

201 Unter anderem, indem sie Widerstandskämpfer in den Shaolin-Kampftechniken ausbildeten. Chang, *Shaolin Kung Fu 1*; S. 26 erwähnt außerdem einen Shaolin-Meister namens Ch'en Yüan Pin, der 1659 nach Japan geschickt wurde, um dort um Unterstützung zu bitten. Er blieb bis zu seinem Tod im Jahre 1670 und soll seine Kampftechniken an die dortigen Krieger weitergegeben haben.

202 Die Daten für die Zerstörung variieren zwischen den Jahren 1723-1736.

203 In ähnlicher Weise wird manchmal die Verwüstung des Ninja-Kernlandes Iga zwischen 1579-81 als Auslöser für die Verbreitung des Ninjutsu in Japan angesehen; bestimmt hat dies eine solche Wirkung gehabt, wenngleich Ninjutsu schon vorher nicht nur in den Zentralgebieten Iga und Kôga verbreitet war.

204 „Später waren in den verschiedenen Gebieten Chinas selbständige Gesellschaften unter allen drei genannten Bezeichnungen aktiv, die ihrerseits wiederum in eine Vielzahl von Sekten, Sektionen,

nahmen besonders ab der Mitte des 19. Jh. zu und erreichten einen ersten Höhepunkt in den sogenannten *Taiping*-Aufständen zwischen 1850-1866. Am Ende des Jahrhunderts waren es dann v. a. die Angehörigen der *Yihetuan*, besser bekannt als „Boxer", die von sich reden machten. Ihr Ziel war nicht nur der Kampf gegen die Mandschu, sondern auch die Befreiung Chinas von den imperialistischen Einflüssen Europas. Insbesondere die Boxer sahen sich dabei als rechtmäßige Verteidiger des chinesischen Volkes und der alten buddhistischen und taoistischen Tradition.[205] Im Jahre 1900 fanden die Aufstände der Boxer schließlich ein blutiges Ende und führten zur Unterzeichnung der „Boxer-Protokolle" von 1901.

Dies bedeutete jedoch keineswegs das Ende der Geheimgesellschaften, die in den folgenden Jahren wiederbelebt wurden und auch an den Kämpfen im Zuge der Revolution von 1911 teilnahmen, wenngleich sie nicht mehr zu ihrer ursprünglichen Macht zurückgelangten.

Die Kampfkünste erlebten in dieser Zeit eine große Blüte, wobei sich besonders die „inneren Stile" weiter ausbreiteten. Viele Kampfkunstexperten aus Japan und Okinawa besuchten zu dieser Zeit China, um von den dortigen Meistern die Geheimnisse des Shaolin Kung Fu zu erlernen. Dazu zählte auch Toshitsugu Takamatsu (1889-1972), der 33. Großmeister des Togakure-Ryû Ninjutsu, der sich etwa von 1914-1919 in China aufgehalten haben soll. Dabei soll er auch zahlreiche Zweikämpfe mit chinesischen Kung Fu-Meistern bestritten und sich den Namen *môko*, „mongolischer Tiger", erworben haben. Über eine solche Begegnung berichtet sein Nachfolger Masaaki Hatsumi:

> „Mein Lehrer Takamatsu-Sensei hatte im echten Kampf unzählige Erfahrungen gesammelt; von 100 Kämpfen gewann er 100[206] – er war unbesiegbar. Dazu gehört auch die Geschichte einer Begegnung mit einem

Zellen, Ligen, usw. zerfielen. Die meisten illegalen und halblegalen Organisationen, die zu Inspiratoren zahlreicher Revolten wurden, zum Beispiel auch des großen Volkskriegs der Taiping, führen ihre Entstehung unmittelbar auf die ‚Triade' zurück" (Dolin, *Kempo – Die Kunst des Kampfes*; S. 202).

205 Die Boxer führen sich auf die alte chinesische Geheimgesellschaft „Weißer Lotus" zurück, als deren Begründer der Mönch Eon (334-416) gilt.

Karatemeister namens Zhangzi Long aus der Provinz Shantung im China der Mandschu. Zhangzi, ein hoher Staatsdiener unter Zhang Zuolin,[207] hatte ein Körpergewicht von annähernd 30 *kan* (1 *kan* = 3,75 kg). Eines Tages erfuhr er, dass Takamatsu-Sensei Präsident der Butokukai im Mandschu-China sei und forderte ihn auf Geheiß von Herrn Zhang Zuolin heraus. Aber Sensei lehnte zwei Mal ab, da ein Kampf nicht der ursprünglichen Absicht des japanischen Budô entspräche; doch Zhangzi hörte nicht auf ihn. Schließlich nahm Sensei, der dachte, ein weiteres Ablehnen sei eine Schande für die Kriegerfamilie, die Herausforderung an. Das Dôjô, in dem die Begegnung stattfinden sollte, war natürlich bis zum Rand mit Zuschauern gefüllt, was einen Kampf unmöglich machte, und so wurde der Ort auf den Platz einer englischen Enklave verlegt, wo der Wettkampf auf Geheiß des Schiedsrichters begann. Der dreißig und mehr *kan* schwere Zhangzi Long überfällt den kaum 20 *kan* schweren Takamatsu-Sensei über eine Distanz von 3 *ken* (1 *ken* = 1,8m) mit einem Sprungtritt. Takamatsu-Sensei weicht mit einer *Taihenjutsu*-Technik[208] etwa 2 Ken nach rechts aus. Dann schlägt Zhangzi mit der Faust zu. Sensei weicht nach links aus. ... So geht die Begegnung nicht einmal eine Stunde, an Zhangzis Körper fließt der Schweiß in Strömen und sein Körper ist unbeweglich geworden. Genau in diesem Moment greift Takamatsu-Sensei Zhangzi an. ‚Bis hierher!', ruft der Schiedsrichter und geht dazwischen. Nach dem Kampf gehen die beiden, die sich ein heißes Gefecht geliefert haben, in ein amerikanisches Restaurant."

(Hatsumi, *Hitsuden Togakure-Ryû Ninpô*; S. 24)

---

206 Ein Ausspruch im *Sunzi*.

207 Zhang Zuolin (1873-1928), Soldat und Kriegsherr, beherrschte zwischen 1913 und 1928 die Mandschurei und nördliche Teile Chinas. Er fiel einem Bombenanschlag japanischer Extremisten zum Opfer (Quelle: *Encyclopaedia Britannica*).

208 *Taihenjutsu* ist der Oberbegriff für verschiedene Methoden der Körperbewegung im Kampfsystem des Togakure-Ryû Ninjutsu (siehe 2.3.2.1).

1.5 Resümee

Dieses Kapitel hatte die Darstellung der Entstehung und Entwicklung des japanischen Ninjutsu zum Ziel. Dabei zeigte sich eine Beeinflussung durch chinesisches Gedankengut auf militärischem (*Sunzi*)[209] und geistigem (taoistischem und buddhistischem) Gebiet als historisch gut nachvollziehbar und wahrscheinlich. Die Kernlande dessen, was ab dem 14. Jh. eindeutig mit dem Begriff *ninjutsu* belegt wird, stimmen mit den Regionen der verschiedenen geistigen Vorläufer-Traditionen und dem Raum, in dem politische und geschichtliche Ereignisse mit ähnlichem Charakter stattfanden, praktisch vollständig überein (Yamato-Reich, Yamabushi, *sôhei*, Minamoto Yoshitsune, Kusunoki Masashige). Diese verschiedenen Strömungen bilden die Grundlage, aus der sich die späteren Ninja (Zeit der Kämpfenden Provinzen, Tokugawa-Zeit) entwickelt haben. Die Ninja sind somit nicht die direkten Nachfahren einer dieser Strömungen, der Begriff Ninja wird vielmehr für eine Gruppe von Personen gebraucht, die im einen oder anderen Zusammenhang mit diesen Strömungen stehen (können) und die sich durch ihre besonderen militärischen Fertigkeiten auszeichneten.[210] Dabei zeigte sich, dass die Ninja mit nicht geringer Bedeutung am Verlauf vieler politischer und militärischer Ereignisse beteiligt waren. Dies findet allerdings sowohl in der

209 "Many Japanese scholars have paid tribute to the intellectual debt which their nation owes to Sun Tzu, whose work, *Ping Fa*, or *The Strategy of War*, lays down so many principles of intelligence work which are still astonishingly applicable even in these sophisticated days. Not only have they studied *Ping Fa*, but down the years they have elaborated and adapted Sun Tzu's expositions in their own inimitable style and, let it be said, with far greater efficiency than the Chinese. One finds echoes of Sun Tzu in the speeches and writings of countless generals of Nippon. Even in medieval times his thesis that it was the better strategy to defeat the enemy psychologically rather than military came to be accepted by some of the warlords. Later under Toyotomi Hideyoshi, that brilliant unifier of the Japanese empire, it became the main theme of his policy" (Deacon, *A History of the Japanese Secret Service*; S. 4).

210 "What is added to our increasingly complex image of what the ninja are is the sense that on the one hand there is a system, or collection of related systems, known as ninjutsu, and on the other hand there are various people, each an individual with particular strengths and weaknesses. A Ninja *is the result of the interaction between the ninjutsu system and a person*. … In short, despite our often cast-iron stereotypes, there were as many types of ninja as there were people who could legitimately call themselves ninja" (Peterson, *Mind of the Ninja*; S. 127).

japanischen als auch in anderssprachiger Literatur nur wenig Niederschlag. Das ist allerdings nichts Außergewöhnliches, wenn man bedenkt, dass die Ninja zu dieser Zeit letztlich eine Art von Geheimdienst bildeten (dies ist auch ihr bekanntestes offizielles Bild in der Geschichtsschreibung), für deren Tätigkeiten Geheimhaltung (wie für alle Geheimdienste zu allen Zeiten) als oberste Prämisse galt (*mumei-mugei*, „kein Name, keine Kunst"). Es zeigte sich auch, dass die Verknüpfung von militärischem mit religiösem Gedankengut sowohl in China (Shaolin-Kloster, Boxer) als auch in Japan (*sôhei*, *yamabushi*) gut belegt ist, obgleich es schwer, wenn nicht unmöglich, nachzuweisen ist, inwieweit solches Gedankengut tatsächlich in das Denken der Ninja dieser Zeit eingedrungen war. Jedenfalls wurden die Ninja bereits kurz nach ihrem Auftauchen als eigene gesellschaftliche Gruppe immer wieder in Zusammenhang mit magischen Kräften und übernatürlichen Fähigkeiten gebracht, deren Wurzeln in den Lehren der Yamabushi, des esoterischen Buddhismus und des Taoismus zu entdecken sind.[211] Dabei finden sich auch in der orientalischen und europäischen Geschichte zahlreiche ähnliche Beispiele für solche Zusammenschlüsse; als bekannte Beispiele kann man hier die Assassinen,[212] die Janitscharen[213] und die zahlreichen mittelalterlichen Ritterorden[214] nennen.

---

211 "The second trend, that of crediting actual ninja with incredible or otherwise supernatural powers, can be identified in several sources, and what is surprising about this transformation is that it has such a long history, dating back even to the time when ninja were still being used in battle" (Turnbull, *The True Story of Japan's Secret Warrior Cult*; S. 92).

212 Die Assassinen (Nisaris) bilden eine Splittergruppe der im 8. Jh. entstandenen Ismaeliten (Siebenerschiiten), die sich als Hüter einer esoterischen Tradition (*batin*) des Islam sehen. Sie waren den Europäern vor allem als Meuchelmörder im Bewusstsein. Die Nachfahren der Assassinen, die heutigen *Hodjas*, zählen etwa 20 Mio. Anhänger, deren Oberhaupt als Aga Khan bekannt ist.

213 Die Janitscharen stellten die Elitetruppe des osmanischen Reiches: „Die Janitscharen rekrutierten sich aus Männern, die den Türken von christlichen Völkern – meist aus dem Balkan – noch im Knabenalter als Tributleistung zur Verfügung gestellt worden waren. Sie wurden gemeinsam erzogen und ausgebildet, und zwar unter Aufsicht des Ordens der Derwische. In den wie Klöstern eingerichteten Kasernen wurden sie zu fanatischen Mohammedanern gemacht. Die körperliche und waffentechnische Ausbildung war ausgezeichnet" (Alamein, *Kriegsgeschichte – Weltgeschichte der Schlachten und Kriegszüge*; S. 246).

2 Gegenwart des Ninjutsu

2.1 Vorbemerkung

Ninjutsu ist aus der heutigen Kampfsport-Szene nicht mehr wegzudenken. Obwohl es sich einer wachsenden Beliebtheit erfreut, haben die meisten Menschen, Vertreter der „klassischen" Budô-Künste eingeschlossen, oftmals jedoch nur eine sehr vage Vorstellung von Ninjutsu. Der Stil des Ninjutsu, der hier untersucht werden soll, ist das Togakure-Ryû Ninjutsu (oder Ninpô, wie die Lehren der Ninja ebenfalls bezeichnet werden), dessen 34. Oberhaupt (*soke*)[215] Dr. Masaaki Hatsumi ist, durch dessen Arbeit es weltweite Verbreitung gefunden hat.

An dieser Stelle soll nun kurz auf einen immer wieder vorgetragenen Einwand bezüglich heutiger Ninjutsus eingegangen werden, nämlich:

> „Es kann kein echtes, d. h. authentisches Ninjutsu in unserer Zeit geben, da die letzten Ninja-Clans bzw. Ninja-Organisationen spätestens mit dem Ende der Tokugawa-Zeit verschwanden."

Hierzu ist zunächst einmal zu sagen, dass Ninjutsu, dessen Existenz als spezielle Form der Kriegführung spätestens seit dem 15. Jh. zweifelsfrei belegt ist (und dessen Wurzeln und Ursprünge noch sehr viel weiter zurückliegen), sich selbstverständlich ebenso im Laufe der Geschichte gewandelt und weiterentwickelt hat, wie es bei den anderen traditionellen Kriegskünsten in Japan der Fall war. Selbst Sumô, die älteste religiös-kriegerische Tradition Japans, hat in ihrer heutigen Form wohl nur noch wenig mit ihren Anfängen gemeinsam, zumindest was den technischen Teil anbelangt. Das Problem liegt hier also eher bei der Frage nach der ununterbrochenen Weitergabe der Lehre. In der Tat sind die meisten Strömungen (Ryû) des Ninjutsu bereits vor langer Zeit ausgestorben. Dennoch ist es kaum wahrscheinlich, dass die Lehren des Ninjutsu damit ebenfalls vollständig ausgestorben wären.

---

214 Die bekanntesten deutschen Ritterorden des Mittelalters waren die Johanniter (Malteser), die Templer, der Schwertbrüderorden und der Deutsche Orden.

215 Ein Verzeichnis der 34 Großmeister des Togakure-Ryû findet sich im Anhang.

Dabei sollte auch nicht vergessen werden, dass die Begründer von drei der heute populärsten Budô-Künste – Judô, Aikidô und Karate – alle erst Ende des 19./Anfang des 20. Jh. gelebt haben. Unabhängig von persönlichen Tradierungslinien bezogen sie sich generell auf die jahrhundertealte Tradition des waffenlosen Kampfes.

Die ursprüngliche Form des Ninjutsu und seine Überlieferung bilden daher nur einen Teil der Untersuchung; die davon unabhängige Betrachtung der gegenwärtigen Form ist mindestens ebenso wichtig.

Im Folgenden wird daher die Lehre des Togakure-Ryû in ihrer heutigen Form dargestellt. Dabei steht an erster Stelle deren inhaltliche Stimmigkeit, während auf die Frage einer tatsächlichen oder möglichen kontinuierlichen historischen Weitergabe nur vereinzelt eingegangen wird.

Anmerkung:
Die folgende Darstellung der historischen Entwicklung des Togakure-Ryû (Kapitel 2.2) stützt sich, ebenso wie die Erläuterung der Lehrinhalte (Kapitel 2.3), im Wesentlichen auf Materialien von Dr. Masaaki Hatsumi und Stephen K. Hayes, welche die hauptsächliche Arbeit bei der Bekanntmachung dieses Stiles in und außerhalb Japans geleistet haben.[216]

Obgleich die Geschichte des Togakure-Ryû ihre Anfänge für das 12./13. Jh. bekundet, war es erst Masaaki Hatsumi, der den Stil der Öffentlichkeit zugänglich machte. Diese lange Zeit der Geheimhaltung erschwert natürlich die Suche nach historischen Belegen erheblich, wenngleich mangelnde Dokumente letztlich nicht ausreichen, um eine historische Authentizität zu widerlegen.[217]

---

216 Die mittlerweile weltweit vertretenen Trainingsstätten (Dôjô) des Togakure-Ryû unter der Leitung von Soke Hatsumi tragen die Bezeichnung *Bujinkan* („Halle der Kriegsgötter“). Die deutsche Vertretung in Rodgau heißt Bujinkan I.N.A.G (Bujinkan Incorporated Ninjutsu Association Germany) und unterhält etwa 38 Schulen (siehe auch: www.bujinkandeutschland.de).

217 Gerade bei einer Kunst wie der des Ninjutsu, die aufgrund ihrer Aufgaben großen Wert auf Verschwiegenheit legen musste und darüber hinaus in der Öffentlichkeit kein hohes Ansehen genoss, erscheint eine solche Geheimhaltung nachvollziehbar. Morris (*Path Notes of an American Ninja Master*; S. 2) weist darauf hin, dass sich der Togakure-Ryû von den übrigen Kôga-ryû loslöste, “... to

Wo möglich, wird versucht, historische Angaben durch Belege in der „offiziellen“ Geschichtsschreibung zu stützen, oder aber Widersprüche offenzulegen.

2.2 Ursprung und Entwicklung des Togakure-Ryû Ninjutsu

Das Togakure-Ryû Ninjutsu leitet seinen Namen von Togakushi her, einem nördlich der Stadt Nagano auf dem Joshinetsu-Gebirgsplateau gelegenen Bergdorf. Der Name *to-gakure* (戸隠れ) bedeutet etwa „verborgene Tür“ und bezieht sich auf die japanische Mythologie, der zufolge sich die Sonnengöttin Amaterasu Ômikami aufgrund des frevelhaften Verhaltens ihres Bruders, des Sturmgottes Susa-no-o-no-Mikoto, in einer Höhle versteckt haben soll.[218] An diese Begebenheit wird noch heute durch das Kagura-Zeremoniell[219] erinnert, das in dem mittleren der drei Schreine des Dorfes abgehalten wird.[220]

---

establish a school for enlightened warriors who operated as individuals practising Nin*po* (suffix designating a combat-proven way to enlightenment with Chinese roots) over ninjutsu.” Wann diese Trennung erfolgte, ist unklar, aber dies wäre eine mögliche Erklärung, warum der Ryû nicht unter den Verzeichnissen der klassischen Kôga-ryû (siehe Yamaguchi, *Ninja no seikatsu*; S. 42 ff. und Okuse, *Ninjutsu – sono rekishi to ninja*; S. 174) erscheint.

218 “He insulted the Sun Goddess by breaking down the divisions between her rice fields, fouling the hall where she was celebrating the festival of first-fruits, and, most astonishing of all his misdeeds, flaying ‘a heavenly piebald colt with a backward flaying’ he flung it through a hole which he made in the roof of her palace, into a room where she was weaving garments for the gods. The outraged Sun Goddess entered the Rock-Cave of Heaven, and darkness covered the world. The heavenly deities, having in consternation debated how they should persuade the Sun Goddess to come out, assembled outside the cave, where they set up offerings and recited litanies. Then one of their number, the Dread Female of Heaven, having kindled a fire, chanted inspired words and danced a rollicking indecent dance. Heaven was shaken with the laughter of the gods, the Sun Goddess peeped out in curiosity, so that one of the deities was able to grasp her hand and drag her forth. Then the gods in council tried and punished Susa-no-wo, made him furnish, by way of fine, one thousand tables of offerings, and banished him to the Land of Darkness” (Samson, *Japan – A short Cultural history*; S. 37).

219 Kagura, der Shintô-Tempel-Tanz, ist eine theatralische Kulthandlung mit Liedern und Tänzen. Die Heian-Zeit gilt als Blütezeit des *kagura*.

220 Die drei Schreine von Togakushi sind der „Schatz des Lichts“ (Hôkôji), der „Mittlere Schrein“ (Chusha) und der „Innere Schrein“ (Okusha).

Darüber hinaus war der Togakushi-Berg bereits seit früher Zeit als Shugenja-Übungsstätte bekannt.[221] Hier soll vor etwa 800 Jahren der Begründer des Togakure-Ryû Ninjutsu, ein Samurai namens Daisuke Nishina, geboren worden sein. Daisuke soll neben seiner klassischen Samurai-Ausbildung auch in den Lehren der dortigen Shugenja unterrichtet worden sein. Im Jahre 1181, zur Zeit des Genpei-Krieges, soll er Partei für Minamoto Yoshinaka (alias Kiso Yoshinaka)[222] ergriffen und gegen eindringende Heike-Truppen gekämpft haben.[223] Nach der Niederlage der Minamoto flüchtete er in südwestlicher Richtung in die Provinz Iga. Auf seiner Reise dorthin sollen ihm der Kriegermönch Kain Doshi[224] und der Gelehrte Izumo Kanja Yoshiteru[225] begegnet sein, die ihr Wissen an ihn weitergaben. Später soll er dann den Namen Daisuke Togakure angenommen haben.

---

221 «Le *shugendô* fut également prospère au temple shintô Togakushi yama en Shinano. Dans cette province sa renommée était égale à celle du Zenkôji ou celle du Suwa jinja. Le moine Jôin y fonda une branche de shintô où l'on recherchait les pouvoirs surnaturels et qui s´appelait Togakushi yama shugen ichijitsu ou Reisô shintô dont nous reparlerons» (Renondeau, *Le Shugendô*; S. 64). «Le moine Tendai Jôin, (de son premier nom Chiken) (1682-1739) qui avait étudie au Hiei-zan, y avait été nourri de la doctrine Ichijitsu shintô qui était analogue au Ryôbu shintô, mais marquée de la doctrine Tendai. Il fut envoyé au Tô-Eizan, à Edo, au début de l'ère Kyôhô (1716-1735), et en 1727 au Togakushi yama où il habita le Kwanjuin pendant douze ans» (Renondeau, *Le Shugendô*; S. 81).

222 Minamoto (Kiso) Yoshinaka, 1154-1184, ein Vetter von Minamoto Yoritomo, dem Begründer des Kamakura-Shôgunats, spielt eine wichtige Rolle in den Genpei-Kriegen.

223 Es ist unklar, welche Schlacht gemeint ist. Die Schlacht von Yokotagawara im Jahre 1181 endete mit einem Sieg für Kiso Yoshinaka und scheint daher unwahrscheinlich (die geographische Lage wäre zwar verlockend, aber der verwundete Nishina wäre, wenn überhaupt, wohl eher in seine nahegelegene Heimat geflohen). Wahrscheinlicher erscheint daher die Schlacht von Sunomata [25. April 1181], etwa im Grenzgebiet der Provinzen Ise, Mino und Owari. Bei dieser Schlacht erfuhr Yoshinakas Onkel, Minamoto Yukiie, eine vernichtende Niederlage gegen die Taira. Eine Flucht ins nahegelegene Iga erscheint in diesem Falle sehr viel einleuchtender.

224 Kain Doshi, auch als Kagakure Doshi bekannt, war ein Ninja des Hakuun-Ryû, welcher von Garyu Doji gegründet und von Hakuun Doji ausgebaut wurde.

225 Izumo Kanja Yoshiteru gilt auch als Begründer des *Kuki Shinden Ryû Happô Hikenjutsu*; als dessen 26. Oberhaupt Takakage Matsutaro Ishitani galt, der sein Wissen an Toshitsugu Takamatsu weitergab. (Die Familie Ishitani soll im 17. Jh. Chûnin-Ränge im Iga-ryû des Hattori Hanzo bekleidet haben.) Ishitani lehrte Takamatsu zudem die Techniken des Takagi Yoshin Ryû Jutaijutsu und des Gikan Ryu Koppojutsu.

In der gleichen Zeit lebte auch Shima Kosanta Minamoto no Kanesada, ein Samurai, der ebenfalls in den Diensten Kiso Yoshinakas stand. Er soll im Jahre 1184 bei der Schlacht von Awazu,[226] bei der Kiso Yoshinaka ums Leben kam, verwundet worden sein. Er soll sich in die nahegelegenen Wälder der Iga-/Kôga-Gebirgsregion geflüchtet haben, wo er auf Daisuke Nishina und später auch auf Kain Doshi traf.

Die weitere Geschichte des Togakure-Ryû während der folgenden Jahrhunderte liegt im Dunkeln, wobei lediglich die Namen der jeweiligen Oberhäupter (Soke) verzeichnet sind. Einige der frühen Oberhäupter tragen dabei Namen wie Kôga, Iga oder Ueno, was auf die regionale Präsenz in den Kerngebieten des mittelalterlichen Ninjutsu oder die Herkunft der Oberhäupter aus diesen Kerngebieten hinweist, während die meisten Soke der späteren Zeit den Familiennamen Toda tragen. Die Toda sind eine Familie von Daimyô, deren Stammland die Provinz Mikawa war und von denen viele Angehörige im Dienste des Tokugawa-Shôgunats tätig waren (s. u.).

Das 33. Oberhaupt des Togakure-Ryû, Toshitsugu Takamatsu, wurde 1889 geboren. Er begann seine Ausbildung unter seinem Großvater, Shinryuken Masamitsu Toda,[227] der außerdem Togakure Ryû, Koto Ryû Koppo Jutsu und Gyokko Ryu Koshi Jutsu unterrichtete. Zu Beginn des 20. Jh. begibt sich Takamatsu für einige Jahre nach China, 1919 kehrt er nach Japan zurück und wird

226 "A place in *Ômi*, near *Ôtsu*, where, in 1184, *Kiso Yoshinaka* and his four companions (*shi-tennô*), *Imai Kanehira*, *Higuchi Kanemitsu*, *Tate Chikatada*, and *Nenoi Yukichika* were killed" (Papinot, *Dictionary*; S. 42). Das Kapitel vom Tod Yoshinakas findet sich bei Kitagawa/Tsuchida, *Heike Monogatari*; S. 519.

227 Shinryûken Masamitsu Toda soll ein Schwertfechtlehrer des Tokugawa-Shôgunats gewesen sein.

Tendai-Priester im Enryakuji auf dem Hiei-Berg.[228] Später unterrichtete er Masaaki Hatsumi, der Oberhaupt folgender Ryû ist:

34. Soke Togakure-Ryû Ninjutsu (gegründet von Daisuke Togakure)

28. Soke Gyokko-Ryû Koshijutsu (gegründet von Hakuunsai Tozawa)

28. Soke Kuki Shinden-Ryû Happo Hikenjutsu (gegründet von Izumo Kanja Yoshiteru)

26. Soke Shinden Fudo-Ryû Dakentaijutsu (gegründet von Izumoto Kanja Yoshiteru)

18. Soke Koto-Ryû Koppo Taijutsu (gegründet von Sandayu Momochi)

18. Soke Gikan-Ryû Koppojutsu (gegründet von Sonyu Hangan Gikanbo)

17. Soke Takagi Yoshin-Ryû Jutaijutsu (gegründet von Oriuemon Shingenobu Takagi)

14. Soke Kumogakure-Ryû Ninjutsu (gegründet von Heinaizaemon Ienaga Iga)

21. Soke Gyokushin-Ryû Ninjutsu

2.3 Lehrinhalte des Togakure-Ryû Ninjutsu

In diesem Kapitel sollen einige der wesentlichen Lehrinhalte des Togakure-Ryû Ninjutsu untersucht werden (eine vollständige Liste der Ausbildungsgebiete befindet sich im Anhang).

Der Schwerpunkt liegt dabei auf den geistigen Lehren, die vorwiegend in der Tradition des Buddhismus (Lehre von den Fünf großen Elementen), Taoismus

---

228 Morris (*Path Notes of an American Ninja Master*; S. 2) berichtet außerdem, dass Takamatsu als Spion für Japan im Zweiten Weltkrieg in China tätig war und Präsident der dortigen *busen*-(professional scholars of the arts of war) Vereinigung gewesen sein soll. Die *busen* ist eine Abteilung der *Butokukai*: „Der *Dai Nippon Butokukai*, wie der vollständige Name lautet, wurde im April 1895 gegründet und von der Regierung beauftragt, die verschiedenen *Ryû* des japanischen *Bujutsu* zu kontrollieren und zu standardisieren. Dazu wurde ein Komitee gebildet, das die *Budô menjô* (*Bujutsu menjô* – Rangbescheinigungen der Kampfkunstmeister) und die *Shihan menjô* (Lehrerlizenzen) ausgab und bestätigte. Dadurch standen alle *Ryû*, die sich dem *Butokukai* nicht anschlossen, außerhalb des offiziellen Rahmens" (Lind, *Lexikon der Kampfkünste*; S. 97). [Anmerkung 2017: Zu Takamatsu siehe insbesondere die Monographie von Wolfgang Ettig, *Takamatsu Toshitsugu. Die Biographie einer Kampfkunst-Legende*.]

(Lehre von den Fünf Wandlungsformen; Lehre von Himmel, Erde und Mensch) und des Shugendô (Lehre der Neun Zeichen) gründen; ebenso soll die Lehre von der „Kunst des Unsichtbarmachens“ hier untersucht werden. Dabei soll auch auf die praktische Anwendung dieser Lehren zur Ausbildung kämpferischer Fertigkeiten eingegangen werden. Ansonsten werden technisch-praktische Aspekte (Waffen, Ausrüstungsgegenstände etc.) nicht weiter behandelt.

2.3.1 Die Kunst des Unsichtbarmachens

Die Fähigkeit, sich unsichtbar zu machen, d. h. für den Gegner nicht sichtbar zu sein, ist gemeinsames Gedankengut der Mythen und Legenden vieler Völker.[229]

Die Ursprünge dieser Kunst in Japan sind dabei dem *Nihongi* zufolge zur Regierungszeit von Kaiserin Suiko (593-628) im Jahre 602 zu suchen, als der buddhistische Mönch Kwal-leuk aus Paekche neben Büchern über Kalenderrechnung, Astronomie und Geographie auch solche über Magie und Unsichtbarkeit mit sich gebracht haben soll:

> “Winter, 10th month. A Pèkché priest named Kwal-leuk arrived and presented by way of tribute books of Calendar-making, of Astronomy, and of Geography, and also books of the art of invisibility and of magic. At this time three or four pupils were selected, and made to study under Kwal-leuk. Ôchin, the ancestor of the Yako no Fumibito, studied the art of Calendar-making. Kôsô, Otomo no Suguri, studied Astronomy and the Art of invisibility. Hinamitatsu, Yamashiro no Omi, studied magic. They all studied so far as to perfect themselves in these arts.”
>
> (Aston, *Nihongi*; S. 126)

229 Ein bekanntes Beispiel aus dem westlichen Sagengut ist die Tarnkappe im Nibelungenlied.

Dabei lassen sich verschiedene Arten der Unsichtbarkeit unterscheiden:

1. UNSICHTBARKEIT DANK NICHT-WAHRNEHMUNG DURCH DEN GEGNER
Unsichtbarkeit dank Nicht-Wahrnehmung durch den Gegner bedeutet, sich selbst vor den Augen bzw. dem Sehfeld des Gegners zu verbergen. Durch das Ausnutzen der normalen geographischen Gegebenheiten (z. B. Verstecken hinter Büschen, im Geäst eines Baumes, in Bodenmulden etc.), der natürlichen Tageszeit und Witterungsverhältnisse (Operieren in der Nacht oder Dämmerung, Bevorzugen von schattigen Plätzen, Sichtbehinderung durch Nebel, Regen, Schneefall etc.) und das Tragen einer entsprechenden Kleidung (tarnfarben, d. h. den Bedingungen angepasst, z. B. weiß als Schneetarnung, grün als Waldtarnung, schwarz bei Nachteinsätzen etc.)[230] soll erreicht werden, dass man für den Gegner nicht zu erkennen ist.

> „Die erste Methode des Unsichtbarmachens besteht darin, Lichtstrahlen davon abzuhalten, von dem Subjekt zurückzustrahlen. Totale Dunkelheit, Dämmerlicht oder stark wechselnde Lichtverhältnisse, Farben oder Formen, die sich nicht vom Hintergrund abheben, dies sind nur einige Beispiele, die diesem Prinzip zugrunde liegen."
>
> (Hayes, *Ninja 3 – Der Pfad des Togakure-Kämpfers*; S. 50)

2. UNSICHTBARKEIT DURCH ATTACKIEREN DER AUGEN DES GEGNERS
Dies bedeutet, durch Ausschalten der Wahrnehmungsfähigkeit des Gegners für diesen unsichtbar zu sein. Methoden, dies zu erreichen, sind direkte körperliche Attacken gegen die Augen des Gegners (z. B. Fingerstiche zu den Augen) und der Einsatz bestimmter Hilfsmittel, wie Tränengas, Rauchbomben und die Verwendung von *Metsubushi*-Blendpulver.[231]

---

230 Die Kampfanzüge der Soldaten aller modernen Armeen sind ein Beispiel für die Anwendung dieses Prinzips.

231 Wörtlich etwa „Zerstören der Augen"; eine Mischung aus Sand, Asche, Pfeffer etc., die dem Angreifer in die Augen geschleudert wird.

> „Eine zweite Möglichkeit bietet das Lahmlegen der Augen des Gegners. Der Ninja erreicht dies mit Hilfe von Rauchbomben oder Rauchwolken, chemischen Gasen oder Sprühmitteln, die die Augen des Feindes angreifen, *Metsubushi*-Blendpulver aus Asche, Sand und Eisenspänen und intensiven Lichtblitzen, welche die Sicht des Gegners kurzfristig ausschalten."
>
> (Hayes, *Ninja 3 – Der Pfad des Togakure-Kämpfers*; S. 51)

3. UNSICHTBARKEIT DURCH NICHT-ERKANNTWERDEN

Unsichtbarkeit durch Nicht-Erkanntwerden bedeutet, vom Gegner zwar wahrgenommen, aber nicht als jemand erkannt zu werden, der von Interesse ist. Der Ninja tritt in die Wahrnehmung des Gegners ein, es wird jedoch keine Reaktion ausgelöst. (Im Gegensatz zum ersten Prinzip, das die Wahrnehmung des Gegners umgeht, sowie zum zweiten Prinzip, welches die Wahrnehmung des Gegners ausschaltet).

> „Das Bild des Ninja erscheint so im Blickfeld des Wahrnehmenden, dass es nicht zur Kenntnis genommen wird, obschon die Sinne es erfassen. Kurz gesagt, der Ninja nimmt die Form einer Sache oder Person an, die für den Gegner unwichtig oder uninteressant ist, und kann sich auf diese Weise ungehindert in voller Sicht zu denjenigen bewegen, die ihn anderenfalls sofort ergreifen würden."
>
> (Hayes, *Ninja 3 – Der Pfad des Togakure-Kämpfers*; S. 51)

Dieses dritte Prinzip der Unsichtbarkeit setzt sich aus zwei wesentlichen Komponenten zusammen: der Kunst des Sich-Verkleidens (*hensô-jutsu*), d. h. die Wahl einer passenden und vor allem richtigen Verkleidung (die Verkleidung darf keine internen Fehler aufweisen, z. B. gehört an die Uniform eines Fliegers bei der Luftwaffe kein Heeresabzeichen etc.) und der Fähigkeit, eine andere Person so nachzuahmen (*gisô-jutsu*), dass der Gegner keinen Verdacht schöpft (hierzu gehören sowohl das äußere Erscheinungsbild als auch die notwendigen Kenntnisse der verkörperten Person: Lebenslauf, Fachwissen etc.). Zusammen sind diese beiden Komponenten Bestandteile der Lehre des *shichi-ho-de* (七方出)[232] des Ninjutsu, der „Sieben Wege des Gehens“. Das *shichi-ho-de* besteht aus sieben Personengruppen des mittelalterlichen Japan, wobei der Ninja je nach den Erfordernissen des Auftrags einen Vertreter aus einer dieser Gruppen nachahmte, um unbehelligt operieren zu können. Die Personengruppen gehörten zum alltäglichen Erscheinungsbild des frühen und feudalen Japan und waren daher besonders geeignet, keinen Verdacht zu erregen.[233] Im Einzelnen handelt es sich um:

- *akindo* (Händler)
- *hokashi* (Unterhaltungskünstler)[234]
- *komusô* (Wandermönche mit Strohhut und Bambusflöte)
- *sarugaku* (Unterhaltungskünstler)[235]
- *shukke* (buddhistischer Mönch)[236]

---

232 Das *shichi-ho-de*-System findet auch im *Shôninki* Erwähnung, der zweiten klassischen Schrift des Ninjutsu (neben dem *Bansenshûkai*), die 1675 von Fujubayashi Masatake herausgegeben wurde. Siehe hierzu Imamura, *Nihon Budô Taikei – Vol. 9*; S. 598.

233 Hayes (*Ninja 3*; S. 51 ff.) gibt neben dem traditionellen System auch eine moderne Version an, die folgende Personengruppen umfasst: Scholastiker, Geschäftsleute, Landleute, Geistliche, Vertreter des öffentlichen Lebens, Arbeiter/Handwerker, Uniformierte.

234 Die *hôkashi* waren mit der traditionellen Hofbeamtenmütze (*eboshi*) bekleidet und verwendeten *kokiriko* (ein spezielles Musikinstrument). Sie zogen durch die Straßen und führten komische Kabuki-Passagen, Zaubertricks (*tejina*) und akrobatische Kunststücke vor.

235 Der Begriff (auch *sangaku*) bezeichnet ursprünglich eine Gruppe von aus China im 8. Jh. übermittelten Künsten (Akrobatik, Jonglieren, etc.), die sich in Japan an Schreinen und Tempeln mit einheimischen Traditionen vermischten, woraus auch die heutige bekannte Form des *sarugaku* als Teil des *Nô*-Theaters entstand.
“After its introduction into Japan the *sangaku* tradition was maintained by officially sponsored households called *sangakko* until sponsorship was ended in 782. Afterwards the tradition was transmitted more spontaneously by *sangaku* specialists within the Imperial Bodyguard (Konoefu), by semi-professional performers in the service of religious institutions, and by itinerant professionals. From the 10th century, famous *sarugaku* players and their troupes appeared regularly at religious festivals, which by that time had begun to be visited in great numbers by spectators” (*Kodansha-Enzyklopädie*).

- *tsugenata* oder *rônin* (herrenloser, umherziehender Samurai)[237]
- *yamabushi* (Anhänger des Shugendô)[238]

4. DIE UNSICHTBARKEIT DES KÖRPERS

Die Unsichtbarkeit des Körpers, d. h. das Auflösen der physischen Erscheinung, kann als die höchste Stufe der Methoden zur Unsichtbarmachung angesehen werden. Wenngleich diese Praktiken nicht zum bekannt gemachten Lehrinhalt des Togakure-Ryû gehören, sind sie für diese Untersuchung dennoch von Interesse, da besonders in den Legenden aus der Frühzeit des japanischen Buddhismus viele Beispiele für ein solches Unsichtbarsein oder Unsichtbarwerden zu finden sind.

Die Fähigkeit zur Unsichtbarkeit gehört zu einer Gruppe von magischen Kräften, deren literarisch-historische Spuren sich bereits in der alten indischen Literatur finden, wie z. B. im *Yoga-Sutra* des Patanjali[239] oder im *Sâmanna-Phala-Sutta.*[240] Durch die Übung des *samyama*, den drei letzten Stufen des achtgliedrigenYoga-Pfades, das sind *dhârâna* (Fixierung auf den Gegenstand der Meditation, Konzentration), *dhyana* (Meditation) und *samâdhi* (höchste Stufe der Meditation, Vereinigung)[241] erlangt der Yogin eine Anzahl von wunderbaren Kräften, die als

---

236 Einer, der „das Heim verlassen" hat, um Mönch zu werden, im Gegensatz zum Laienmönch, *zaike.*

237 Begriff für herrenlose, d.h. nicht in einem Dienstverhältnis mit einem *daimyô* stehende *samurai*, v.a. während der Sengoku- und Edo-Zeit. Viele waren mehr oder weniger mittellos und verdingten sich als Kampfkunstlehrer oder schlossen sich zu Räuberbanden zusammen.

238 Siehe 1.4.2.

239 Die Abfassung der Yoga-Sutras wird sehr unspezifisch zwischen das 2. Jh. v.u.Z. bis zum 5./7. Jh. u.Z. datiert (Eliade, *Yoga – Unsterblichkeit und Freiheit*; S. 378). Siehe auch Leggett, *The Complete Commentary by Sankara on the Yoga Sutras*; 1990.

240 Das *Samanna-phala*-Sutta ist die zweite Lehrrede in der Abteilung der „Langen Lehrreden" (Digha-Nikaya).

241 „Durch den *samâdhi* übersteigt man endgültig die ‚tragische', aus Leiden geborene und in Leiden endende menschliche Verfassung und erlangt endlich jene totale Freiheit, nach welcher die indische Seele mit solcher Leidenschaft strebt" (Eliade, *Yoga – Unsterblichkeit und Freiheit*; S. 45).

siddhi bekannt sind.[242] Zu diesen erstaunlichen Kräften gehören unter anderem solche Dinge wie die Fähigkeit, seine Körperausmaße beliebig zu vergrößern und zu verkleinern, Schweben und Fliegen, die Macht, Menschen und Tiere zu beherrschen, Hellsehen und Hellhören, Verständnis der Planeten, die Gabe zur Heilung und vieles mehr. Dabei lassen sich zahlreiche Vorläufer von Praktiken erkennen, wie sie sich auch in den Lehren des tibetischen Yoga,[243] der taoistischen inneren Alchimie (s. u.) und dem Gedankengut der Yamabushi[244] wiederfinden. Im *Yoga-Sutra* wird dabei auch die Unsichtbarkeit des Körpers angeführt. In einem Kommentar zu der Stelle heißt es:

> „Der Körper wird von fünf Wesenheiten (*tattva*) gebildet. Er wird ein dem Auge wahrnehmbares Objekt dadurch, dass er eine Form (*rûpa*, was auch ‚Farbe' bedeutet) besitzt. Durch dieses *rûpa* werden der Körper und seine Form zu Objekten der Wahrnehmung. Wenn der Yogin den *sammyama* über die Form des Körpers übt, zerstört er die Wahrnehmbarkeit der Farbe (*rûpa*), welche die Ursache der Wahrnehmung des Körpers ist. Daher wird, wenn die Möglichkeit der Wahrnehmung aufgehoben ist, der Yogin unsichtbar. Das im Auge einer anderen Person erzeugte Licht kommt nicht mehr in Berührung mit dem Körper, der verschwunden ist. Mit anderen Worten, der Körper des Yogin ist für keinen Menschen mehr Erkenntnisobjekt."
>
> (Eliade, *Yoga – Unsterblichkeit und Befreiung;* S. 96)

Die Fähigkeit, sich unsichtbar zu machen, findet häufig Erwähnung im Zusammenhang mit anderen magischen Kräften, die sich religiöse Asketen oder

242 Der achtgliedrige Yoga-Pfad (*ashtanga*-yoga) umfasst neben den drei angeführten Gliedern noch *yama* (fünf Gebote), *niyama* (fünf Pflichten), *asana* (Stellungen; bestimmte Körperhaltungen), *pranayama* (Atemübungen) und *pratyahara* (Rückzug des Bewusstseins und der Sinne von der Außenwelt).

243 Siehe Govinda, *Grundlagen tibetischer Mystik.*

244 So zum Beispiel eine Vielzahl von Askese-Übungen zur Abhärtung, die als „harte Übungen" (*kugyô*) bekannt sind. Solche Übungen sind bereits ausführlich im frühen Indien nachweisbar (Rotermund, *Die Yamabushi*; S. 156 ff.).

Einsiedler durch ihr strenges Training erworben haben. Als Paradebeispiel für solche Genies wurden im frühen Taoismus die *hsien* bzw. *xian* (仙) (jap. *sennin*) angesehen: Unsterbliche,[245] die zahllose Kräfte und Fähigkeiten besitzen (unter anderem die Fähigkeit zu fliegen, des Sich-Unsichtbarmachens etc.), die wenig, speziell ausgewählte oder gar keine Nahrung mehr zu sich nehmen und allerlei körperliche Übungen, Atemtechniken und Meditationen vollführen.

Es ist anzunehmen, dass diese Lehren (zumindest teilweise) spätestens im Zuge der Errichtung des Yin-Yang-Büros[246] zur Regierungszeit von Kaiser Tenji (661-627) in Japan bekannt wurden.[247]

---

245 Der Begriff „Unsterblichkeit" wurde dabei sowohl metaphysisch (d.h. Unsterblichkeit des Geistes/der Seele) als auch im materiellen Sinne aufgefasst (d.h. Unsterblichkeit des Körpers). Hierin gründet auch die Absicht auf Lebensverlängerung, die ‚kleine Unsterblichkeit'. Dabei lassen sich zwei Wege unterscheiden:

1. Beim äußeren Weg (*wai dan*, „äußere Alchimie") wurde versucht, durch die Verwendung von Salben, Pillen, Kräutern, Elixieren etc. Unsterblichkeit zu erlangen. Dies führte soweit, dass man durch die portionsweise Aufnahme von beispielsweise Gold oder Silber den Körper in das entsprechende Metall zu verwandeln suchte. Auch die Suche nach dem Unsterblichkeitselexier hat hier ihren Ursprung.

2. Beim inneren Weg (*nei dan*, „innere Alchimie") steht die Bewusstmachung, Anreicherung und Umwandlung von *chi* (jap. *ki*,) im Vordergrund, als deren praktische Ergebnisse Gesundheit, Langlebigkeit und (in einigen Fällen) Unverwundbarkeit gelten. Die Methoden hierzu beinhalten spezielle Atemtechniken, gymnastische Übungen und diätetische Vorschriften. Der „innere Weg" übte einen großen Einfluss auf verschiedene Kampfkünste in China und Japan aus.

246 Das Yin-Yang-Büro (*onyôryô*) wurde im Zug der Taihô-Gesetze (701) gegründet und hatte das Studium chinesischer Lehren wie Astrologie, Astronomie, Kalenderwesen, Weissagung etc. zur Aufgabe.

"The *onmyôshi*, as the ancient diviners were called, not only counted as a branch of the priesthood, but acquired the position of governmental advisers in the period when Nara was the capital. They were responsible to the Imperial Court in the early Nara period for making predictions for the future. It could be said that they were a vital link in a primitive intelligence system for not only were they required to forecast developments and events, but also to analyse information that was given to them" (Deacon, *A History of the Japanese Secret Service*; S. 7).

247 Die Sage berichtet von der Familie Jôfuku, Untertanen des Kaisers Shikô (Begründer der Qin-Dynastie, 221-206 v.u.Z.) in China, die den Auftrag erhielten, das Kraut der Unsterblichkeit zu suchen. Dazu brachen sie mit dem Schiff nach Osten auf und verschwanden; der japanischen Legende zufolge sollen sie in der Provinz Wakayama gelandet sein.

Darunter finden sich auch viele Methoden, die zur Unsichtbarkeit verhelfen sollen[248], so die Methode des *yin-hsing chih-shu* (jap. *inkei no jutsu*),[249] die Methode *liu chia* (jap. *rokkon*)[250] oder *tun chia* (jap. *tonkô*),[251] die durch die Beherrschung von Geistern und Dämonen zur Fähigkeit der (Körper-)Formveränderung und Unsichtbarkeit verhelfen soll, und *she-ying shou-hsing chih-shih*, ein Weg, Schatten[252] und Körper unsichtbar zu machen.

2.3.2 Die Lehre von den fünf großen Elementen (godai)

Die buddhistische Lehre von den „fünf (großen) Elementen“ (五 大) ist ein wesentlicher Bestandteil der Lehren des Togakure-Ryû Ninjutsu. Sie bildet die Grundlage für das psycho-physische Verständnis des Menschen und findet ihre praktische Anwendung in Übungen zur Schulung des Bewusstseins von körperlichen und emotionalen Prozessen, in Meditationsübungen und in der Methodik des waffenlosen Kampfes (*ninpô taijutsu*; siehe 2.3.2.1).

---

248 Die Darstellung der hier angeführten Methoden folgt Gertrud Güntsch, *Das Shen-hsien chuan und das Erscheinungsbild eines Hsien*; 1988.

249 Diese Methode („Verbergen der Gestalt“) ist nicht näher erläutert; sie soll von den *hsien* Li Chung-fu und Chiai Hsiang beherrscht worden sein.

250 Der Ausdruck *rokkon* besitzt eine Vielzahl von Bedeutungen; so steht er in Verbindung mit dem Zeit- und Kalenderwesen, kann einen bestimmten Stern oder Gott bezeichnen, steht für eine Methode im Zusammenhang mit den „Fünf Wandlungsphasen“ (siehe 2.3.4.3) und wird als Bezeichnung für ein Amulett zur Abwehr böser Geister gebraucht (siehe Murohashi, *Daikanwa-Jiten*).

251 Dies ist auch die Bezeichnung, die bei der weiter oben angeführten Stelle des Nihongi verwendet wird. Die Unsichtbarkeit hängt dabei von der genauen Kenntnis der taoistischen Wandlungszyklen ab: „*tonkô* – Die Kunst, durch Ausnutzen der Wandlungen von Yin und Yang vor den Augen der Menschen zu verschwinden, den Körper zu verbergen, Glück zu erlangen und Unglück abzuwehren“ (Murohashi, *Daikanwa-jiten*).

252 Der Schatten eines Menschen gilt, wie sein Spiegelbild, als wesentlicher Teil seiner Persönlichkeit oder auch als eigener Seelen-Teil, der vor den Zugriffen Fremder beschützt werden muss. Siehe auch Morris, *Path Notes of an American Ninja Master*; S. 173 ff. Zur psychologischen Symbolik des Schattens siehe Peterson, *Mind of the Ninja*; S. 139-161 (The Shadow Warriors and the Warriors Shadow).

Die fünf Elemente gelten als die Grundlage des Makrokosmos (d. h. der gesamten Welt und des Universums) wie auch des Mikrokosmos (d. h. jedes einzelnen Menschen); es sind im Einzelnen:

- ***chi-dai*** (地大) – Erde, die festen Elemente
- ***sui-dai*** (水大) – Wasser, die flüssigen Elemente
- ***ka-dai*** (火大) – Feuer, die Energie abgebenden Elemente
- ***fu-dai*** (風大) – Luft, die gasförmigen Elemente
- ***kû-dai*** (空大) – Leere oder Raum, der Ursprung aller Dinge

> „Die Erschaffung des Universums kann man sich auf folgende Weise vorstellen: In *Ku*, der Leere, entstanden verschiedene Polaritäten, die sich später in unterschiedlich starke elektromagnetische Ladungen verwandelten. Diese Ladungen veränderten sich zu Atomen und brachten so die Gase des *Fu*-Stadiums zustande. Reagierten verschiedene Gase miteinander, so fand dies auf der *Ka*-Ebene statt. Die so entstandenen Moleküle wurden zum Dampf des *Sui*, des Wassers. Später gingen sie in den festen Zustand des *Chi* über. Diesen Vorgang bezeichnet man als die fallende Entwicklung der Elemente.“
>
> (Hayes, *Ninja 1 – Die Lehre der Schattenkämpfer*; S. 26)

Auch der Mensch spiegelt das Wirken der fünf Elemente wider, wobei die Elemente natürlich nicht nur als einfache, stoffliche Komponenten zu verstehen sind. Neben einer materiellen Entsprechung sind den Elementen dabei auch verschiedene emotionale Bewusstseinsebenen zugeordnet:

Dem Erde-Element im Menschen entsprechen die festen Bestandteile des Körpers; Knochen, Muskeln, Haare, Zähne etc. Füße, Beine, Becken und Hüfte sind das Zentrum des Erde-Elements im menschlichen Körper. Auf der geistig-emotionalen Ebene drückt sich der Erde-Einfluss im Bewusstsein der eigenen Kraft und Stabilität aus, Veränderungen wird Widerstand entgegengebracht. Im Verhalten des Menschen äußert sich das Erde-Element als die Fähigkeit, beharrlich und ausdauernd zu sein, kann aber auch zu schädlicher Sturheit und Unbeweglichkeit führen.

Das Wasser-Element zeigt sich in den körpereigenen Flüssigkeiten des Menschen und ist Ausdruck der flexiblen und geschmeidigen Aspekte des Körpers, als dessen Zentrum die Bauchhöhle gilt. Das Bewusstsein für die eigenen Gefühle kennzeichnet diese Ebene, die Skala des Verhaltens reicht von der Fähigkeit, schnell und flexibel auf Veränderungen zu reagieren, bis hin zum Überwältigtwerden von Gefühlen und Gefühlsduselei.

Das Feuer-Element findet seinen Ausdruck im Metabolismus des Körpers und der Körperwärme; der Brustbereich mit Herz und Sonnengeflecht ist das Zentrum dieses Elements. Auf dieser Stufe ist sich der Mensch seiner eigenen dynamischen Natur und Vitalität bewusst. Freudiger Tatendrang bis hin zu blindem Übermut sind charakteristische Verhaltensweisen unter dem Einfluss des Feuer-Elements.

Dem Element Wind entspricht die Atmung des Menschen, als Körperzentrum gilt der Halsbereich und das Gesicht. Das Bewusstsein des eigenen Intellekts, Weisheit und Liebe kennzeichnen diese Stufe. Das Verhalten reicht von wohlwollendem Entgegenkommen bis hin zur sinnlosen geistigen Grübelei, um den Realitäten zu entgehen.

Das Element der Leere/des Raumes findet seinen Ausdruck in der Sprache und Kommunikationsfähigkeit des Menschen. Es ist Ausdruck der kreativen Kräfte und gibt dem Einzelnen die Möglichkeit, sich auf jede der vier anderen Ebenen zu begeben. Der Scheitelpunkt gilt als Zentrum des Leere-Elements.[253]

---

253 Eine weiterführende Theorie (Hayes, *The Ninja and their Secret Fighting Art*; S. 136 ff.) bringt die fünf Elemente in Zusammenhang mit fundamentalen Emotionen und Bedürfnissen des Menschen, die als die „fünf Schwächen" (Erde: Faulheit, Trägheit; Wasser: Ärger, Zorn; Feuer: Angst; Wind: Mitleid, Schuld, Verpflichtung; Leere: Eitelkeit) und die „fünf Begierden" (Erde: Sicherheit; Wasser: Geschlechtsverkehr; Feuer: Wohlstand, Reichtum; Feuer: Stolz; Leere: Vergnügen, Freude) bezeichnet werden. Das Wissen um diese Gefühle und Bedürfnisse, und darum, wie sie unser Handeln und Denken beeinflussen, schützt vor Selbsttäuschungen und kann andererseits gezielt eingesetzt werden, um den Gegner zu manipulieren. Die fünf Begierden sind im Buddhismus als *goyoku* bekannt, die aus dem Kontakt der Sinnesorgane mit den Objekten der Wahrnehmung entstehen. Die Lehre der „fünf Verblendungen" (*gogai*) zeigt, wodurch der Geist getrübt und gute

„In genau umgekehrter Reihenfolge verschwinden die physischen Elemente beim Tod. Tritt er ein, verlassen Bewusstsein und Kommunikationsfähigkeit den Körper als erste. Danach setzt die Atmung aus. Während der Körper seine Wärme verliert, erlischt das Feuer *Ka*, und wenn er steif wird und eventuell austrocknet, verschwindet das Wasser-Element. Schlussendlich zerfallen die Bestandteile zu Staub, und das *Chi*-Element Erde zieht sich als letztes zurück."

(Hayes, *Ninja 1 – Die Lehre der Schattenkämpfer*; S. 27)

Darüber hinaus sind den Elementen geometrische Formen und Farben zugeordnet, die zusammengenommen das Abbild einer Stupa oder Pagode[254] (jap. *tô* oder *sotoba*) bilden: Das Erde-Element ist quadratisch mit der Farbe Gelb; das Wasser-Element ist kreisförmig mit der Farbe Weiß; das Feuer-Element ist dreieckig und rot, das Wind-Element halbmondförmig und schwarz, das Leere-Element tränenförmig und blau.[255] Die gesamte Stupa gilt dabei als Ausdruck und Abbild der Einheit der materiellen mit der geistigen Welt.[256]

Gedanken verhindert werden: "Gogai - 'The five coverings'; the five disorders which cover one's mind and hinder good thoughts; they are (1) *ton'yoku-gai*, greed; (2) *shinni-gai*, anger; (3) *konjin-gai* or *zuimen-gai*, languor or melancholy; (4) *jôke-gai*, restlessness and mortification, (5) *gi-gai*, scepticism" (Inagaki, *A Dictionary of Japanese Buddhist Terms*; S. 69).

254 „Pagoden leiten sich von Bauwerken her, die errichtet worden waren, um Buddhas Reliquien aufzubewahren, der Überlieferung zufolge wurden sie nach seinem Tode aufgeteilt und an acht verschiedene Plätze gebracht. ... Die Pagode entstand aus solchen Reliquienhügeln, entwickelte sich jedoch weiter zu unterschiedlichen Formen mit je unterschiedlichen Bedeutungen. Mikkyo-Pagoden können beispielsweise Dainichi Nyorai oder die fünf Buddhas in sich bergen" (Yamasaki, *Shingon – Der esoterische Buddhismus Japans*; S. 179).

255 Dies ist die Farbzuordnung, wie sie im esoterischen Buddhismus üblich ist. Die Zuordnung von Hayes (*Ninja 1*; S. 27) ist davon abweichend: Erde – rot; Wasser – orange; Feuer – gelb; Luft – grün; Leere/Raum – blau.

256 Der Shingon-Buddhismus kennt die Meditationspraxis des *goji gonshin-kan*, die „Visualisierung des erhabenen Körpers der fünf Silben": „Diese Praxis verwendet die mantrischen Silben der fünf symbolischen Elemente, Erde (A), Wasser (BA), Feuer (RA), Wind (KA) und Raum (KYA), die im Taizô-Mandala Dainichi Nyorai bilden. Wenn der Praktizierende sie innerlich visualisiert, stehen sie für die fünf Aspekte der Einheit von Geist und Materie, für die fünf Weisheitsaspekte der Erleuchtung. Während er Mudras bildet, visualisiert er seine Körperregionen in der zu den Elementen

Die Bewusstmachung dieser verschiedenen Ebenen der Wirklichkeit und die daraus resultierende Fähigkeit, den Einfluss einer bestimmten Stufe zu erhöhen oder zu senken, sind der Inhalt zahlreicher Übungen und Meditationsformen des Togakure-Ryû Ninjutsu:

Eine Gruppe von Übungen (Hayes, *Ninja 1*; S. 82 ff.), die mit den fünf Elementen verbunden ist, besteht darin, sich der Wirkungen der fünf Sinne bewusst zu werden, d. h. zunächst einmal, zu lernen, die zahlreichen auf uns einwirkenden Sinneseindrücke zu erkennen und zu unterscheiden, ohne sie gleich mit einer Wertung (gut, schlecht, angenehm etc.) zu verbinden. Dabei ist dem Element Erde der Geruchssinn, dem Element Wasser der Geschmackssinn, dem Element Feuer der Sehsinn, dem Element Luft der Tastsinn und dem Element Leere der Hörsinn zugeordnet.[257]

Eine weiterführende Gruppe von Meditationsübungen hat die Betrachtung der Welt und des Menschen unter den mit den Elementen in Verbindung stehenden Aspekten des Daseins zum Inhalt (Hayes, *Ninja 2*; S. 43 ff.). Die vollständige Einsicht in die vielfältigen Aspekte der Wirklichkeit und in die zahllosen Gedanken, Wünsche und Vorstellungen des Menschen gilt dabei als wesentliche Bedingung zum Erlangen der Erleuchtung (*satori*).[258]

---

gehörigen Gestalt und darin die entsprechenden mantrischen Silben. ... Silben und Elemente bilden eine fünfgeschossige Pagode, Dainichi Nyorais Samaya-Form, die dem Praktizierenden übergestülpt wird und die seine Einheit mit dem Universum symbolisiert" (Yamasaki, *Shingon – Der esoterische Buddhismus Japans*; S. 130). Siehe auch Ettig, *Kuji-in*; S. 64.

257 Der Buddhismus kennt die Lehre von den sechs Sinnesorganen (*rokkon*: Augen – *gen*, Ohren – *ni*, Nase – *bi*, Zunge – *shita*, Körper – *shin* und Bewusstsein – *i*) und den damit verbundenen sechs Objekten der Wahrnehmung (*rokkyô*: Farbe und Gestalt – *shiki*, Töne – *shô*, Geruch – *kô*, Geschmack – *mi*, berührbare Objekte – *soku* und Objekte des Denkens – *hô*). Die sechs Sinnesorgane bilden das fünfte Glied (*rokunyû*) in der Kette der zwölf Ursachen (*jûni-innen*) des Kreislaufs von Geburt und Tod. Dem *Hokke-kyô* zufolge („Lotus-Sutra", 406 von Kumarajû ins Chinesische übersetzt; eine der Hauptschriften des Tendai- und Nichiren-Buddhismus) bringt eine intensive Auseinandersetzung mit diesem Sutra eine Reinigung der sechs Sinne mit sich (*rokkon-shôjô*).

258 Zustand der „Erleuchtung", der durch Meditation erreicht wird: „Wahres Satori ist Leerheit (*Kû* und *Mu*). Es enthält alle Dinge, also auch die Illusionen (*Bonnô*). Satori löst den Menschen von seiner physikalischen Umgebung und erlaubt ihm die Übersicht über die Zusammenhänge des Seins. Es gibt

Um den Einfluss eines Elementes zu stärken oder zu verringern, bzw. um die Balance der verschiedenen Ebenen zu fördern, gibt es ebenfalls eine Gruppe von Übungen (Hayes, *Ninja 1*; S. 87 ff.). Dabei wird für jedes Element eine bestimmte Atemtechnik (Erde: langsames Ein- und Ausatmen; Wasser: langsames Einatmen, schnelles Ausatmen; Feuer: schnelles Ein- und Ausatmen; Wind: schnelles Einatmen, langsames Ausatmen), eine bestimmte Visualisierung (ein Bild, das den Charakter des jeweiligen Elementes besonders gut verdeutlicht, z. B. für das Erde-Element ein Berg, für das Wasser-Element die Wogen einer Brandung etc.) und ein bestimmtes Fingerzeichen verwendet (im esoterischen Buddhismus repräsentiert jeder Finger eines der fünf Elemente – kleiner Finger: Erde; Ringfinger: Wasser; Mittelfinger: Feuer; Zeigefinger: Luft; Daumen: Leere – der jeweilige Finger und der Daumen werden dann zu einem Ring geschlossen, der mit dem Ring der anderen Hand verknüpft ist; die anderen Finger berühren sich an den Spitzen). Dieses gemeinsame Verwenden von bestimmten Atemtechniken mit Visualisierungen und Fingerzeichen dient dazu, den gesamten Körper auf den gewünschten Zustand einzustimmen – eine Technik, die in ähnlicher Form Grundlage der meisten Meditationspraktiken des esoterischen Buddhismus ist (siehe 2.3.3. Die Lehre von den neun Zeichen).

Ninpô Taijutsu – Der waffenlose Kampf

Ninpô-Taijutsu („Körper-Künste") ist die Sammelbezeichnung für die waffenlosen Kampftechniken des Togakure-Ryû Ninjutsu. Diese *Taijutsu*-Techniken sind unterteilt in:[259]

---

keinen unmittelbaren Vorgang, der von der Logik in dieses Verstehen führt" (Lind, *Lexikon der Kampfkünste*; S. 518).

259 Siehe Munthe, *Ninjutsu*; S. 27 & Hayes, *Ninja 2*; S. 39.

1. *Taihenjutsu* – Dieser Bereich beinhaltet alle Methoden der individuellen Körperbewegung wie Rollen (*kaiten*), Fallen (*ukemi*),[260] Springen (*tobi*), Gehen (*shinobi-iri*),[261] Stellungen (*kamae*),[262] und Ausweichbewegungen (*taisabaki*).
2. *Dakentaijutsu* – In diese Gruppe gehören Schlag- und Tritt-Techniken (*koppôjutsu*) sowie Hand- und Fuß-Techniken gegen Organe und Muskeln (*koshijutsu*).
3. *Jutaijutsu* – Hier findet man Greiftechniken, Wurftechniken (*nagewaza*), Würgetechniken (*shimewaza*) und Methoden des Gleichgewichtsbrechens (*torite*).

---

260 Das Ninjutsu kennt eine Vielzahl von Fall- und Rolltechniken, die in erster Linie gebraucht werden, um sich als Antwort auf einen Stoß, Zug oder Wurfangriff ohne Verletzungen der Situation zu entziehen. "The basic fundamental techniques of the ninja's *taihenjutsu ukemi* include the following methods of body movement that allow the ninja to move or hit the ground in a manner that permits him to accommodate the attack safely. Rolling methods, in which the body curls towards the ground surface to take the ninja away from danger ... Handspring methods, in which the body vaults away from danger or extended arms that are braced against the ground surface ... Body drop methods, in which the body drops straight to the ground surface to move away from danger ..." (Hatsumi, *Ninjutsu – History and Tradition*; S. 52).

261 Eine Vielzahl von Schritt-, Lauf- und Fortbewegungsmethoden wird eingesetzt, um den Erfordernissen der Situation (z.B. lautloses Fortbewegen, schnelles Fortbewegen etc.) möglichst gerecht zu werden. Draeger (*Ninjutsu – The art of Invisibility*; S. 32) unterscheidet folgende zehn Schrittarten: 1. *nuki-ashi* ('stealthy step'); 2. *suri-ashi* ('rub step'); 3. *shime-ashi* ('tight step'); 4. *tobi-ashi* ('flying step'); 5. *kata-ashi* ('one step'); 6. *so-ashi* ('big step'); 7. *ko-ashi* ('little step'); 8. *kakizami* ('small step'); 9. *wari-ashi* ('proper step'); 10. *tsune-ashi* ('normal step').

262 Die verschiedenen Stellungen (*kamae*) sind nach den Prinzipien der Fünf Elemente klassifiziert. Die Stellungen gelten als konkreter, physischer Ausdruck der jeweiligen Geisteshaltung, die sie verkörpern. Wenngleich die Stellungen in einem tatsächlichen Kampfgeschehen nur einen Augenblick in Erscheinung treten, so dient das Üben der Stellungen (mit besonderer Beachtung der Gewichtsverteilung, Körperspannung, Atmung etc.) dazu, ein Gespür für die jeweilige Bewusstseinsebene und der damit verbundenen Körperbewegungen zu entwickeln. (Die *kamae no kata* verbindet die wichtigsten Stellungen des *taijutsu* zu einem flüssigen Bewegungsablauf; siehe Munthe, *Ninjutsu*; S. 30.)
„Spezifische Stellungen, von denen die eigentlichen Kampfbewegungen ausgehen, spiegeln die gerade vorherrschende geistige Ebene wieder. Eine dieser Stellungen wird spontan eingenommen, sobald der Organismus feststellt, dass er sich verteidigen muss. So kommt es, dass jede Stellung oder ‚Kamae' die physische Wiedergabe einer psychologischen Tendenz ist" (Hayes, *Ninja 1*; S. 41).

Dabei wird auf Grundlage der mit den fünf Elementen in Verbindung stehenden Körperzentren und Geisteshaltungen das Kampfgeschehen in folgenden Grundtendenzen charakterisiert:

Erde-Stufe: Beine, Gesäß und Oberschenkel bilden die körperlichen Spannungszentren auf dieser Stufe, die durch den Einsatz von Muskelkraft sowie Auf-und-Ab-Bewegungen des Körpers (die aus den Beinen stammen) gekennzeichnet ist. Eine charakteristische Stellung (*kamae*) dieser Ebene ist die „Natürliche Stellung" (*shizen no kamae*). Ein Kämpfer unter dem Einfluss des Erde-Elements ist sich seiner Kraft und Stärke bewusst und für den Gegner nur schwer zu bezwingen:

> „Sie haben eine stabile Position eingenommen und halten dem feindlichen Ansturm stand, ohne sich von ihm beeindrucken zu lassen. Sie wissen, dass ihre Stärke unüberwindlich ist. Ihre Bewegungen kommen aus der Hüfte, wo sich ebenfalls ihr Bewusstsein befindet, ein Judo-Kämpfern wohlbekanntes Gefühl. Ihr Gegner fühlt, dass er gegen einen Felsblock kämpft. Sie sind unempfindlich gegen all seine Anstrengungen."
>
> (Hayes, *Ninja 1 – Die Lehre der Schattenkämpfer*; S. 39)

Wasser-Stufe: Bauch und Unterleib sind die Körperzentren auf dieser Ebene, die durch seitliche Ausweichbewegungen, Zick-Zack-Bewegungen und kraftvolle Konterangriffe gekennzeichnet ist. Eine charakteristische Stellung der Wasser-Stufe ist die Abwehrstellung *ichimonji-no-kamae*. Ein Kämpfer unter dem Einfluss des Wasser-Elements ist ständig in Bewegung und für den Gegner nicht zu fassen:

> „Sie sind dauernd in Bewegung, weichen aus, nutzen Raum und plötzliche, unerwartete Bewegungen zu ihren Gunsten. Sie wissen, dass ihre Beweglichkeit und Intelligenz den Gegner bezwingen werden. Bewusstsein und Bewegungen kommen aus dem Unterleib (*hara*),[263] ein Konzept, das

263 Der *hara* gilt in Japan als Zentrum körperlicher und geistiger Kraft; seine umfassende Bedeutung spiegelt sich in den zahlreichen japanischen Redewendungen um den *hara* wider (siehe Dürckheim, *Hara – Die Erdmitte des Menschen*). Auch in den Kriegskünsten ist der *hara* von großer Bedeutung, es wird dabei von *hara-gei*, der „Kunst/Technik des Hara", gesprochen (siehe Ratti/Westbrook,

allen Aikido-Kämpfern bekannt ist. Der Angreifer hat den Eindruck, gegen die Wellen des Ozeans zu kämpfen. Greift er an, so weichen sie zurück und machen ihn anschließend mit einem Gegenangriff unschädlich."

(Hayes, *Ninja 1 – Die Lehre der Schattenkämpfer*; S. 40)

Feuer-Stufe: Die Energie der Feuer-Stufe findet ihren Ausdruck in den dynamischen Vor- und Rückwärtsbewegungen des Körpers und dem Solarplexus als dazugehörigem Zentrum. Die Kraft und Entschlossenheit dieser Stufe spiegeln sich in der Angriffsstellung, *jûmonji-no-kamae*, der charakteristischen Stellung dieser Ebene wieder.[264] Ein Kämpfer unter dem Einfluss des Feuer-Elements drängt voller Energie auf den Gegner ein und versucht ihn so zu bezwingen:

„Sie greifen den Gegner mit wilder Entschlossenheit an. Je härter er kämpft, desto entschlossener reagieren sie. ... Bewusstsein und Ursprung der Bewegungen sind in diesem Fall im Solarplexus zu suchen. Der ganze Körper dringt auf den Gegner ein; diese Bild ist dem Karateka ein Begriff. Der Gegner glaubt, gegen ein Buschfeuer zu kämpfen. Je mehr er in die Flammen schlägt, desto heißer und gefährlicher werden sie."

(Hayes, *Ninja 1 – Die Lehre der Schattenkämpfer*; S. 40)

Secrets of the Samurai; S. 375 ff.).

264 Die Handhaltung in dieser Stellung (Hayes, *Ninja 1*; S. 43) ist identisch mit dem Mudra „Sieger der Drei Welten", dem *sankaisho-in,* einer Variation des *Basara-un-kongô-in*: "This mudra, characteristic of the Vajra-hum [eine Gottheit des Taizôkai-Mandala], whose diamond-like strength and terrible anger it expresses, is made by crossing the wrists in front of the breast, the fists turned toward the outside, the right superposed on the left. Usually, the right hand holds a *vajra*, the symbol of the Knowledge which destroys passions and of the adamantine Truth of the Law which nothing can destroy; the left hand holds the bell or *ghanta*, the symbol of the Law and of the assembling of the faithful. Theses objects are not necessarily present, for the mediation of the adept may supplant their absence" (Saunders, *Mudra*; S. 114).

Vergleiche hierzu Morris, *Path Notes of an American Ninja Master*; S. 13: "For example, each of the *kamae* or fighting postures, which are normally treated as end products of exemplary movement when applying a technique or avoiding one, are also *asanas* or yogic postures that if held and used for meditation greatly strengthen the body and develop one's sense of balance far beyond normal limits."

Wind-Stufe: Die Sanftheit und Nachsicht, die auf der Ebene des Windes erwachsen, zeigt sich in den runden, kreisförmigen Bewegungen, die mit dieser Stufe verbunden sind. Der Gegner soll nicht ernsthaft verletzt, sondern vielmehr dazu gebracht werden, die Unsinnigkeit seines Unterfangens einzusehen. Die „Offene Stellung“, *hira-no-kamae*, ist der charakteristische Ausdruck dieser Ebene.

> „Sie kämpfen ausschließlich defensiv. Sie schützen sich selbst, ohne dem Gegner großen Schaden zuzufügen. ... Ihre Gegenangriffe fangen seine Bewegungen ab und überwältigen ihn, ohne seine Angriffe zuerst abzublocken. Das Zentrum der Bewegungen und des Bewusstseins befindet sich in diesem Fall in der Herzgegend.“
>
> (Hayes, *Ninja 1 – Die Lehre der Schattenkämpfer*; S. 40)

Diese Grundtendenzen finden sich in jedem Kampfgeschehen, wobei natürlich ein stetiger Wechsel als auch eine Vermischung der verschiedenen Handlungsweisen möglich ist. Die Leere, das fünfte Element, wurde nicht behandelt, da sich sein Einfluss vielmehr dahingehend zeigt, dass man durch Gedanken, Worte und Taten eine Umgebung schafft, in der es keinen Angreifer und folglich auch keinen Kampf mehr gibt.[265] Im Weiteren lassen sich drei Prinzipien unterscheiden, die für die kämpferischen Fertigkeiten von besonderer Bedeutung sind (Hayes, *Ninja 4*; S. 55):

- ***kotsu*** (骨) Der Begriff *kotsu* bedeutet eigentlich „Knochen“.[266] In den Kriegskünsten steht *kotsu* für das Talent und die Fähigkeit des Praktizierenden, die erlernten Prinzipien der Körperbewegung in praktischen Anwendungen umzusetzen.
- ***nagare*** (流) Mit *nagare* ist das Prinzip der „fließenden Handlung“ gemeint. Im Kampfgeschehen soll nicht versucht werden, im Training

265 Togakure-Ryû Ninjutsu sieht die körperliche Auseinandersetzung als letzten Weg an, einen Kampf zu gewinnen; das frühzeitige Erkennen und Vermeiden gilt als eigentliches Ziel (vgl. Hayes, *Ninja 2*; S. 23 ff.)

266 *Kotsu* besitzt viele Bedeutungen, darunter „Trick, Kniff“, „Fähigkeit“ und „Essenz“.

erlernten, festgelegten Bewegungsmustern zu folgen. Da der Kampf als ein dynamisches Geschehen verstanden wird, sollen die zum Erfolg verhelfenden Techniken spontan und intuitiv als Antwort auf die Gegebenheiten der Situation erwachsen.

- ***ritsudô*** (律動) *Ritsudô*, das Prinzip des Rhythmus, ist eng verbunden mit der „fließenden Handlung". Es beinhaltet unter anderem die Fähigkeit, nicht nur den eigenen, sondern auch den Rhythmus des Gegners und den daraus resultierenden Rhythmus des gesamten Kampfgeschehens zu erfassen und zu beeinflussen.

2.3.3 Die Lehre von den neun Zeichen (kuji no hô)

Die Lehre von den neun Zeichen, *kuji-no-hô* (九字之方), ist ein integraler Bestandteil der fortgeschrittenen spirituellen Lehren des Ninjutsu, des sogenannten *ninpô mikkyô*. Die Lehre der neun Zeichen gelangte wahrscheinlich zwischen dem 7.-9. Jh. nach Japan und fanden dort vor allem unter den Yamabushi (siehe 1.4.2) Verbreitung. Wenngleich die Lehre des *kuji-no-hô* taoistische Ursprünge besitzt, ging sie doch eine enge Verbindung mit den geheimen Praktiken des esoterischen Buddhismus insbesondere der Shingon-Schule ein.[267]

Das Ziel der Lehren des *kuji-no-hô* ist es dabei, einen Zustand des Einseins mit den Kräften des Universums zu erreichen, in dem es dem Ninja möglich ist, diese Kräfte zu spüren, zu konzentrieren und nach Belieben zu lenken, um so seine Ziele zu erreichen.

> "The system is in reality a method for learning to remove the gap that separates intention from successful action. Once the *kuji* technique is mastered, the ninja then has the power to create physical reality by means of

267 Die Lehre der neun Zeichen soll unter anderem im *Pao-p'u tzu* (es gibt zwei Werke, die diesen Namen tragen, das *Pao-p'u tzu nei P'ien* und das *Pao-p'u tzu wai-p'ien*) des Ko Hung (chinesischer taoistischer Gelehrter, lebte von 283-343 u.Z.) behandelt werden (vgl. Rotermund; *Die Yamabushi*; 1968; S. 29). Auch im taoistischen Zauberbuch *Hôbokushi* (vom taoistischen Gelehrten Kakkô, 283-364, verfasst) soll diese Lehre unter dem Namen *rokkon hisshu* Erwähnung finden.

his intention alone. Focused intention becomes completed action itself; cause blends with effect until the distinction fades.
In combat applications, this ability to focus the intention seems to give the ninja power or energy that defies normal physical laws. Not at all magic in reality, the intention focusing method does not create extra energy, but rather removes the limits that usually restrict the amount of energy available to the normal individual. The physical body is capable of doing the technique, the mind understands what has to be done, and the will is unhesitating and determined that the task will be completed successfully."

(Hatsumi; *Ninjutsu – History and Tradition*; 1981)

Dabei lassen sich vier Aspekte der Lehre voneinander unterscheiden, die in der Praxis jedoch alle miteinander in Beziehung stehen:

2.3.3.1 Die Drei Geheimnisse (*sanmitsu*)

Die Drei Geheimnisse (三密) bezeichnen die Vereinigung von Körper, Rede und Geist, der sogenannten „drei Handlungsebenen" (*sangô*) des Menschen. Durch diese Vereinigung wird der Prozess der Kraftübertragung (*kaji*)[268] zwischen dem Praktizierenden und dem Kosmos bzw. einem oder mehreren Buddhas aktiviert. Sie ist Symbol und Ausdruck der universalen Erleuchtung.

Im *ninpô-mikkyô* wird die körperliche Handlung, d. h. die Tat, durch die Verwendung bestimmter Fingerzeichen, *mudra* (jap. *in*),[269] ausgedrückt; die Ebene

---

268 Im esoterischen Buddhismus ist die Kraftübertragung (*kaji*) der Ausdruck des *nyûga-ganyû*, des „Eingehens des Selbst in die Gottheit und der Gottheit ins Selbst", welches durch die Anwendung der Drei Geheimnisse bewirkt wird.

269 Der Begriff *mudra* wird gewöhnlich mit „Siegel" übersetzt, in der Bedeutung, dass das *mudra* ein religiöses oder magisches Ritual besiegelt. Insgesamt sind mehrere Hundert *mudras* bekannt. Dabei sind Handstellungen und Fingerzeichen an sich keine Eigenheit des Buddhismus, sondern finden sich (wenngleich in weit weniger komplexen Zusammenhängen) auch bei anderen Religionen und Gruppen (z.B. die gefalteten oder aneinandergelegten Hände beim Beten im Christentum; die Fingerzeichen von Geheimgesellschaften zur Erkennung und Verständigung etc.).

des Wortes wird durch magische Formeln, *mantra* (jap. *jumon*),[270] dargestellt; das Geheimnis des Geistes findet seinen Ausdruck im Gebrauch der zwei *mandala*,[271] die als symbolischer Ausdruck der Struktur und des Wirkens des Universums verstanden werden können.[272]

> „Die praktische Anwendung der Mikkyô-Lehren beinhaltet den Gebrauch von *Mantra* (heilige, ‚geladene' Wörter), *Mandala* (schematische Abbildungen der Struktur des Universums, um die Konzentration in die richtige Richtung zu leiten) und *Mudra* (besondere Handstellung zur Kanalisierung der Energie), um sämtliche Energien der Persönlichkeit zu koordinieren. Gedanke, Wort und Tat ergänzen einander auf harmonische Art und Weise. Das Zusammenführen dieser Faktoren ist der Schlüssel zur Durchsetzung seines Willens in dieser Welt."
>
> (Hayes, *Ninja 2 – Die Wege zum Shoshin*; S. 145)

Durch die Beherrschung des *sanmitsu* erhält der Praktizierende die Macht, die Wirklichkeit nach seinen Vorstellungen zu verändern. Der isolierten, konzentrierten Absicht wird durch das *mantra* eine lebendige, klingende Form gegeben, deren physische Wirklichkeit durch das entsprechende *mudra* dargestellt

---

270 Der Begriff *Mantra* leitet sich von alten vedischen Lobgesängen her und bezeichnet wörtlich ein mit heiligen Gedanken angefülltes Gefäß. Im esoterischen Buddhismus wird er für alle Arten von Anrufungen und magischen Formeln verwendet.

271 Es handelt sich um das *Taizôkai*-(„Welt des Speichers", Ausdruck der materiellen Welt) und das *Kongôkai*-(„Diamant-Welt"; Ausdruck der geistigen Welt)Mandala, die im Shingon Buddhismus als konkreter, verdichteter Ausdruck der Lehren der beiden grundlegenden Sutren, des *Dainichi-kyô* (Sutra des Großen Sonnenbuddha Dainichi Nyorai) und des *Kongôchô-kyô* (Sutra der höchsten diamantenen Weisheit) gelten.

272 Fast genau die gleiche Dreifolge findet sich in den Bräuchen des Tantra, die ebenfalls das Gedankengut des Ninjutsu beeinflusst haben sollen: „Bei diesem Prozess wie auch bei der Begrüßung der Gottheit im Bildnis oder Yantra [*mandala*] helfen ihm die Meditation (*dhyana*), die Rezitation von Zaubersprüchen, welche die Kraft der Göttin in Gestalt von Tönen (*mantra*) in sich tragen, bedeutungsvolle Hand- und Körperhaltungen (*mudra*) und das meditative Auflegen der Fingerspitzen und der rechten Handfläche auf verschiedene Körperstellen, das begleitet wird vom Mantra (*nyâsa*)" (Zimmer, *Philosophie und Religion Indiens*; S. 520).

wird. Der gewünschte Zustand wird somit auf allen Ebenen des Seins herbeigeführt und findet seine Verwirklichung in der materiellen Welt.

> „Kurz gesagt, der Ninja sucht sich ein erstrebenswertes Ziel aus und wird in Gedanke, Wort und Tat zu diesem Ziel, indem er seinen Körper, seine Stimme und seine geistige Aktivität mit diesem in Übereinstimmung bringt. In der gesamten Persönlichkeit kommt nun das Gefühl auf, dass das gewollte Resultat schon erreicht ist, und dass es nur auf der physischen Ebene noch auf den geeigneten Zeitpunkt wartet, um in Erscheinung zu treten."
> (Hayes, *Ninja 2 – Die Wege zum Shoshin*; S. 153)

2.3.3.2 Die neun Zeichen (*kuji*)

Im Folgenden soll die *kuji-goshin-hô*, die Neun-Silben-Schutzmethode des *ninpô-mikkyô,* näher erläutert werden. Dabei werden in einer bestimmten Reihenfolge neun Fingerzeichen gebildet, wobei jedem der Zeichen eine Gottheit und eine bestimmte Silbe zugeordnet sind. Die neun Silben bilden dabei den Satz *rin pyô tô sha kai jin retsu zai zen*, der die Umbildung des chinesischen Satzes *ring p'ing to ze chieh chen li zai chien* darstellt und soviel wie „Vor der Schlacht versammeln sich alle Krieger in Reihen vor der Festung" bedeutet. Die Kombination der Fingerzeichen mit den Silben bildet die Grundlage für das *kuji-kiri*, das „Gitter der neun Schnitte" (s. u.). Darüber hinaus kann jedes der neun Fingerzeichen auch einzeln angewendet werden, um sich auf eine bevorstehende Aufgabe vorzubereiten, oder um Unterstützung in einer bestimmten Angelegenheit zu erlangen. Dabei verfügt jede Handstellung über ein eigenes Mantra. Die neun Fingerzeichen sind im Einzelnen:[273]

- ***rin*** (臨) – Dieser Silbe ist das *dokko-in*, das „Zeichen des Vajra-Donnerkeils", zugeordnet. Der einspitzige Vajra[274] (jap. *dokko* oder *toko-*

---

273 Die Darstellung folgt im wesentlichen Ettig, *Kuji-in*; 1992 und Hayes; *Ninja 2*; 1981. Siehe auch Inagaki, *Sengoku Buke Jiten*; S. 338.

274 „Vajra", für gewöhnlich mit „Donnerkeil" oder „Blitzstrahl" übersetzt, waren ursprünglich Waffen in der Art eines Streitkolbens aus sehr hartem Material („diamant-hart"), die zu wichtigen

sho) ist Symbol für die diamantene Weisheit, die die Unwissenheit zerschlägt. Diesem Zeichen ist die Gottheit Bishamon zugeordnet, der nördliche der vier Himmelswächter des Buddhismus.[275] Das dazugehörige Mantra lautet *on ba i shi ra ma n ta ya so wa ka*. Dieses Zeichen wird angewendet, um alle körperlichen und geistigen Hindernisse und Schwierigkeiten zu überwinden.

- ***pyô*** (兵) – Dieser Silbe ist das *daikongô-in*, das „Zeichen des großen Diamanten“, zugeordnet. Es ist das Symbol für das Wissen, das alle weltlichen Begrenzungen überschreitet. Dieses Zeichen gehört zur Gottheit Gôzanze, einer der fünf großen *myô-ô*.[276] Das dazugehörige Mantra lautet *on i sha na ya in ta ra ya so wa ka*. Es wird angewendet, um die körpereigenen Kräfte mit Hilfe von Energieströmen anzuregen, Krankheiten zu vermeiden und um *chi* anzusammeln.
- ***tô*** (闘) – Diese Silbe ist mit dem *sotojishi-in*, dem „Zeichen des äußeren Löwen“, verbunden. Es ist der Gottheit Jikokuten, dem östlichen der vier Himmelswächter, zugeordnet. Das dazugehörige Mantra lautet *on ji re ta ra shi i ta ra ji ba ra ta no o wa ka*. Dieses Zeichen wird angewendet, um sich in Einklang mit dem Lauf des Universums zu bringen. Es dient

---

Ritualgegenständen im esoterischen Buddhismus wurden. Die gebräuchlichsten Vajras sind der einspitzige (eine Spitze an jedem Ende), der dreispitzige (*sanko*; als Symbol der Drei Geheimnisse, *sanmitsu*) und der fünfspitzige (*goko-sho*; die fünf Spitzen symbolisieren dabei die Fünf Weisheitsaspekte, die auf der zehnten Stufe des Bewusstseins entstehen) Vajra. Bis heute hat sich in einigen Gebieten Indiens eine als *Vajra-musti* bekannte Form des Zweikampfes erhalten, bei der die beiden Kämpfer mit einem schlagringähnlichen Faustkeil aufeinander einschlagen (siehe Draeger, *Comprehensive Asian Fighting Arts*; S. 43).

275 Bishamon, auch Tamonten genannt, steht auch im Mittelpunkt eines Rituals in Form eines Gebets, das zum Sieg in einer bevorstehenden Schlacht verhelfen soll (*shôgun bishamon no hô*).

276 *Myô-ô* sind Gottheiten, die als Beschützer des Buddhismus gelten; sie werden oft in furchterregender Form dargestellt. Die fünf großen Lichtkönige, *godai myô-ô* (Fudô, Gôzanze, Gundari, Daiitoku, Kongôyasha), gelten als Inkarnationen der fünf Buddhas des Kongôkai-mandala (*gobutsu*: Dainichi, Ashuku, Hôshô, Amida, Fukûjôju). Dabei wird Gôzanze als Bote des Ashuku angesehen. Die den neun Zeichen zugeordneten Gottheiten setzten sich aus den fünf großen *myô-ô* und den vier Himmelswächtern (*shitennô*) zusammen.

darüber hinaus der Entwicklung der *kiai*-Fahigkeit des Praktizierenden (siehe 2.3.4.6).

- ***sha*** (者) – Dieser Silbe ist das *uchijishi-in*, das „Zeichen des inneren Löwen“, zugeordnet. Die diesem Zeichen entsprechende Gottheit ist Kongôyasha,[277] einer der fünf großen *Myô-ô*; das dazugehörige Mantra lautet *on ha ya ba i a hi ra ma n ta ya so wa ka*. Dieses Zeichen ist Ausdruck für das Funktionieren und die Gesundheit der inneren Organe. Es verleiht die Fähigkeit, sich selbst und andere zu heilen.
- ***kai*** (皆) – Dieser Silbe ist das *gebakuken-in*, das „Zeichen der außen gebundenen Faust“, zugeordnet. Die zu diesem Zeichen gehörige Gottheit ist Fudô,[278] einer der fünf *Myô-ô*; das dazugehörige Mantra lautet *on no o ma ku san man da ba sa ra dan kan*. Das *gebakuken-in* verhilft zu einem erweiterten Bewusstsein, indem es alle Beschränkungen des Geistes löst. Es verleiht darüber hinaus die Gabe, die Zukunft zu erkennen.
- ***jin*** (陣) – Dieser Silbe ist das *naibakuken-in*, das „Zeichen der innen gebundenen Faust“, zugeordnet. Es ist mit der Gottheit Gundari,[279] einem der fünf *myô-ô* verbunden; das dazugehörige Mantra lautet *on a ga na ya in ma ya so wa ka*. Es verleiht die Fähigkeit, die Gedanken anderer aufzufangen, stärkt die Aussendung eigener Gedanken und verhilft dazu, in mystischer Ekstase den heiligen Laut *om*[280] zu hören.

---

277 *Yasha* sind übernatürliche, halb-göttliche Wesen und Beschützer des Buddhismus, die unter der Führung von *Bishamon* über den nördlichen Teil der Welt wachen. Sie zählen zu den *hachibushu*, den acht Gruppen von Schutzgottheiten des Buddhismus.

278 *Fudô* gilt als bedeutendster der fünf *myô-ô*. Er gilt als Bote des Dainichi Nyorai, in seiner rechten Hand hält er ein Schwert, das die Verblendungen durchschneidet, in seiner linken ein Seil, mit dem die unbändigen Leidenschaften der Menschen gefesselt werden. Eines seiner Rituale (*jiku enmei no hô*) dient dem Wohle aller Lebewesen und der Verlängerung des eigenen Lebens.

279 *Gundari* gilt als Inkarnation des Buddha *Hôshô*.

280 „OM, auch AUM oder Pravana, Sskr.: das umfassendste und erhabenste Symbol der hinduist. Spirituellen Erkenntnis, das auch im Buddhismus (vor allem im Vajrayana) als mantrische Silbe eine Rolle spielt. OM ist sowohl ein Symbol der Form als auch des Klanges. Diese Silbe ist kein magisches Wort und wird auch nicht als Wort betrachtet, sondern ist eine Manifestation der spirituellen Kraft, ein Symbol, das im ganzen Osten verbreitet ist und die Gegenwart des Absoluten in

- ***retsu*** (列) – Dieser Silbe ist das *chiken-in*, das „Zeichen der Faust der Weisheit“, zugeordnet. Die hiermit verbundene Gottheit ist Kômokuten, der westliche der vier Himmelswächter. Das zugehörige Mantra lautet *on hi ro ta ki sha no ga ji ba ta i so wa ka*. Das Mudra symbolisiert die Einheit der materiellen Welt mit der des reinen Geistes (ausgedrückt durch den linken Finger, der von der rechten Hand umfasst wird). Dieses Zeichen besitzt eine Vielzahl komplexer Bedeutungen.[281] Es soll u. a. dazu verhelfen, die Grenzen von Raum und Zeit zu überwinden und im Geiste an entfernte Orte Reisen zu können.
- ***zai*** (在) – Diese Silbe ist mit dem *nichirin-in*, dem „Zeichen des Sonnenrings“, verbunden. Es gehört zu der Gottheit Daiitoku,[282] einer der fünf *myô-ô*; das entsprechende Mantra lautet *on chi ri i ba ro ta ya so wa ka*. Die dreieckige Form symbolisiert die Flamme, die alle Unreinheiten auf dem Weg zum *sanmai*[283] zerstört. Durch dieses Zeichen erlangt man Macht über die fünf Elemente und vermag durch die bloße Kraft seines Willens die Materie zu beherrschen und zu verändern.
- ***zen*** (前) – Dieser Silbe ist das *ongyô-in*, das „Zeichen der versteckten Form“, zugeordnet. Die zugehörige Gottheit ist Zôjôten, der südliche der vier Himmelswächter. Das entsprechende Mantra lautet *on a ra ba sha nô so wa ka*. Durch Anwendung dieses Zeichens sichert man sich den

---

der Mâyâ [Welt der Erscheinungen] bezeichnet“ (Lexikon der östlichen Weisheitslehren). Siehe auch Govinda, *Grundlagen tibetischer Mystik*; S. 8: ‚Der Ursprung und der universelle Charakter der Silbe OM‘.

281 Siehe Saunders, *Mudra*; S. 102.

282 Ein Ritual des *Daiitoku* nimmt Bezug auf *shijôkô* oder *konrin butchô*, einen Buddhas Kopf entspringenden, vergöttlichten Lichtkranz (→ „Sonnenring“).

283 Auch *sanmaji*, sktr. *samâdhi*; ein meditativer Zustand höchster Konzentration: “The object of concentration can be a physical one, a metaphysical principle, or a transcendental existence. This exercise is usually practised repeatedly for a long period of time until the practitioner attains a concentration of thought in which he realizes some reality-principle or visualizes a transcendental object” (Hisao, *Dictionnary*; S. 268).

Beistand der kosmischen Kräfte und erlangt die Fähigkeit des Unsichtbar-Werdens.[284]

2.3.3.3 Das Gitter der neun Schnitte (*kuji-kiri*)

Das *kuji-kiri* (九字切) ist eine auf den oben angeführten Grundlagen basierende Methode, die von chinesischen taoistischen Ursprüngen ausgehend vor allem unter den Yamabushi Verbreitung gefunden hat und von dort in die esoterischen Lehren des Ninjutsu übernommen wurde.

> „Eine der verschiedenen Möglichkeiten zur Kombinierung der körperlichen, seelischen und geistigen Aspekte zur Veränderung der Umwelt ist das *Kuji-Kiri* (neunsilbige Gitter der Schnitte), das der Sage nach vom gottähnlichen Kriegerwächter Marishi-ten[285] stammt. Diese esoterische Kraftformel des *Kuji-Goshin ho Kuji-Kiri* wird angewandt, um Böses, Illusionen, Unwissen und Schwäche zu überwinden und den Ninja zu schützen und zu stärken."
>
> (Hayes, *Ninja 3 – Der Pfad des Togakure-Kämpfers*; S. 134)

Das Ritual beginnt, indem die die beiden Hände vor der Brust zusammengebracht werden und das *gasshô*-Mudra[286] bilden. Daraufhin werden die oben beschriebenen neun Mudra gebildet und die dazugehörigen Silben rezitiert. Nun tritt der Ninja nach vorne und zeichnet mit der rechten Hand (die das Schwert des Gottes Fudô

---

284 Dieses Zeichen heißt auch *Marishiten-hôbyô-in*. Es handelt sich um eine Gottheit, die Sonne und Mond vorausgeht (→ *zen*). "*Marishiten* – Goddess Marîci (lit. mirage); she always precedes the sun and is invisible; possessed of supernatural power, she can remove sufferings of those who remember her. Her spell, by which a person is made invisible, is used in esoteric buddhism" (Hisao, *A Dictionary of Japanese Buddhist Terms*; S. 204). Siehe auch Saunders, *Mudra*, S. 117.

285 Das *Shugen Seiten* (S. 367) erwähnt zwei Methoden des *kuji-kiri*, von denen eine mit Marishiten verbunden ist.

286 „Eine grundlegende Mikkyo-Mudra ist das *gasshô*, wo die Handflächen vor der Brust aneinandergelegt werden. Es leitet sich von der indischen Geste der Ehrerbietung und Achtung her. Das *Dainichi-kyô* misst dieser Mudra großen Wert bei und zählt sie zu den vier wichtigsten Arten der Huldigung vor dem Buddha (die übrigen sind die Darbietung von Gaben, mitfühlendes Handeln und die Darbringung innerer symbolischer Gaben). Wenn wir die Hände in *gasshô* halten, symbolisieren sie die Einheit des ewigen Buddha-Reichs (rechts) mit der vergänglichen Erscheinungswelt (links)" (Yamasaki, *Shingon*; S. 122).

symbolisiert) abwechselnd fünf waagrechte und vier senkrechte Linien in die Luft. Das so gezeichnete Gitter ist Ausdruck der Kraft und Willensstärke des Ninja.[287]

2.3.3.4 Die Methode der zehnten Silbe (*juji no hô*)

Die Methode der zehnten Silbe, *juji-no-hô* (十字之方) ist eine Methode, um die durch das *kuji-kiri* gebildeten Energien und Kräfte weiter zu verdichten und in eine bestimmte Richtung zu lenken. Dazu wird in ein *kuji-kiri*-Gitter ein zehntes Schriftzeichen eingeschrieben, welches aus einem vorgeschriebenen Fundus ausgewählt wird und den Absichten des Ninja entspricht.

> „Das *Juji no hô* (Methode der zehnten Silbe) des Nin-pô bringt die dem Kuji-System innewohnende Kraft an ihre symbolischen Grenzen; dieses System stellt nämlich eine Willensstärke dar, die der Absicht des Ninja eine Kraft verleiht, die sogar diejenige des ganzen Universums in den Schatten stellt.[288] ... Das *Juji*-Ideogramm oder seine graphische Darstellung werden zusätzlich zu einer der *Kuji-no-hô*-Methoden der Kraft gebraucht, um die Willensstärke des Ninja noch weiter zu intensivieren und so das gewünschte Ziel mit einer noch größeren Kraft anzuziehen."
>
> (Hayes, *Ninja 3 – Der Pfad des Togakure-Kämpfers*; S. 131)

Das *Shugen Seiten* (Yamada, *Shugen Seiten*; S. 369) führt 12 Zeichen an, die dem *kuji-kiri*-Gitter eingeschrieben werden können:[289]

---

287 Hayes (*Ninja 3*; S. 136) berichtet von der *Kuji-denju-no-makimono* (Schriftrolle zur Weiterreichung der neunsilbigen Kraftmethode), die ihm im Zenkoji-Tempel am Fuße des Togakushi-Berges übergeben wurde. Darin soll das Gitter als „Mauer der Absicht" bezeichnet werden.

288 Vgl. hierzu Eliade, *Yoga – Unsterblichkeit und Freiheit*; S. 98: „Durch Verzicht und Askese (*tapas*) werden Menschen, Dämonen und Götter so mächtig, dass sie sogar der Ökonomie des Universums gefährlich werden können."

289 Die Methode heißt dort *heihô-juji-no-koto*, „Methode der zehnten Silbe der Kriegskunst".

- ***shô*** (勝): Dieses Zeichen verhilft zum sicheren Sieg im Kampf.
- ***oni*** (鬼): Dieses Zeichen bedeutet soviel wie „Teufel“ oder „Dämon“.[290] Wird es benutzt, schützt es vor der Ansteckung mit Krankheiten.[291]
- ***tatsu*** (龍): Das Zeichen für „Drachen“[292] wird verwendet, um ohne Hindernisse Flüsse und Gewässer zu überqueren.
- ***ichi*** (一): Dieses Zeichen („eins“) wird benutzt, um bei Wanderungen nicht vom Weg abzukommen.
- ***kaku*** (角): Dieses Zeichen („Gehörn“) wird gebraucht, um sich, ohne Schaden zu erleiden, in kalte Gegenden begeben zu können.
- ***gyô*** (行): Dieses Zeichen („gehen“) wird eingesetzt, um sich bei Reisen ohne Schwierigkeiten bewegen zu können.
- ***mei*** (命): Dieses Zeichen („Leben“) wird verwendet, um bei der Einnahme von Alkohol und fremdartigen Speisen Gefahren zu vermeiden.
- ***mizu*** (水): Das Zeichen für „Wasser“ wird gebraucht, um Vergiftungen zu neutralisieren oder die Wirkungen von übermäßigem Alkoholkonsum zu mildern.
- ***ten*** (天): Dieses Zeichen („Himmel“) wird gebraucht, wenn man Göttern, Geistern oder hohen Persönlichkeiten seine Aufwartung macht.

---

290 “Horned, ferocious, scarlet-faced figure usually equated in folktales, proverbs, and common parlance with a demon or ogre. His true nature, however, is more complex and ambivalent, in that he has a benevolent, tutelary face as well as a demonic one. The demonic side of the *oni* was strengthened by the connotations of the Chinese character with which the word is written and by the *oni*'s association with the demon torturers of various Buddhist hells. Evidence of the *oni*'s ancient benevolent role, however, may still be seen in a number of festivals or rituals, in which he marches at the head of the procession, sweeping away evil influences” (Sawako, *Keys to the Japanese Heart and Soul*; S. 243).

291 Hayes (*Ninja 3*; S. 135) schreibt, dass dieses Zeichen oftmals auch seiner psychologischen Schockwirkung wegen verwendet wurde, also gegen den Feind gerichtet war, während es dem *Shugen Seiten* zufolge den Anwender schützt. Allerdings schließen sich diese beiden Anwendungen nicht aus.

292 In der asiatischen Mythologie wohnen Drachen oftmals im Wasser und bringen Regen. Sie gelten als Symbol spiritueller, geistiger und weltlicher Macht. Siehe De Visser, *The Dragon in China and Japan*.

- ***tora*** (虎): Das Zeichen für „Tiger“ wird verwendet, um Gefahren durch wilde Tiere zu entkommen.
- ***tai*** (太): Dieses Zeichen („groß, dick“) wird gebraucht, um Körper (*shin*) und Geist (*kokoro*) zu festigen, wenn man sich zum Feind begibt.
- ***gô*** (合): Dieses Zeichen („passen“)[293] wird verwendet, um sich mit einem Menschen, von dem man etwas erbittet, in Übereinstimmung zu bringen.

2.3.4 Der Taoismus

In diesem Kapitel soll versucht werden, den Einfluss des Taoismus auf bestimmte Lehrinhalte des Togakure-Ryû Ninjutsu nachzuweisen. Zu diesem Zweck sollen auch vergleichende Betrachtungen mit den sogenannten „inneren Kampfkünsten“ (*neijia-quan*) in China (Baguazhang, Xingyiquan und Taijiquan)[294] sowie dem japanischen Aikido[295] angestellt werden. Um ein besseres Verständnis für das Thema zu erlangen, sollen zunächst einige grundlegende Vorstellungen des taoistischen Denkens erläutert werden.

---

293 Dieses Zeichen steht auch im Zusammenhang mit der Fähigkeit des *ki-ai* (siehe 2.3.4.6).

294 „Innere“ oder „weiche“ Kampfkünste werden im Allgemeinen auf der taoistischen Philosophie basierende Kampfkünste genannt; wohingegen die stärker durch den Zen-Buddhismus und Konfuzianismus geprägten Stile als „äußere“ oder „harte“ Stile bezeichnet werden. Diese Einteilung ist jedoch nur eine beschränkte, da praktisch alle Kampfstile auf höheren Ebenen sowohl weiche als auch harte Elemente vereinen. [Anmerkung 2017: Die Einteilung in innere und äußere Kampfkünste ebenso wie die Kriterien für eine solche Unterscheidung sind umstritten, wenngleich zweifelsfrei Unterschiede in der Methodik, den Zielsetzungen und den prägenden Einflüssen der diversen Kampfkünste in China bestehen. Eine Behandlung des Themas entsprechend meinem jetzigen Kenntnisstand wäre für die vorliegende Arbeit aber zu umfangreich.]

295 (O-Sensei) Morihei Ueshiba, der Begründer des Aikidô, lebte von 1883-1969. Neben der Tradition des *Daito Ryû Aikijutsu*, die sich im Takeda-Seiten-Clan der Minamoto entwickelt haben soll, studierte er verschiedene traditionelle Kriegskünste (u.a. Kampf mit Stock und Schwert), war Anhänger der shintoistischen Neureligion Ômoto-kyô und soll sich ebenfalls mit den Praktiken der Yamabushi auseinandergesetzt haben. Mit Deguchi, dem Begründer der Omote-kyô und Mitglied des Geheimbunds Schwarzer Drache, verbrachte er einige Zeit in der Mandschurei. [Anmerkung 2017: Für eine ausführliche Genese des Aikido und Fragen zu seiner Übermittlung siehe z.B. die ausgezeichneten Kolumnen von Prof. Peter Goldsbury auf „Aikiweb“.]

2.3.4.1 Laozi und das *Daodejing*

Laozi und das ihm zugeschriebene Werk *Daodejing* (道徳経),[296] „Das Buch vom Weg und der Tugendkraft",[297] werden weithin als ein konstitutives Element des Taoismus angesehen. Es ist jedoch wichtig, sich zu vergegenwärtigen, dass die Lehre des Laozi nur ein Mittelglied (wenn auch zweifelsohne ein sehr bedeutendes) in den naturphilosophischen Lehren Chinas darstellt, welche auf weit älteren Vorstellungen beruht und selbst noch Jahrhunderte lang weiterentwickelt wurde.[298] Laozi („der alte Meister") wird traditionell als Gegenspieler des Konfuzius angesehen, seine Lebenszeit traditionell ins 6./5. Jh. v. u. Z. datiert; tatsächlich dürfte er jedoch im 4. Jh. v. u. Z. gelebt haben. Das *Daodejing*, welches zweifellos eine Vielzahl seiner Gedanken widerspiegelt, dürfte aber kaum von ihm selbst niedergeschrieben worden sein und entstand etwa 300 v. u. Z. [Anmerkung 2017: Nicht nur die Autorschaft, ja sogar die Existenz des Laozi sind heute stark

---

296 Das *Daodejing* ist in zahlreichen Übersetzungen erhältlich. Die Ausgabe von Wing (deutsche Übersetzung aus dem Englischen als *Der Weg und die Kraft*) enthält den chinesischen Text und Kommentare.

297 „Das Wort *Te* (Aussprache: *de*, wie in Ban-de) wird häufig mit ‚Tugend' übersetzt, eine etwas unglückliche Wortwahl für einen überaus wichtigen Begriff. In der westlichen Welt wird Tugend mit Rechtschaffenheit assoziiert, aber in Wirklichkeit bezieht sich der Ausdruck *Te* auf die potentielle Energie, die dann entsteht, wenn man sich am richtigen Ort und zum richtigen Zeitpunkt in der richtigen geistigen Disposition befindet. Im frühen China wurde das Pflanzen des Saatguts als *Te* aufgefasst, und davon leitet sich die Bedeutung von *Te* als gespeicherter Energie oder Potentialität ab, gelegentlich auch als magischer Kraft. Erst Jahrhunderte später, als die konfuzianischen Ideale in ihrer Blüte standen, wurde *Te* allmählich in der Bedeutung von gesellschaftlich sanktioniertem Moralverhalten gebraucht, und in diesem Sinne wurde es schließlich mit ‚Tugend' übersetzt" (Wing, *Der Weg und die Kraft*; S. 7).

298 „Der Taoismus, der in der chinesischen Tradition (zusammen mit Buddhismus und Konfuzianismus) zu den sogenannten ‚Drei Lehren' gehört, hat erst allmählich in einem langen Entwicklungsprozess Form angenommen, währenddessen fortlaufend unterschiedliche Strömungen des Altertums integriert wurden. Aus diesem Grund lässt sich das Datum seiner Entstehung nicht genau bestimmen. Hinzu kommt, dass diese Integration von ihn umgebenden Elementen sich immer weiter fortgesetzt hat. Fügt man noch hinzu, dass ihn im Verlauf seiner Geschichte neue Offenbarungen oder neue Impulse bereichert haben, so wird verständlich, wie sehr der Taoismus eine offene, in ständiger Fortbewegung und Entwicklung begriffene Religion darstellt und wie schwierig es ist, nicht nur sein Erscheinen zu datieren, sondern auch seine Konturen zu bestimmen" (Robinet, *Geschichte des Taoismus*; S. 11).

umstritten. Insofern kann das *Daodejing* natürlich auch nicht wirklich seine Gedanken widerspiegeln.] Ein wichtiger Kerngedanke des Werks ist die Auffassung vom *dao* als unbeschreibbarer, ewiger Urquell allen Seins und zugleich in der Welt wirksames Gesetz:

> Das *dao,* von dem man sprechen kann, ist nicht das dauernde *dao.*
> Die Namen, die man geben kann, sind keine dauernden Namen.
> Das Namenlose rief Himmel und Erde ins Leben.
> Das Nennbare ist die Mutter aller Dinge.
> (*Daodejing*, Kapitel 1)

Allerdings wird das Dao nicht als statischer, in-sich-ruhender Pol betrachtet, sondern befindet sich in unaufhörlichem Wandel zwischen den beiden Polen von Yin und Yang, den beiden elementaren Kräften und Erscheinungsweisen der Natur (s. u.). Schöpferische Spontaneität und unaufhörlicher Wandel bilden somit zwei elementare Eigenschaften des Dao. Das höchste Ziel des Menschen besteht nun darin, in Einklang und Harmonie mit diesem sich ewig wechselnden Dao zu leben. Diese Anschauungen fanden auf zweierlei Wegen Eingang in die Kriegskünste:

1. Das Prinzip des ***wu-wei*** (無為) oder „Handeln durch Nicht-Handeln“
Dieser Vorstellung liegt der Gedanke zugrunde, dass sich durch ein Leben in Einklang mit dem Dao alles „quasi von selbst“ bzw. auf natürliche Weise regle. Das vollkommene Handeln ist spontan und absichtslos, so wie auch das Dao spontan und absichtslos den Lauf der gesamten Welt regelt. Handeln, welches durch Wünsche und Leidenschaften geprägt bzw. verzerrt ist, ist von vornherein zum Scheitern verurteilt, da es dem harmonischen Lauf des Dao widerspricht.[299]

---

299 „Jede vollkommene Bewegung ist spontan, und so wie das Universum ohne Anstrengung existiert, soll es auch mit dem Menschen sein. Solange er nicht die Spontaneität erlangt hat, ist sein Handeln das Resultat des Willens oder der Überlegungen seines rationalen Geistes und darum künstlich und angespannt und außerhalb der Harmonie mit den ‚Bewegungen des Himmels‘. Bewegung sollte Entfaltung sein, nicht Mühe, sie sollte unwillkürlich sein“ (Cooper, *Was ist Taoismus*; S. 98).

Das Dao in der Natur streitet nicht, und siegt doch meisterlich;
spricht nicht, und antwortet doch meisterlich;
ruft nicht zu sich, und zieht doch an sich;
beeilt sich nicht, und gestaltet doch meisterlich.
(*Daodejing*; Kapitel 73)

Das Dao ist ganz ohne Tun und ist doch niemals tatenlos.
(*Daodejing*; Kapitel 37)

Es wäre jedoch falsch, dies als einen Aufruf zur Gleichgültigkeit gegenüber dem Leben zu verstehen. Es geht vielmehr darum, eine geistige Ausgeglichenheit zu erlangen, dies es einem erlaubt, in jedem Augenblick des Lebens angemessen zu reagieren (ein Zustand, der auch im Zen-Buddhismus angestrebt wird). Diese geistige Offenheit gegenüber allen Veränderungen ist es auch, die für die Kampfkünste von so entscheidender Bedeutung ist.

2. Die Einsicht, dass der Wandel das einzig beständige und somit die eigentliche Grundlage aller Dinge ist, führte zur Erkenntnis, dass Starres nicht bestehen kann, und zum Glauben, dass das Weiche über das Harte triumphiert („weich“ und „hart“ werden dabei auch im Sinne von körperlich „schwach“ und „stark“ verstanden).[300]

Lebend ist der Mensch nachgiebig und empfänglich,
sterbend ist er starr und unbeugsam.
Alle Dinge, das Gras und die Bäume: lebend sind sie nachgiebig und zart;
sterbend sind sie trocken und verdorrt.
Wer also hart und starr ist, stimmt mit dem Sterben überein.
Wer nachgiebig und empfänglich ist, stimmt mit dem Leben überein.
(*Daodejing*; Kapitel 76)

---

300 In der „Klassischen Schrift über T‘ai Chi Ch‘uan“ (*Taijjiquan Jing*) von Wang Tsung-yueh (18. Jh.) heißt es: „Ein Überprüfen des Satzes: ‚Vier *Liang* [37,5g] können tausend *Chin* [600g] bewegen‘ zeigt, dass es nicht Kraft ist, die gewinnt. Zieht man in Betracht, dass ein alter Mann viele Gegner überwinden kann, wie könnte er dies mit bloßer Kraft erreichen?“ (in Cheng Man-ch‘ing, *Ausgewählte Schriften zu T'ai Chi Ch'uan*; S. 235).

Spontaneität und Anpassungsfähigkeit sind somit zwei Grundvoraussetzungen für ein Leben in Einklang mit dem Dao; in den Kriegskünsten stellen sie den Kern der inneren Stile dar: die Fähigkeit, ohne Zeitverlust (da spontan, d. h., ohne dass erst eine willentliche Entscheidung gefällt werden musste) angemessen (d. h. den Gesetzen des Wandels folgend und entsprechend) auf jeden nur denkbaren Angriff zu reagieren.

2.3.4.2 Die Lehre von Yin und Yang

Die Theorie von Yin und Yang (japanisch *in* & *yô*) ist aufs Engste mit dem Taoismus und damit in Zusammenhang stehenden naturphilosophischen Lehren verknüpft, wie der Theorie der fünf Wandlungsphasen (*wuxing*; jap. *gogyô*; s. u.), der Lehre von den Acht Trigrammen (*bagua*; s. u.) und dem Buch der Wandlungen (*Yijing*).[301]

Yin und Yang (陰陽) sind die beiden großen, erschaffenden und zerstörenden Kräfte der Natur, die ständig ineinander übergehen und sich gegenseitig bedingen und hervorrufen. Dabei wird Yang mit den positiven, erhellenden, schöpferischen, Energie abgebenden Aspekten des Daseins gleichgesetzt, und Yin mit den negativen, verdunkelnden, zerstörenden, Energie aufnehmenden Aspekten.[302] Dieser Dualismus wurde nach und nach auf alle materiellen und geistigen Erscheinungen und Phänomene der Welt ausgeweitet: Yang entspricht dem Mann, dem Himmel, der Sonne etc.; Yin ist verkörpert durch die Frau, die Erde, den Mond etc. Entscheidend für diese dualistische Auffassung ist aber nun, dass Yin und Yang nicht als einander widersprechende, konträre und absolute Gegensätze verstanden werden, sondern als einander ergänzende, komplementäre Seinsweisen.

---

301 „Das *Yijing* enthält eine Reihe von 64 symbolischen Hexagrammen, von denen jedes aus sechs Linien besteht, durchgezogenen oder punktierten, die dem Yin und dem Yang entsprechen. Jedes Diagramm ist ursprünglich Yin oder ursprünglich Yang. Durch eine geschickte Anordnung fand man die Möglichkeit, alle 64 Hexagramme so abzuleiten, dass sie abwechselnd Yin oder Yang hervorbringen" (Needham, *Wissenschaft und Zivilisation in China*; S. 210).

302 Die ursprüngliche Bedeutung der Zeichen wird mit der hellen, sonnenbeschienenen Seite eines Berges (*yang*) und seiner schattigen, sonnenabgelegenen Seite (*yin*) assoziiert.

Yin und Yang sind zwei verschiedene Ausdrucksweisen der einen universellen Wahrheit (des Dao), die nie getrennt voneinander bestehen können und ständig ineinander übergehen. Dieser Gedanke findet seinen Ausdruck in dem bekannten Yin-Yang-Symbol, in dem Yin (Schwarz) immer etwas Yang (Weiß) enthält und umgekehrt.

Der Gedanke von Yin und Yang findet sich in nahezu allen Kampfkünsten wieder, wobei sich die verschiedenen Aktionen und Kampfhandlungen nach ihrem Yin- oder Yang-Aspekt unterscheiden lassen. Aber auch der Mensch selbst (d. h. sein Körper, seine Erscheinungsform, sein Denken, seine physiologischen Gegebenheiten, sein Metabolismus etc.) spiegelt die Prinzipien von Yin und Yang wider.[303] Die Weiterentwicklung dieser Anschauung führte auf geistiger Ebene zu einem gewissen Relativismus, der absolute Glaubenssätze wie Gut und Böse ablehnte, da man zu der Einsicht gekommen war, dass alles eine Frage des Standpunktes sei.[304] Die *Ten-Chi-Jin*-Lehre (s. u.) des Ninjutsu steht in engem Zusammenhang mit dieser Yin-Yang-Philosophie.

2.3.4.3 Die fünf Wandlungsphasen

Ebenso wie die Lehre von Yin und Yang ist auch die Theorie der „fünf Elemente der Wandlung“ oder „fünf Wandlungsphasen“, *wuxing* bzw. *gogyô* (五行), eng mit anderen taoistischen Anschauungen verwoben.

Ihre Ursprünge lassen sich dabei bis ins 4. Jh. v. u. Z. zurückverfolgen, wobei sie im Laufe der Jahrhunderte zahlreiche Ergänzungen und Abwandlungen erfuhr.[305] Ursprünglich waren mit den Elementen wohl die tatsächlichen Stoffe der

---

303 [Anmerkung 2017] Die Ausgangsstellung vieler Taijiquan-Formen wird mit *hunyuan* (混元), dem „undifferenzierten Chaos“, oder auch mit *wuji* (無極), dem „nicht-differenzierten Letzten“, assoziiert. Es folgt das „Wecken des Qi“ und der Beginn der Form.

304 „Wenn wir sagen, dass etwas gut oder böse ist, weil es in unseren Augen entweder als gut oder böse erscheint, dann gibt es nichts, was nicht gut, und nichts, was nicht böse ist“ (Zhuangzi).

305 Siehe Needham, *Wissenschaft und Zivilisation in China – Band 1*; S. 187 ff.

materiellen Welt gemeint.[306] Schon bald ging man jedoch dazu über, sie als Grundkategorien (oder Grundprozesse, da sich die fünf Kategorien weniger auf einen fixen Zustand denn einen Prozess beziehen) der gesamten Welt und des Menschen anzusehen, die aus der Interaktion von Yin und Yang entstehen. Diesen Grundkategorien (Metall, Holz, Wasser, Feuer, Erde) waren zunächst bestimmte Eigenschaften zugeordnet:[307]

- **Metall** (金): Schmelzbarkeit, Trägheit, Verfall, sich zurückziehen etc.
- **Holz** (木): Festigkeit, Antrieb, Anfang, geboren werden etc.
- **Wasser** (水): Flüssigkeit, Verschwinden, Stillstand, sich verbergen etc.
- **Feuer** (火): Verbrennung, Höhepunkt, Wachstum, wachsen etc.
- **Erde** (土): Fruchtbarkeit, Ruhe, Höhepunkt, sich wandeln etc.

Die Fünf Kategorien sind dabei durch einen zyklischen Prozess miteinander verbunden, wobei sich zwei wesentliche Abläufe unterscheiden lassen: die „Reihe der gegenseitigen Erzeugung" und die „Reihe der gegenseitigen Eroberung":

> „Jede Stufe des Verwandlungsprozesses führt automatisch zu der nächsten. Das Ganze bildet eine Serie niemals endender, ineinander verketteter Verhältnisse. Wasser (sinkende Kondensation) produziert Holz, Holz (nach oben strebendes Wachstum) produziert Feuer, Feuer (expansive, freie

306 „Ein sehr wesentlicher Ausdruck der Entwicklung zum naivem Realismus war zunächst die geistige Aussonderung von fünf Grundstoffen menschlichen Lebens aus der Mannigfaltigkeit des Wirklichen. Das waren die *wu cai*, wobei *cai* sowohl ‚Stoff' als auch ‚Eigenschaft', ‚Fähigkeit' bedeutet; *wu* heißt ‚fünf'. Es sind ‚fünf Potenzen': Wasser, Feuer, Metall, Holz, Erde. ... Grundlage des gesamten Konzepts ist die Idee der Nutzung der Natur durch die Gesellschaft; eindeutig ist, dass wir es hier nicht mit einer Vorstellung von Elementen des Seins zu tun haben, etwa vergleichbar mit den Urstoffen im antiken griechischen Denken – die *wu cai* sind keine Urstoffe" (Moritz, *Die Philosophie im alten China*; S. 32).

307 Nach Jaques Lavier, *Die Fünf Elemente*; in: Anders, *Taichi – Chinas lebendige Weisheit*; S. 60. Ausführliche Korrespondenztabellen der Fünf Wandler (Beziehungen zwischen den Wandlungsphasen und dem Kosmos, Natur und Kultur, dem Menschen auf psychischer und physischer Ebene etc.) finden sich bei: Anders, *Taichi – Chinas lebendige Weisheit*, S. 65; Needham, *Wissenschaft und Zivilisation in China*; S. 202, und Bloefeld, *Der Taoismus oder Die Suche nach Unsterblichkeit*; S. 334 ff.

Energie) produziert feste Erde, Erde (zusammenziehende Kompaktheit) produziert Metall, und Metall (verhärtende Tendenz) produziert wiederum Wasser. ...
Verändert man seine Perspektive oder den Fluss dieser Evolution, so stellt man eine Reihe von destruktiven, bzw. einschränkenden Tendenzen fest. So kann das Wasser (Schmelzen) Feuer auslöschen, das Feuer (reinigende Energie) Metall aufweichen, das Metall (Härte) Holz fällen, das Holz (Wachstum) Erde aufbrechen und die Erde (Dichte) Wasser eindämmen."

(Hayes, *Ninja 4 – Das Vermächtnis der Schattenkämpfer*; S. 31)

Neben diesen beiden Hauptzyklen gibt es noch zwei untergeordnete Prinzipien, die in das zyklische Geschehen eingebunden sind: das „Prinzip der Kontrolle“[308] und das „Prinzip der Maskierung“.[309] Die Lehre der Fünf Wandlungsphasen ist bis heute im Geistes- und Alltagsleben der Chinesen von enormer Bedeutung, zum Beispiel in der traditionellen chinesischen Medizin (Akupunktur, Moxibustion und Qigong sind drei Aspekte, die auch westlichen Medizinern und Patienten zunehmend bekannt sind)[310] oder der sich auch im Westen wachsender Beliebtheit erfreuenden Methode der Geomantie, dem *feng shui*.[311]

---

308 „Das Prinzip der Kontrolle wurde allein aus der Reihe der gegenseitigen Eroberung hergeleitet und besagt, dass jeder Prozess der Eroberung durch das Element kontrolliert wird, das den Eroberer erobert. Zum Beispiel: Metall erobert Holz, aber Feuer kontrolliert den Prozess. Feuer erobert Metall, aber Wasser kontrolliert den Prozess“ (Needham, *Wissenschaft und Zivilisation in China*; S. 198).

309 „Das zweite Prinzip, das der Maskierung, hängt sowohl von der Reihe der gegenseitigen Erzeugung als auch von der der gegenseitigen Eroberung ab. Es bezieht sich auf die Maskierung eines Umwandlungsprozesses durch einen anderen Prozess, der mehr Substanz hervorbringt, als zerstört wird, oder den ersten Prozess beschleunigt. Holz zerstört (erobert) zum Beispiel Erde, aber Feuer maskiert den Prozess, denn Feuer wird Holz zerstören und Erde (Asche) in größerem Maße produzieren, als Holz Erde zerstören kann“ (Needham, *Wissenschaft und Zivilisation in China*; S. 199).

310 Dabei spielt das als „innere Energie“ bekannte *chi* (jap. *ki*) eine wesentliche Rolle. Auch Akupressur, Shiatsu und Reiki arbeiten mit ähnlichen oder gleichen Prinzipien.

311 Wörtlich „Wind und Wasser“ (風水). „Die grundlegende Idee dabei war, dass eine falsche Anlage der Häuser der Lebenden und der Gräber der Toten die schlimmsten Auswirkungen auf die Bewohner der Häuser und die Nachfahren der Toten habe. Umgekehrt werde eine gute Lage Gesundheit, Wohlstand und Glück begünstigen. Die Herstellung der gewünschten Harmonie hing von der

2.3.4.4 Die fünf Methoden des Entkommens (*goton-pô*)

Das *goton-pô* (五 遁 法), die fünf Methoden des Entkommens, stellt eine pragmatische Weiterentwicklung der Lehre von den fünf Wandlungsphasen dar. Dabei werden eine Vielzahl von Methoden, die zum Eindringen oder Entkommen aus einem feindlichen Gebiet genutzt werden können, den Kategorien Metall, Holz, Wasser, Feuer und Erde zugeordnet:

> „***Dotonjutsu*** ist der Gebrauch des Erde-Elementes bei der Flucht. Dieser Punkt beinhaltet das Wissen um die geographischen Gegebenheiten des Einsatzortes, die Nutzung der natürlichen Umgebung zur Tarnung und die strategische Nutzung des Geländes zur Abschreckung oder Behinderung einer Verfolgung durch den Gegner. Überlandnavigation, verschiedene Geh- bzw. Lauftechniken und die Fähigkeit, sich mit allen Fahrzeugtypen auszukennen, sind weitere (teils moderne) Teilaspekte des Ninjutsu-Dotonjutsu“
>
> (Hayes, *Ninja 4 – Das Vermächtnis der Schattenkämpfer*; S. 32)

Hatsumi weist auf weitere Techniken des *dotonjutsu* hin (Hatsumi, *Hitsuden Togakure-Ryû Ninpô*; S.60 ff.); so z. B. die Nutzung von Fallgruben, die Methode des *bakendo* (hierbei verbirgt sich der Ninja in einem künstlichen Fels aus Lehm und dürren Blättern; befindet sich darunter ein Fluchtweg, wird dies als *datto no jutsu*, „wie ein Hase entkommen“, bezeichnet) und den Gebrauch von *shinobi-waraji* zur Verschleierung der Fußspuren (zum Beispiel werden Tierspuren nachgebildet, oder die Spuren weisen in eine andere Richtung).

> „***Suitonjutsu*** ist der Gebrauch des Wasser-Elements zur Flucht. Dieser Teil der Go-Gyo-Theorie beinhaltet die Zuhilfenahme stehender oder fließender Gewässer, um in das gegnerische Land einzudringen bzw. daraus zu entfliehen, den Gebrauch des Wassers als Versteck und die Nutzung von Strömen, Wasserflächen oder provozierten Überflutungen zur Behinderung

---

örtlichen Topographie ab, denn jeder Ort besaß landschaftliche Merkmale, die die örtlichen Einflüsse der verschiedenen *chi* der Natur modifizierten“ (Needham, *Wissenschaft und Zivilisation in China*; S. 258).

> der gegnerischen Mobilität. Methoden der Navigation zu Wasser, Tauchtechniken, geräuschloses Schwimmen und praktisches Wissen im Umgang mit Booten vervollständigen das Suitonjutsu."
> (Hayes, *Ninja 4 – Das Vermächtnis der Schattenkämpfer*; S. 32)

Schwimmtechniken und Kampftechniken zu Wasser bildeten einen wichtigen Bestandteil in den klassischen Kriegskünsten des feudalen Japan.[312] Eine Methode des lautlosen Schwimmens im Ninjutsu trägt die Bezeichnung *aorihira*; eine weitere Übung bestand darin, sich nachts bei Nebel, Regen und Schnee an Treibholz zu klammern, um so unbemerkt und mit geringem Kraftaufwand weite Strecken zurücklegen zu können (Hatsumi, *Hitsuden Togakure-Ryû Ninpô*; S. 60). Die Verwendung von ausgehöhltem Bambus als Atemrohr, um sich bei einer Verfolgung in einem Gewässer verstecken zu können, gehört ebenfalls in diese Kategorie.

> „***Katonjutsu*** ist der Gebrauch des Feuer-Elements zur Begünstigung der Flucht. Dieser Aspekt des Goton-po beinhaltet sowohl den Gebrauch von Rauch und Feuer als Ablenkungsmanöver als auch das nötige Wissen zur Herstellung und Anwendung von Sprengstoffen. Seit dem 16. Jahrhundert gehört ebenfalls das Vertrautsein mit Feuerwaffen in diese Kategorie."[313]
> (Hayes, *Ninja 4 – Das Vermächtnis der Schattenkämpfer*; S. 32)

Die Bedeutung des Feuers für die Kriegskünste in einer Zeit, in der Holz, Schilf und andere leicht brennbare Materialien einen wesentlichen Bestandteil von Gebäuden wie Tempeln, Wohnhäusern etc. ausmachten, ist klar ersichtlich. Feuer

---

312 Einen Überblick über die verschiedenen Methoden bietet das Kapitel *Suijutsu*, in *Nihon Budô Taikei – Vol. 5*. Siehe auch Ratti/Westbrook, *Secrets of the Samurai*; S. 293.

313 Die ersten Feuerwaffen gelangten durch Portugiesen auf Tanegashima (südlich von Kyûshû) nach Japan und fanden rasch weite Verbreitung. Die Einfuhr der Feuerwaffen dürfte die Reichseinigung in der Sengoku-Zeit nicht unerheblich beschleunigt haben (siehe Hall, *Das japanische Kaiserreich*; S. 139). *Tanegashima* wurde in der Folgezeit als Bezeichnung für japanische Feuerwaffen im Allgemeinen gebraucht. Ausführliche Informationen enthält das Kapitel *Hôjutsu* in *Nihon Budô Taikei – Vol. 5*.

und Rauch bildeten zudem wichtige Signal- und Verständigungsmittel. Bereits im *Sunzi* ist ein ganzes Kapitel dem Einsatz des Feuers gewidmet.[314]

> „***Mokutonjutsu*** ist der Gebrauch von Holz und Pflanzen als Fluchthilfe. Bäume und Sträucher können als Tarnung oder Beobachtungsposten genutzt werden, oder aber große Ansammlungen von schwerbewaffneten Soldaten bei einer Verfolgung ganz gehörig behindern. Die Herstellung natürlicher Heilmittel oder pflanzlicher Gifte[315] und ein tiefgreifendes Wissen um Struktur und Bau von Gebäuden sind weitere Aspekte des Mokutonjutsu."
>
> (Hayes, *Ninja 4 – Das Vermächtnis der Schattenkämpfer*; S. 33)

Die Kernregion des feudalen Ninjutsu, die Provinz Iga, ist bergig und mit dichten Wäldern bedeckt. Ein solches Gelände bot daher ideale Bedingungen, diese Seiten einer Guerilla-Kriegführung ständig weiterzuentwickeln. Die Bezeichnung *kusa* („Gras") für Ninja leitet sich von unter Gras und Gebüsch verborgenen Spionen her.[316]

> „***Kintonjutsu*** ist der Gebrauch von Metallobjekten als Fluchthilfsmittel. Diese Kategorie beinhaltet alle Werkzeuge, die man braucht, um aus

314 Im 12. Kapitel, „Das Feuer als Angriffswaffe", heißt es: „Bei der Verwendung von Feuer muss man sich an die fünf Arten dieser Angriffsart halten: Ist im Innern ein Feuer entstanden, so muss man es von außen sofort unterstützen; ist ein Feuer ausgebrochen, und die Soldaten des Gegners verhalten sich ruhig, so warte geduldig ab und greife nicht an; ist die Kraft der Flammen in ihrer ganzen Stärke entfacht, so folge, wenn du kannst; kannst du nicht, so verbleibe auf deinem Platz. Kann man das Feuer von außen anlegen, so warte nicht ab, bis es von innen ausbricht, sondern wähle einen günstigen Zeitpunkt und lege es an. Wird das Feuer in der Richtung des Windes angelegt, so unternimm keinen Angriff gegen den Wind" (Becker, *Sun Tze – Die dreizehn Gebote der Kriegskunst*; S. 87).

315 Der Ninja erscheint oftmals in der Rolle des Kräuterkundigen bzw. des Giftmischers. Zweifellos war ein profundes Wissen um Heilkräuter sowie pflanzliche und tierische Gifte sowohl für die Ninja, als auch für die Samurai von erheblichem Nutzen. Informationen zu klassischen Kräutermischungen, wie sie zu den verschiedensten Zwecken gebraucht wurden, finden sich auch im bekannten Traktat *Bubishi* (Siehe McCarthy, *Bubishi – The Bible of Karate*).

316 „Sind in dem Raume, den die Truppen bezogen haben, Schluchten, Moore mit Sumpfgras oder Wälder mit dichtem Gestrüpp, so durchsuche sie sorgfältig. An solchen Stellen liegen oft Hinterhalte und Späher des Gegners" (Becker, *Sun Tze – Die dreizehn Gebote der Kriegskunst*; S. 72).

verschlossenen oder verbarrikadierten Häusern oder Festungen zu entkommen (oder in sie einzudringen), Kletterhilfen sowie alle Waffen, die es einem erlauben, sich eines Verfolgers zu entledigen."

(Hayes, *Ninja 4 – Das Vermächtnis der Schattenkämpfer*; S. 33)

Insbesondere die Sengoku-Daimyô errichteten eine Vielzahl von sich tief in die natürliche Umgebung einfügenden Festungen und Schlössern, die nur schwer einnehmbar waren.[317] Taktiken, unbemerkt in Festungen einzudringen und aus ihnen zu entkommen, waren daher von besonderer Bedeutung für sämtliche Spione und Agenten. Den dabei nützlichen Werkzeugen ist der Band *Ninki* (忍器), „Ninja-Ausrüstungsgegenstände", des *Bansenshûka*i gewidmet. In den Bereich des *kintonjutsu* fällt auch die Verwendung von eisernen Hand- und Fußkrallen als Kletterhilfe (*te-kagi*, *ashi-kagi*) sowie der Gebrauch von *tetsubishi*[318] und *shuriken*.[319]

2.3.4.5 Die acht Trigramme und das „Buch der Wandlungen"

Das *Yijing* (易経), das „Buch der Wandlungen" stellt eines der ältesten Zeugnisse chinesischen Gedankenguts dar; seine geistigen Quellen reichen zurück bis in die Zeit zwischen dem 11. und 8. Jh. v. u. Z.[320] Es ist heute aufs Engste verbunden mit

---

317 „Darum besteht die höchste Kriegskunst darin, die Pläne des Gegners zu vereiteln, dann seine Bündnisse aufzubrechen, des weiteren sein Heer zu vernichten. Am schlimmsten aber ist es, Festungen zu belagern. ... Ein Feldherr aber, der seine Ungeduld nicht zu zügeln weiß, schickt seine Krieger wie einen Klumpen Ameisen zum Sturm vor; er verliert dabei ein Drittel seiner Offiziere und Soldaten, aber die Festung wird nicht genommen. Das sind die verderblichen Folgen einer Belagerung" (Becker, *Sun Tze – Die dreizehn Gebote der Kriegskunst*; S. 54).

318 Vierspitzige Metalldorne, die man bei einer Flucht hinter sich wirft und die oftmals zusätzlich vergiftet waren.

319 Wurfsterne oder Wurfklingen, die es in zahlreichen Ausführungen gab. Siehe *Nihon Budô Taikei – Vol.7: Shuriken-jutsu*; 1982.

320 Die Datierungen gehen weit auseinander. „Für unseren Zweck ist es wohl das beste, sich der Auffassung anzuschließen, dass der ursprüngliche Text auf Kompilationen von Vorzeichen aus dem 7. und 8. Jahrhundert vor Christus zurückgeht, aber seine heutige Form nicht vor dem Ende der Chou-Dynastie (3. Jahrhundert vor Christus) erlangte" (Needham, *Wissenschaft und Zivilisation in China*;

der Lehre der „acht Trigramme“ bzw. *bagua* (八卦) und den Prinzipien von Yin und Yang. Dennoch ist nicht nachweisbar, dass ein ursprünglicher Zusammenhang zwischen dem „Buch der Wandlung“ und den „acht Trigrammen“ bzw. der Lehre von Yin und Yang bestand. In den Kampfkünsten steht weniger die Bedeutung des *Yijing* als Orakelbuch[321] im Vordergrund als vielmehr die damit verbundene Vorstellung der acht Trigramme und des ewigen Wandels aller Dinge.

Das *Taiji* (太極), das „Äußerste Eine“, bringt die beiden Pole Yin und Yang (陰陽) hervor. Yin wird dabei durch eine unterbrochene, Yang durch eine durchgehende Linie dargestellt. Yin und Yang durchdringen sich gegenseitig und erzeugen so die vier Bilder (四象), die wiederum in einer Folge von Verdoppelungen die acht Trigramme hervorbringen. Durch Kombination der einzelnen Trigramme schließlich entstehen die 64 Hexagramme.

Den acht Trigrammen sind, ähnlich wie bei der Lehre der Fünf Elemente der Wandlung, verschiedene Phänomene des Lebens zugeordnet; so ist jedes Trigramm mit einer Erscheinung der Natur verbunden, durch die es repräsentiert wird. Auch hierbei handelt es sich aber nicht um wörtlich zu nehmende Symbole, sondern vielmehr um eine Veranschaulichung der grundlegenden, in der Natur wirkenden Kräfte. Die acht Trigramme sind:[322]

- **Himmel** (乾): Kreis, Vater, König, Aktivität, Schöpferische Energie, das alles Durchdringende, Ursächlichkeit, die allmächtige Kraft des Geistes

---

S. 225).

321 „Es stammte wahrscheinlich aus einer Sammlung von Bauernorakeltexten und entwickelte sich aus einem Konglomerat von Materialien, die zur Wahrsagerei verwendet wurden, zu einem ausgearbeiteten System von Symbolen und deren Erklärungen“ (Needham, *Wissenschaft und Zivilisation in China*; S. 224).

322 Nach Cooper, *Was ist Taoismus*; S. 56. Die Acht Trigramme werden gewöhnlich in Form eines Kreises dargestellt, wobei jedes der Trigramme einer der vier Haupt- oder Zwischenhimmelsrichtungen entspricht (siehe auch Fano, *Pa Kua: die acht Trigramme*; in: Anders, *Taichi – Chinas lebendige Weisheit*, S. 53).

- **Erde** (坤): Viereck, Mutter, Königin, Passivität, empfangender und hervorbringender Aspekt des schöpferischen Geistes, das Gestalten der *prima materia*, Gesetz, Ruhe
- **See** (兌): Moor, Verdampfung, nach außen gehende Intelligenz, Sammeln, Wolken, Regen, Absorption, Befruchtung, Fruchtbarkeit, Freude, Vergnügen, Tal
- **Feuer** (離): Sonne, Hitze, Licht, Helligkeit, nach außen gehendes Bewusstsein, das Schöne, Hingabe, Durchdringung, Läuterung
- **Donner** (震): Belebende Energie, Kraft, Impuls, Aufwachen, Bewegung, Frühling, Wachstum
- **Wind** (巽): Geist, Intellekt, Atem des Lebens, Verteilen, Holz, Durchdringung
- **Wasser** (坎): Flüsse, das Meer, Dunkelheit, Emotionen, Verlangen, Instabilität, Umklammerung, Höhlung, Gefahr, Läuterung
- **Berg** (艮): physikalische Natur, Getrenntheit, Einsamkeit, Sicherheben, das Unbewegliche, das Verzerrte

Zusammen mit der Lehre der fünf Wandlungsphasen bilden die acht Trigramme einen wesentlichen Bestandteil der philosophischen Lehren der inneren Kampfkünste (s. u.) und haben ebenfalls auf die Entwicklung des Ninjutsu eingewirkt.

2.3.4.6 Die inneren Energien

Die Konzepte von den inneren Energien stehen im Mittelpunkt der fortgeschrittenen Lehren aller inneren Kampfkünste, der taoistischen inneren Alchimie[323] und der chinesischen Medizin. Im Zentrum steht dabei die Vorstellung

323 Die innere Alchimie beschreibt die Verwandlung der inneren Energien mit Hilfe alchimistischer Begriffe („Kessel", „Brennofen", „Veredelung" etc.). Dies gründet in der taoistischen Überzeugung von der realen Identität von Geist und Materie und dem Wirken der gleichen Naturgesetze auf allen Ebenen des Seins. Während die äußere Alchimie sich um die Herstellung von Unsterblichkeits-Elixieren bemüht, steht im Zentrum der inneren Alchimie die Umwandlung von *ching* und *ch'i* in *shen,* um so zu einem (unsterblichen) Zustand der Einheit mit dem Dao zu gelangen: „*Ching*, *ch'i* und

von der universalen, alles durchdringenden Wirkung des ***chi*** bzw. ***qi*** (Japanisch *ki*) (気), welches sowohl im materiellen als auch im geistigen Bereich der Welt und des Menschen wirksam ist.[324] Die Bewusstmachung und Anreicherung von *qi* im Körper steht dabei im Vordergrund, wobei dem Atem als Träger des *qi* eine wesentliche Rolle zukommt.[325]

Das *qi* zirkuliert im Körper auf festen Bahnen, die als Meridiansystem bekannt sind und einen wesentlichen Bestandteil der traditionellen chinesischen Medizin bilden.[326] Der *qi*-Fluß in den Meridianen wiederum steht in Zusammenhang mit der Tageszeit und der Lehre der fünf Wandlungsphasen.

---

shen wirken ständig aufeinander: In der Natur führt die Abfolge ihrer Wechselwirkungen von der Leere zur Form [d.h. vom undifferenzierten Einen, *dao* oder *taiji,* zur Welt der Erscheinungen in *yin* und *yang*], vom Allgemeinen zum Besonderen, vom Subtilen zum Groben. Ein Weiser zeichnet sich durch das Wissen aus, wie diese Abfolge umzukehren sei, wie man vom Groben zum Subtilen zurückgelangt und auf diese Weise die ursprüngliche Vollkommenheit der Substanz oder Nicht-Substanz [des Menschen und des Selbst], die man bearbeitet hat, wiedergewinnt“ (Blofeld, *Der Taoismus oder Die Suche nach Unsterblichkeit*; S. 211).

324 Konzepte einer „Universalkraft“ finden sich bei vielen Völkern und Kulturen; so entspricht dem chinesischen *qi* das indische *prana* und das japanische *ki*. Ähnliche westliche Konzepte finden sich in der Äther-Vorstellung, dem Mesmerismus und der Organon-Lehre von Wilhelm Reich. Eine eingehendere Untersuchung des Zeichens *chi* findet sich bei Anders, *Taichi – Chinas lebendige Weisheit*; S. 67 ff. [Anmerkung 2017: Als Standardwerk zum Thema *qi* ist hier Manfed Kubny, *Qi – Lebenskraftkonzepte in China*, 2002, zu nennen.]

325 Die Bedeutung des Atems für die Gesundheit ist essentiell, wie sich allein aus Untersuchungen über die physiologisch unterschiedlichen Wirkungen von tiefer Bauchatmung und der oftmals unbewussten Brustatmung ergibt. Besonders im indischen Yoga kommt dem Atem aber eine weit darüber hinausgehende Bedeutung zu: „Prana ist die Gesamtsumme aller im Weltall offenbarten Energie, ist die Lebenskraft (*sukshma*). Seine äußere Erscheinungsform ist der Atem. Durch Beherrschung des grobstofflichen Atems kann man das subtile innere Prana beherrschen. Beherrschung des Prana aber bedeutet Beherrschung des Bewusstseins, das ohne Prana nicht wirksam sein kann“ (Sarasvati, *Kundalini Yoga*; S. 98).

326 Es gibt zwölf Hauptleitbahnen („Die zwölf Leitbahnen sind symmetrisch angeordnet. Man nennt sie die Hauptleitbahnen, weil sie mit den zwölf wesentlichen Funktionen der inneren Hauptorgane verbunden sind.“ Requena, *Qi Gong*; S. 115) und acht Sonderleitbahnen („Die Sonderleitbahnen transportieren vor allem die Energie Jing und leiten sie vorrangig zu jenen Organen, die sich von den übrigen unterscheiden, nämlich das Gehirn, die Knochen, die Gallenblase, die Geschlechtsorgane und die Gefäße.“ Requena, *Qi Gong*; S. 123), auf denen das Chi im gesamten Körper zirkuliert.

Darüber hinaus werden zwei weitere wichtige innere Energien unterschieden, die zusammen mit dem *chi* als die „Drei Schätze" bezeichnet werden:

- ***jing*** (精) oder „Essenz" ist in seiner groben Form eng verbunden mit den männlichen und weiblichen Sexualflüssigkeiten; in seiner subtilen Form ist es mit der Materie verbunden, der es Form und Substanz gibt.
- ***shen*** (神) oder „Geist, spirituelle Energie", stellt die höchste Stufe der inneren Energien dar.

Das Ziel praktisch aller Übungen im Zusammenhang mit der inneren Energie ist es nun, diese im Körper anzusammeln und frei zirkulieren zu lassen; dabei spielen besondere Kraftzentren und Bahnen eine wesentliche Rolle. Auf einer weiteren Ebene geht es darum, die innere Energie an bestimmten Stellen des Körpers zu verdichten, um so einem Schlag eine über eine grobe, mechanisch erzeugte Kraftwirkung hinausgehende Energie zu verleihen,[327] oder um bestimmte Stellen bzw. den gesamten Körper gegen mechanische Krafteinwirkung zu schützen.[328]

Auch im Ninjutsu bildet die Arbeit mit den inneren Energien einen integralen Bestandteil in der Gesamtentwicklung des Übenden, wobei ein Zustand angestrebt

---

327 Es wird unterschieden zwischen physischer Kraft, *li*, und innerer Kraft, *nei-jing*, die aus der Umwandlung von *chi* erzeugt wird: „Die physische Stärke, die sich aus der Körperbewegung ergibt, nennt man *Li*, die physische Kraft. Der Unterschied zwischen Li und Ching lässt sich auf einfache Weise so beschreiben: Li erfordert direkte körperliche Bewegung, wohingegen Ching nur von indirekter Bewegung kommt. Wenn du deine Hand zurückziehst und einen raschen Faustschlag nach vorne ausführst, dann nennt man das Ergebnis der angesammelten physischen Energie Li. Wenn keine Bewegung des Zurückziehens erforderlich ist und die Kraft trotzdem mit derselben Wirkung übertragen werden kann, dann wurde Ching, die Schwingungskraft des umgewandelten Ch'i angewendet. Während Ch'i vom Verstand kontrolliert wird, wird Li vom physischen Mechanismus herbeigeführt" (Liao, *Die Essenz des T'ai Chi*; S. 68).

328 Die spektakulären Vorführungen der Shaolin-Mönche (Zerschlagen von Steinplatten auf dem Kopf eines Mönches etc.) sind eindrucksvolle Beispiele für eine praktische Anwendung dieser Techniken, ebenso wie die *kake-dameshi*-Praktiken in einigen Karate-Stilen (dabei werden Holzlatten am Körper des Karateka zerschlagen, während dieser mit Hilfe der Atmung seine Energie an diesen Stellen des Körpers zu sammeln sucht). Die Methode, seinen Körper durch einen Energie-Gürtel zu schützen, ist auch als „Eisenhemd-Chi-Kung" bekannt (siehe Chia, *Tao Yoga – Eisenhemd Chi Kung*; 1986) [Anmerkung 2017: Viele der spektakulären Vorführungen werden mittlerweile auf geschickte Tricks und subtile Details statt auf „mystische Kräfte" zurückgeführt.]

wird, der im Falle eines Kampfes die beiden Beteiligten ihre Energien nicht mehr als einander bekämpfend, sondern als einander ergänzend empfinden lassen soll.[329]

Die Fähigkeit zur Beherrschung der inneren Energie (in Zusammenhang mit der Fähigkeit zur tiefen Mediation und den entsprechenden Techniken) ist es letztlich, die als Grundlage für alle „über"-natürlichen Kräfte und Fähigkeiten, wie sie sich in Berichten über Yogis, taoistische Heilige etc. finden, angesehen wird. Im Folgenden sollen drei Aspekte in den Kriegskünsten betrachtet werden, die ebenfalls mit der inneren Energie in Verbindung stehen:

1. *kiai* (気合い)[330]
Gewöhnlich wird in den Kampfkünsten der Begriff *kiai* als Synonym für jede Art von Kampfschrei verwendet. In dieser Bedeutung hat der Kampfschrei vor allem die Aufgabe, durch die damit verbundene explosionsartige Ausatmung die gesamten Energien in die Ausführung der Technik einzubringen, d. h. ein blockierendes Stoppen der Atmung zu verhindern („Pressatmung"). Zudem soll durch den Schrei eine kurze Irritation des Gegners bewirkt werden. In einem weiter verstandenen Sinne steht *kiai* für eine Gruppe von Erscheinungen, die allesamt mit der inneren Energie in Zusammenhang stehen; wörtlich bedeutet *ki-ai* etwa „übereinstimmen, Treffen der Energie".[331] Der *kiai* erhält seine Wirkkraft aus dem *hara*. In seiner Wirkung als magischer Schrei, dem die Fähigkeit zugesprochen wird, andere zu lähmen und Ähnliches, kann man eine Entwicklung aus der

329 Eine Gruppe von Übungen des Ninjutsu (Hayes, *Ninja 4*; S. 155) befasst sich mit dem Gewahrwerden der eigenen inneren und äußeren Energie, dem Wirken der inneren und äußeren Energien in einem dynamischen Geschehen mit einem Partner/Angreifer und dem Erspüren der inneren Energie eines Angreifers.

330 Materialien zum Kiai sind enthalten in: Crowley, *Moving with the Wind*; S. 47 & 201; Gluck, *Zen-Combat*; S. 75 & 110; Ratti/Westbrook, *Secrets of the Samurai*; S. 369 & 406.

331 In diesem Sinne erhält *ki-ai* auch eine das ganze Leben umfassende Bedeutung im Sinne von „zur richtigen Zeit am richtigen Ort sein und das Richtige tun", oder einer „Harmonisierung mit dem Lauf der Dinge": „Der Ninja hatte sich selbst immer unter Kontrolle. Er verfügte über die ausgeglichene Persönlichkeit eines Erleuchteten. Er kannte seine eigenen Schwächen und Stärken und wusste sie harmonisch auf die Persönlichkeit des Gegners einzustimmen, um das gewünschte Resultat zu erreichen. Er wusste, wann die Zeit zum Handeln gekommen war und wann es besser war, sich nicht zu rühren." (Hayes, *Ninja 1*; S. 16).

Tradition von magischen Zaubersprüchen und Formeln an sich erkennen. Berichte über *kiai*-Phänomene werden auch mit Hypnose[332] in Zusammenhang gebracht.[333]

> „In einem schriftlich überlieferten Aufsatz über den *kiai* heißt es: ‚Wenn der Atem zum *kiai* wird, sich wandelt und in Erscheinung tritt, so heißt das *sanzei-fugen* (三声不言). Die drei *kiai* verbinden sich ohne Stimme, die drei vereinen sich im Herzen und werden zur wortlosen, konzentrierten Kraft des Geistes.‘
> *Sanzei* bedeutet drei Arten der Stimme, der erste *kiai* ist die Stimme des Sieges. Wenn man fühlt, dass der Gegner unterliegt, nimmt ihm dieser *kiai* seine Angriffskraft; dies heißt *kangiyaku* (扞技拡).
> Der zweite *kiai* erfolgt, wenn man angreift. Durch diesen *kiai* verliert der Gegner sein Selbstvertrauen und den Glauben, man weise eine Lücke auf; sein Herz wird in alle Richtungen zerstreut, und es tun sich bei ihm Lücken in allen Richtungen auf.
> Der dritte *kiai*, der unmittelbar vor dem Angriff des Gegners ausgeführt wird und diesen zum Stoppen bringt, heißt *kyo no kiai* (虚の気合い).[334] Der Gegner ist für einen Augenblick irritiert, und eine Lücke tut sich auf. Diese wird angegriffen und der Sieg davongetragen.
> Dazu gibt es noch den mit diesen drei verbundenen wortlosen *kiai* und den Schatten-*kiai*. Diese *kiai* blockieren die Technik des Gegners. ...

---

332 So sollen Verbindungen zu frühen chinesischen Formen der Hypnosetechnik bestehen, die im Ninjutsu unter der Bezeichnung *saiminjutsu* (催眠術) Eingang gefunden haben.

333 “The *kiai* (spirit-meeting) shou which is still used today in the martial arts, was seen not only as an expression of concentrated mental and physical energy but also as a means of achieving feats of a supernatural kind. The master of the *kiai* technique was thought to be able to stun his opponent, disarm him, stop him in tracks, or petrify him in an exposed striking position. The technique was even claimed to make the expert capable of seeing in the dark and of being able to break his opponent’s sword by sheer will-power. Ideas of this kind have found their way into the many stories concerning the allegedly supernatural powers of the *ninja*, hired spies and assassins who dressed in black and carried out night raids” (Blomberg, *Heart of the Warrior*; S. 70).

334 *Kyo*, etwa „leer, falsch“, ist ein (zusammen mit *jitsu*, „voll, richtig“) oft gebrauchter Begriff in den Kampfkünsten (siehe auch Kapitel 2.3.6.4).

> Diese drei *kiai* heißen auch *mitsu-kujiki* (三挫), die drei Entmutigungen. Der erste schwächt das *ki* des Gegners, der zweite schwächt die Technik des Gegners, der dritte schwächt den Körper des Gegners. Wenn diese drei vereint sind, entsteht der *fudô-kanashibari-kiai* (不動金縛), der *kiai*, der den Gegner fesselt und unbeweglich macht.“
>
> (Hatsumi, *Hitsuden Togakure-Ryû Ninpô*; S. 54)

2. *Sakki* (殺気)

Sakki bedeutet übersetzt etwa „Blutdurst, Mordlust“; gemeint ist damit die mit einem Angriff einhergehende geistige Absicht, den Angegriffenen zu töten. Sind die Empfindungen der inneren Energie weit genug ausgebildet, so soll es möglich sein, die vom Angreifer ausgehende Tötungsabsicht zu spüren (das Qi des Angreifers eilt dem körperlichen Angriff voraus) ohne den Angreifer selbst zu sehen. Dieses Prinzip liegt im Togakure-Ryû der Prüfung zum *godan*, dem fünften Meistergrad, zugrunde: Der Ausbilder steht mit einem erhobenen *bokken* (Holzschwert) hinter dem am Boden knienden Prüfling. Nach einer beliebigen Zeit schlägt der Prüfer mit der Absicht, den Prüfling ernsthaft zu verletzen, zu – dieser soll den vom Angriff ausgehenden *sakki* wahrnehmen und sich zur Seite rollen:

> “An attacker, whether man or animal, puts forth his harmful intentions as a sort of vibration or thought impulse. Just as we say that sights, smells, or sounds are things, we can also say that thoughts are things. The ninja refers to these thought impulses that accompany harmful intentions as *sakki* (the force of the killer). This *sakki* is there to be perceived, regardless of whether or not we are sensitive enough to pick it up.”
>
> (Hayes, *The Ninja and their Secret Fighting Art*; S. 145)

Hayes beschreibt, wie Hatsumi den Test mit einigen seiner Schüler vorführt, eine Schilderung, die mit einem Bericht über Ueshiba, der sich während seines Aikido-Unterrichts mit scharfen Waffen angreifen ließ, praktisch identisch ist:

> „Sein durch Gefahren geschärfter intuitiver Sinn hatte sich durch das mandschurische Abenteuer so stark entwickelt, dass er in der Folgezeit die

Trainingsinhalte des Aikibujutsu total veränderte. Das Hauptziel seiner Übung war nun, den Angriff eines Gegners zu erkennen, bevor er Realität würde. ... Unvermittelt führte er in seinen Unterricht das Üben mit scharfen Klingenwaffen ein. Er befahl seinen Schülern, ihn damit anzugreifen, mit dem Ziel, ihn zu töten."

(Karzau, *Grosse Budô-Meister*; S. 162)

3. *Atemi* (当て身)

Ebenfalls eng verbunden mit den inneren Energien sind die Methoden des Attackierens bestimmter Punkte des menschlichen Körpers, die für die Vitalität des Menschen von entscheidender Bedeutung sind. Diese Punkte sind oftmals identisch mit solchen, die in den traditionellen Verfahren asiatischer Heilkunde (Akupunktur, Shiatsu etc.) zur Heilung und Regulierung des Chi-Flusses eingesetzt werden. Das Wissen um solche Punkte findet sich bereits in der alten indischen Kampfkunst des Kalarippayat, wo sie unter der Bezeichnung *marma-adi* („Schläge gegen empfindliche Körperstellen") Eingang gefunden hat:

> „Im engeren Zusammenhang mit den Kampfkünsten haben die indischen Kalarippayat-Meister Zugang zu einer ehrwürdigen Sammlung medizinischen Wissens, das zuerst in den Sastras niedergelegt wurde, alten buddhistischen Texten oder Abhandlungen, die auf Palmblättern aufgeschrieben und vom Meister an den Schüler weitergegeben wurden. Das Susruta-Samhita, eine heilkundliche Sastra, die von dem indischen Arzt und Chirurgen Susruta zwischen dem 2. und 4. Jh. n. Chr. geschrieben wurde, enthält genaue Angaben über 107 oder 108 empfindliche Körperstellen. Wenn diese getroffen, durchbohrt oder auch nur stark gedrückt werden, sind vorübergehende Paralyse, heftiger Schmerz, Bewusstlosigkeit oder sogar sofortiger oder späterer Tod die Folge."

(Reid/Croucher, *Der Weg des Kriegers*; S. 57)

Diese Methoden sind in China unter der Bezeichnung *dim ching* (attackieren von Nervenpunkten), *dim hsueh* (attackieren von Blutgefäßen und hervorrufen von

Blutgerinseln) und *dim mak* (Manipulation des Chi-Flusses) bekannt. Die letztgenannte Methode ist dabei eng verbunden mit dem Chi-Fluss im Körper auf den Meridianen, wobei auch die Tageszeit und die fünf Wandlungsphasen zu berücksichtigen sind.[335] In Japan sind diese Punkte und die dazugehörigen Methoden als *kyûsho* oder *atemi* bekannt und werden in verschiedenen Budô-Künsten behandelt.

2.3.4.7 Die Lehre von Himmel, Erde und Mensch

Die Lehre von „Himmel, Erde und Mensch", *ten-chi-jin* (天地人), fußt auf den taoistischen Vorstellungen von Yin und Yang. Diese beiden fundamentalen Polaritäten waren bereits im Stadium der allumfassenden Einheit (*wuji*) potentiell enthalten. Diese ursprüngliche Einheit geriet in Bewegung und brachte so das Yin und das Yang hervor. Das Wechselspiel von Yin und Yang wiederum bringt die fünf Wandlungsphasen und die gesamte Welt der Erscheinungen hervor, wobei der Mensch für das Verhältnis und die vermittelnde Position zwischen Yin und Yang steht:

> Das Tao erzeugt die Eins.
> Die Eins erzeugt die Zwei.
> Die Zwei erzeugt die Drei.
> Die Drei erzeugt alle Dinge.
> Alle Dinge tragen das Yin
> und halten sich an das Yang.
> Deren harmonisch gemischter Einfluss bringt Einklang.
> (*Daodejing*, Kap. 42)[336]

---

335 Ausführliche Informationen zu den Punkten, ihre chinesischen Bezeichnungen und Abbildungen sind enthalten in McCarthy, *The Bible of Karate – Bubishi*; S. 105 ff.

336 „Der vollkommene Mensch bedeutet die Vollendung des Potentials der menschlichen Natur in all seinen *Yin-Yang*-Möglichkeiten. Als Synthese und Mittler nimmt er die zentrale Position ein und demonstriert die zugrundeliegende Einheit der scheinbaren Gegensätze. Er führt somit zurück zum Zentrum der Zersplitterung und Aufspaltung der manifestierten Welt der Formen und löst den *Yin-Yang*-Dualismus im Tao auf" (Cooper, *Was ist Taoismus*; S. 109).

Dabei sind nun zwei Punkte von besonderer Bedeutung: der Glaube, dass alle Phänomene des Lebens einen gemeinsamen Ursprung besitzen; und die Überzeugung, dass es in der Welt keine festen, starren, absoluten Standpunkte gibt, sondern alles eine Frage des Verhältnisses der Dinge untereinander und des Standpunktes des Beobachters ist. Diese Einsicht bildet die Grundlage der *ten-chi-jin*-Lehre des Ninjutsu, indem sie dem Ninja die Möglichkeit gibt, dieses Verhältnis zu erkennen und zu beeinflussen:

> „Da alle bestehenden Dinge von einer einzigen Universalquelle abstammen und sich von diesem gemeinsamen Ausgangspunkt zu der zahllosen Vielfalt entwickelten, stehen sie alle in einem bestimmten Verhältnis zueinander. Je nachdem, unter welchem Gesichtspunkt man dieses Verhältnis betrachtet, kann man den verschiedenen Elementen einer Situation ein anderes Gewicht geben. Letztere bestehen alle weiter, erhalten jedoch eine andere Beziehung zum Ganzen."
>
> (Hayes, *Ninja 1 – Die Lehre der Schattenkämpfer*; S. 136)

Dabei lassen sich drei Wege unterscheiden, um dieses Verhältnis zu beeinflussen:

> „1. Die *Ten*- oder Himmelsprinzipien verhelfen dem Ninja zu einer anderen Umwelt, indem sie seine Umgebung verändern. Das *In*- und *Yo*-Gleichgewicht wird so verlagert, dass der Ninja zwar derselbe bleiben kann, die Umwelt sich jedoch verändern muss."
>
> (Hayes, *Ninja 1 – Die Lehre der Schattenkämpfer*; S. 137)

Hierbei lassen sich wieder zwei Vorgehensweisen unterscheiden. Zum einen kann die Umwelt so verändert werden, dass sich die Verwundbarkeit eines Gegners erhöht – dies wird durch Verstärken der Yang-Aspekte erreicht. Ein Gegner, der Ruhe braucht, wird in Bewegung gehalten; wenn er nicht kämpfen will, wird er angestachelt usw. Kurzum, der Gegner wird dazu verführt, genau das zu tun, was nicht in seinem Interesse liegt. Die andere Methode beruht darauf, die Kampfkraft des Gegners zu senken. Dies bedeutet, den Gegner nicht das tun zu lassen, was in seinem Interesse liegt: will er kämpfen, lässt man ihn warten, braucht er Bewegung, zwingt man ihn zu Ruhe usw. Erstere Methode beruht also darauf, eine

Schwachstelle beim Gegner zu schaffen, während die zweite eine stabile Position unterminiert.[337]

> „2. Die Prinzipien der *Chi*(Erde)-Stufe zeigen eine andere Möglichkeit, wie der Ninja sein Verhältnis zur Umgebung verändern kann. Wiederum wird das *In-* und *Yo*-Gleichgewicht verlagert, und zwar diesmal so, dass die Elemente der Umwelt gleich bleiben, der Ninja sich jedoch verändert."
>
> (Hayes, *Ninja 1 – Die Lehre der Schattenkämpfer*; S. 138)

Auch hier können sowohl wieder der Yin- als auch der Yang-Einfluss erhöht werden. Erhöht man den Yin-Einfluss, so bedeutet dies, die eigene Gefährdung zu minimieren. Die Erhöhung des Yang-Einflusses trägt dazu bei, die eigene Gefährlichkeit zu erhöhen; beispielsweise durch größere Truppen, Informationsbeschaffung etc. Die Situation wird in diesem Fall verändert, indem man die eigene Position durch Hinzufügen geeigneter Elemente stabilisiert, während im anderen Fall die Situation verändert wird, indem man sie um bestimmte Elemente reduziert.

> „3. Die Prinzipien der Menschheit oder *Jin* verleihen dem Ninja die Mittel, eine Situation genau so zu belassen, wie sie ist, und dabei durch Illusionen und Tricks den Eindruck zu erwecken, dass die Fakten sich vollkommen verändert haben."
>
> (Hayes, *Ninja 1 – Die Lehre der Schattenkämpfer*; S. 140)

Dieses Prinzip findet seinen Ausdruck in den Prinzipien des *kyojitsu-tenkan no hô* (虚実転換の方), den „Methoden zur Veränderung von Richtig und Falsch". Obgleich alles beim Alten bleibt, wird dennoch der Eindruck erweckt, als ob sich die Situation grundlegend geändert hätte. In der Praxis beinhaltet dies alle

---

337 Vgl. Becker, *Sun Tze – Die dreizehn Gebote der Kriegskunst*; S. 62: „Wer es versteht, den Gegner zum Anmarschieren zu zwingen, der lockt ihn mit einem Vorteil an; wer es versteht, den Gegner nicht herankommen zu lassen, der hält ihn durch einen Nachteil auf. Man kann also frische Kräfte des Gegners ermüden; einen satten Gegner kann man zum Hungern zwingen; einen, der sich festgesetzt hat, kann man zum Abziehen veranlassen."

Methoden der Irreführung und Täuschung des Gegners, die Vorspiegelung falscher Tatsachen und die Vermischung von Wahrheit und Lüge.

Das gemeinsame Ziel aller drei Wege ist es, durch die Einbeziehung und Anwendung aller Faktoren den Ausgang einer Situation nach eigenen Wünschen zu bestimmen, ohne dabei die eigenen Entscheidungen von vorgeprägten moralischen Wertungen bezüglich der angewandten Mittel beeinträchtigen zu lassen. „Richtiges" Handeln wird nicht als Handeln in Konformität mit bestehenden gesellschaftlichen Wertmaßstäben aufgefasst, sondern als dem stetigen Fluss des Dao entsprechend. Im *Daodejing* heißt es:

> Wer das Tao anwendet, um die Führer zu leiten,
> gebraucht keine gewaltsamen Strategien gegenüber der Welt.
> Dergleichen schlüge nur auf ihn zurück.
> Wo Armeen standen, sprießt das Dornengestrüpp.
> Großem Kriegsvolk folgen immer die Hungerjahre.
> Wer seine Sache versteht, lässt im Sieg ab vom Sieg.
> Er wagt nicht, auszuharren bei der Gewalt.
> Er siegt und rühmt sich nicht.
> Er siegt und macht keinen Anspruch geltend.
> Er siegt und ist nicht stolz darauf.
> Er siegt und gewinnt nicht im Übermaß.
> Er siegt und erzwingt nicht.
> Zu groß gewordenes fällt stets dem Niedergang anheim.
> Das ist nicht das Tao.
> Was nicht das Tao ist, stirbt früh.[338]
> (*Daodejing*, Kapitel 30)

---

338 „Richtiges Ninjutsu ist ‚*In shin tonkei*', der Weg, mit geringem Aufwand größtmögliche Wirkung zu erzielen. Man trachtet danach, zu gewinnen und dabei den natürlichen Lauf der Dinge so wenig wie irgend möglich zu verändern" (Hayes, *Ninja 1*; S. 142).

2.3.5 Exkurs I: Atemtechnik im Yoga, Taoismus und Ninjutsu[339]

Die Vielfalt der verschiedenen Atemübungen, insbesondere im Yoga und den durch den Taoismus beeinflussten Übungssystemen des Taijiquan und des Qigong, ist nahezu unüberschaubar. An dieser Stelle soll daher versucht werden, eine fast allen diesen Übungen zugrundeliegende allgemeine Struktur der Atemtechniken darzustellen, anstatt einer je nach Übungsweg gesonderten Betrachtung und vergleichenden Untersuchung. Hierbei ist es wichtig, sich vor Augen zu halten, dass die Atmung nicht getrennt von der Körperhaltung und Bewegung zu verstehen, sondern stets mit dieser verbunden ist und darüber hinaus in praktisch allen Fällen direkt im Zusammenhang mit der Entwicklung und Kultivierung der inneren Energien (s. o.) steht.

Dabei lassen sich zunächst einmal drei grundlegende Positionen unterscheiden, in denen die eigentlichen Techniken dann ausgeführt werden:

a. stehende Positionen

b. sitzende Positionen

c. liegende Positionen

Die stehenden Positionen lassen sich dabei wieder unterscheiden nach statischen Positionen (d. h. eine bestimmte Haltung wird während der gesamten Übung beibehalten)[340] und Positionen, die mit einer Bewegung der Arme und/oder Beine verbunden sind.[341] Zu den bekannten Positionen im Sitzen gehören der japanische Fersensitz (*seiza*) und der halbe oder ganze Lotussitz. Auch das Sitzen auf einem Stuhl mit beiden Füßen fest am Boden kann dabei als Ausgangsposition dienen.

---

339 Ausführliche Informationen zur Atemtechnik und vergleichende Untersuchungen zwischen indischen, chinesischen und tibetischen Atempraktiken finden sich bei: Requena, *Qi Gong*; Lysbeth, *Die große Kraft des Atems*; Kobayashi, *Der Weg des T'ai Chi Ch'uan*; Nakamura, *Das große Buch vom richtigen Atmen*; Olvedi, *Das Stille Qi Gong*. Meditative Grundlagen und Atemtechniken im Ninjutsu finden sich bei Hayes, *Ninja 1* (Kapitel 4, 5, 6), *Ninja 3* (Kapitel 2) und *Ninja 4* (Kapitel 5).

340 Hierunter fallen viele Übungen des Qi Gong, wie etwa die „Stehende Säule“ u.a.

341 Ein bekanntes Beispiel für eine solche Übungsfolge sind die „Acht Brokatstücke“ (*Ba Duan Jin*).

Auch bei den liegenden Positionen gibt es Variationen, zum Beispiel die Beine anzuziehen und die Fersen auf dem Boden aufzustellen, oder die klassische liegende Stellung (die „Totenstellung“ im Yoga).

Der nächste Schritt besteht in der Untersuchung der verschiedenen Phasen eines Atemzyklus. Generell kann jeder Atmungsvorgang dabei in vier Abschnitte aufgeteilt werden: Einatmung (a), Atem anhalten (b), Ausatmung (c), Atem anhalten (d).
Je nach Atmungstechnik stehen diese Abschnitte in einem bestimmten zeitlichen Verhältnis zueinander; im Allgemeinen dauert die Ausatmung jedoch länger als die Einatmung (dabei werden zur Bemessung der zeitlichen Einheiten oftmals bestimmte Mantras in festgelegten Verhältnissen still rezitiert). Bei den meisten Atemtechniken erfolgt dabei die Einatmung durch die Nase, die Ausatmung durch den Mund.[342]

Vom physiologischen Vorgang lassen sich nun drei grundlegende Atmungstypen unterscheiden: Brustatmung, Bauchatmung und umgekehrte Bauchatmung (das Yoga kennt zudem die Flankenatmung). Während die Brustatmung die schlechteste von allen dreien darstellt, da sie das Herz belastet und das Lungenvolumen nur unvollständig nutzt, gilt die Bauchatmung als natürliche Atmung, die erst aufgrund Veränderungen in der Haltung und Entwicklung des Menschen aufgegeben wurde. Sie soll die normale Atmung des Menschen bilden. Die umgekehrte Bauchatmung dient der Massage der inneren Organe und der besonderen Entwicklung der Chi-Kräfte.

Ein letztes Differenzierungsmerkmal bilden schließlich die bei der Atemarbeit einbezogenen energetischen Kanäle und Zentren, von denen die drei bedeutendsten sind:

342 Allerdings gibt es auch hier zahlreiche Variationen, so besteht eine grundlegende Atemübung des Yoga darin, abwechselnd durch das eine und das andere Nasenloch zu atmen.

a. die sieben Chakras des Körpers und die drei grundlegenden Energiekanäle *Ida*, *Pingala* und *Susumna* in den yogischen Atemtechniken;[343]
b. die Konzentration auf die drei Körperzentren bzw. *dantian* im Körperinneren;[344]
c. der Kleine Energiekreislauf.[345]

2.3.6 Exkurs II: Kampfkunst und Taoismus

Im Folgenden soll ein kurzer Einblick in die drei inneren Kampfkünste, Baguazhang, Xingyiquan und Taijiquan gegeben werden, wobei ihre Beziehungen zum Taoismus und den Konzepten der inneren Energie im Vordergrund stehen. Darüber hinaus sollen Verbindungen zum Ninjutsu-Konzept des *kyôjitsu-tenkan no hô*[346] aufgezeigt werden.

2.3.6.1. Xingiquan (形意拳)

Xingyiquan bedeutet etwa „Form-Absicht-Boxen". Der Name bezieht sich auf den geistig-körperlichen Prozess, den ein Schüler des *Xingyiquan* durchläuft. Zu Beginn seiner Unterweisung besitzt der Schüler weder *xing* (Form, Gestalt – sozusagen die technischen Fertigkeiten) noch *yi* (Absicht, Idee, Geist, Wille). Als nächstes erlangt er *xing* ohne *yi*, d. h. er erlernt und beherrscht bestimmte Formen, jedoch ohne dass sie vom Geist verstanden und durch die Absicht beherrscht werden. Schreitet seine Entwicklung weiter fort, erlangt er *xing* und *yi*, d. h. er

343 Siehe Sivanada, *Kundalini Yoga*; S. 53 ff. und Lysbeth, *Die grosse Kraft des Atems*.

344 Die drei *dantian* liegen etwa auf Nabel-, Brust- und Scheitelhöhe; siehe hierzu z.B. Kobayashi, *Der Weg des T'ai Chi Ch'uan*; S. 65 & S. 73.

345 „Der ‚Kleine Energiekreislauf' ist eine mit Konzentration verbundene Atmung und bewirkt eine Meditation auf den Umlauf von Xiao Zhou Tian, den ‚Kleinen Kreislauf' der Leitbahnen Du Mai und Ren Mai. Diese Technik ist der Eckpfeiler der Qi-Gong-Übungen, die Grundlage des Nei Dan, der inneren Alchimie" (Requena, *Qi Gong*; S. 289).

346 „Methoden des Wechsels von voll und leer, richtig und falsch".

verfügt über Form und Geist. Auf einer noch höheren Stufe der Entwicklung trennt sich der Schüler von den festen erworbenen Formen, d. h. er besitzt *yi* ohne *xing*. Auf dieser Stufe ist er nicht mehr an eine fixe Technik gebunden, d. h. der Geist drückt sich frei in beliebigen Formen aus. Auf der höchsten Stufe seiner Entwicklung lässt der Übende sowohl Geist als auch Absicht hinter sich und ist nunmehr gänzlich frei von *xing* und *yi*. Er hat einen ganzen Zyklus durchlaufen und ist praktisch wieder am Anfang; jedoch sind *xing* und *yi* nun natürliche Bestandteile seines Wesens. Auf dieser Stufe befindet er sich im Einklang mit dem Dao und kann, frei von Form und Absicht, auf jede Situation spontan und angemessen reagieren.

Als legendärer Begründer der Kunst gilt Yueh Fei, ein General der nördlichen Sung-Dynastie (960-1126); historisch wirklich belegbar ist *Xingyiquan* aber erst seit dem 17. Jh. Als Gründer gilt Ji Jike, der es zwischen 1637 und 1661 von einem fremden Kämpfer erlernt haben soll. Er gab sein Wissen an zwei Schüler weiter, die die Begründer der beiden Hauptstile des *Xingyiquan* wurden, an Cao Jiwu (Shanxi-Hubei-Schule) und an Ma Xueli (Henan-Schule).[347]

Das technische Grund-Repertoire des *Xingyiquan* lässt sich in zwei Gruppen unterteilen:

a) die Fünf Basistechniken (*wuxing*)
Die fünf Basistechniken, jeweils mit einer bestimmten Stellung verbunden, sind den fünf Wandlungsphasen des Taoismus zugeordnet. Zudem ist jede Technik mit einem bestimmten Organ verbunden und durch eine charakteristische Form des Chi-Flusses gekennzeichnet:[348]

347 [Anmerkung 2017] Die Geschichte des Xingyiquan und der Xinyi-Stile (Xinyiliuhequan, Dai-Clan Xinyiquan, Xinyiba) ist komplex; auf Deutsch liegen keine nennenswerten Monographien dazu vor, auf Englisch ebenfalls nur wenige. Während diese Stile in China eine lange Geschichte haben und hohes Ansehen genießen, sind sie in Europa und Deutschland nur spärlich vertreten.

348 Die Beschreibung des Chi-Flusses folgt Draeger, *Comprehensive Asian Fighting Arts*; S. 41.

- Spalten (*pi-quan*): Metall, Lunge, Chi 'rises and falls as if chopping with an axe';
- Zermalmen (*beng-quan*): Holz, Leber, Chi 'expands and contracts simultaneously';
- Bohren (*zhao-quan*): Wasser, Nieren, Chi 'flows in curving eddies';
- Stampfen (*pao-quan*): Feuer, Herz, Chi 'fires suddenly like a projectile from a gun';
- Kreuzen (*heng-quan*): Erde, Milz, Chi 'strikes forward with rounded energy'.

b) die zwölf Tierformen
Die aus eingehender Naturbeobachtung gewonnenen Erkenntnisse über das Verhalten verschiedener Tiere (Pferd, Affe, Tiger, Bär, Leopard, Schwalbe, Kampfhahn, Auerhahn, Drache, Schlange, Wasserläufer, Falke; innerhalb verschiedener Stile können leichte Abweichungen auftreten) werden in menschliche Bewegungs- und Verhaltensmuster übertragen, wobei nicht die äußere Form (*xing*), sondern das dahinterliegende Prinzip, der „Geist" (*yi*), entscheidend ist. Die innige Verbundenheit der Taoisten mit der Natur findet hier ihren Ausdruck.

2.3.6.2 Baguazhang (八卦掌)

Die Ursprünge von Baguazhang, der „Hand der Acht Trigramme", liegen im Dunkeln; als eigenständiger Stil ist es seit etwa 200 Jahren bekannt. Als Begründer gilt Dong Haichuan (ca. 1800-1882) aus der Provinz Hebei, der es von einem Taoisten aus der Provinz Kiangsu erlernt haben soll.
Kern des Baguazhang ist eine ständig wechselnde, kreisförmige Bewegung (im Gegensatz zum Xingyiquan, wo gerade Bewegungen dominieren). Die acht grundlegenden Stellungen symbolisieren die acht Trigramme und werden ihrer kreisförmigen Anordnung entsprechend eingenommen, wobei sich der Übende in ständiger Bewegung befindet. Die ständigen Stellungswechsel symbolisieren den

taoistischen Gedanken vom „Siegen durch Nachgeben“, da nicht Kraft gegen Kraft gesetzt wird, sondern Weichheit (z. B. in der Form von aus-weichen) gegen Härte. Auf geistiger Ebene spiegelt die Ausübung des Baguazhang den Schöpfungsprozess wider, beginnend mit der Teilung der zwei fundamentalen Kräfte Yin und Yang (zu Beginn der Übung durch eine bestimmte Gestik symbolisiert) und der Entstehung der acht Trigramme.

2.3.6.3 Taijiquan (太極拳)

Taijiquan, die „Faust des Höchsten Letzten“, gilt als die komplexeste der drei inneren Kampfkünste; es vereint die Prinzipien des Xingyiquan und des Baguazhang.

Die Entstehungsgeschichte des Taijiquan ist unklar;[349] es gibt drei legendäre Begründer, als deren frühester der taoistische Dichter Xu Xuanping aus der Tang-Dynastie (618-907) gilt. Der zweite, Zhang Sanfeng, soll während der südlichen Sung-Dynastie (1127-1279) gelebt haben; er gilt als Verfasser einer der klassischen Schriften des Taijiquan.[350] Der dritte, Wang Zongyue, lebte während der Ming-Dynastie, auch ihm wird eine der klassischen Schriften des Taijiquan zugeschrieben.[351]

Das äußerst umfangreiche Ausbildungsprogramm des Taijiquan umfasst unter anderem Einzelformen (festgelegte Bewegungsabläufe), Partnerübungen und

349 Entwicklungstafeln des Taijiquan finden sich in Draeger, *Comprehensive Asian Fighting Arts*; S. 202 und Kobayashi, *Der Weg des T‘ai Chi Ch‘uan*; S. 24.

350 Der chinesische Text der Abhandlung und eine Übertragung sind enthalten in Cheng, *Ausgewählte Schriften zu T‘ai Chi Ch‘uan*; S. 225.

351 Chinesischer Text und Übertragung in Cheng, *Ausgewählte Schriften zu T'ai Chi Ch'uan*; S. 231. [Anmerkung 2017: Die oben angeführten drei Personen sind beim gegenwärtigen Forschungsstand als Begründer des Taijiquan so gut wie sicher auszuschließen, ja selbst ihre historische Existenz ist fraglich. Die frühesten Formen des Taijiquan dürften im Dorf Chenjiaguo und dem dazugehörigen Umland zu suchen sein. Dort entwickelten sich die Kampfkunst der Chen-Familie und weitere lokale Traditionen (z.B. Zhaobao); aus diesen sind dann die im Westen bekannteren Stile wie Yang-, Wu- und Sun-Stil abgeleitet.]

Waffenübungen. Die wesentlichen Elemente, die „dreizehn Bewegungsformen“, setzen sich zusammen aus „fünf Schrittarten“, die den fünf Wandlungsphasen zugeordnet sind, sowie den „acht Grundtechniken“, welche mit den acht Trigrammen korrespondieren:[352]

a) die fünf Schrittarten

- *chin* (Metall): nach vorne gehen
- *t'ui* (Holz): zurückweichen
- *ku* (Wasser): nach links schauen
- *pan* (Feuer): nach rechts schauen
- *chung ting* (Erde): zentriert sein

b) die acht Grundtechniken

- *peng* (‚Abwehr nach vorne und oben‘): Himmel (*ch'ien*), Süden
- *lü* (‚zurückweichen und ziehen‘): Erde (*k'un*), Norden
- *ji* (‚drücken‘): Wasser (*k'an*), Westen
- *an* (‚stoßen‘): Feuer (*li*), Osten
- *cai* (‚nach unten ziehen‘): Wind (*hsün*), Süd-West
- *lie* (‚trennen‘): Donner (*chen*), Nord-Ost
- *zhou* (‚Ellbogenstoß‘): See (*tui*), Süd-Ost
- *kao* (‚Schulterstoß‘): Berg (*ken*), Nord-West

Das eigentliche Wesen des Taijiquan aber liegt in der Beherrschung und Steuerung des Qi, die durch Atmung, Haltungsprinzipien und Imagination erreicht werden soll:

> „In jeder Bewegung soll der ganze Körper leicht und beweglich sein, als wären alle seine Teile [wie Münzen] auf einem Faden aufgereiht.

---

352 [Anmerkung 2017] Für eine ausführliche Darstellung der Verknüpfung der Lehren der fünf Wandlungsphasen, der acht Trigramme und des *Yijing* mit dem Taijiquan siehe Song, *T'ai-Chi Ch'üan. Die Grundlagen* (1991, Übersetzung durch Hermann Bohn) sowie die *Kommentare zu den grafischen Erläuterungen zum Taijiquan des Chen-Clan* von Chen Xin und Chen Peiju (Übersetzung Hermann Bohn).

Ch'i soll [wie ein Feuer] entfacht werden.
Der Geist *(shen)* soll im Inneren angesammelt sein. ...
Die Energie (*chin*) wurzelt in den Füßen, fließt durch die Beine, wird von den Hüften kontrolliert und wirkt durch die Finger. Von den Füßen zu den Beinen, von den Beinen zu den Hüften sollte sich alles als Einheit bewegen."[353]

2.3.6.4 Die Lehre des *kyojitsu-tenkan-hô* (虚実転換方)

Der Begriff *kyo-jitsu* besitzt viele Bedeutungen, darunter etwa „Sein und Nicht-Sein", „wahr und falsch", „Fülle und Leere". In seiner Bedeutung für die Kriegskünste bezeichnet *kyo* die Lücke in der Verteidigung, die es zu attackieren gilt, während *jitsu* die sichere Position bezeichnet, die selbst einzunehmen und beim Gegner zu vermeiden ist. In dieser Bedeutung werden die beiden Begriffe bereits im *Sunzi* gebraucht, wo sie die Überschrift des sechsten Kapitels bilden („Das Volle und das Leere"). Darin heißt es:

> „Angreifen und dabei mit Sicherheit erobern, bedeutet, dort anzugreifen, wo der Gegner sich nicht verteidigt; sich verteidigen und dabei mit Sicherheit die Stellung halten, bedeutet, einen Punkt zu verteidigen, den er nicht angreifen kann.
> Wenn jemand anzugreifen versteht, weiß der Gegner nicht, wo er sich verteidigen muss; wenn jemand sich gut zu verteidigen weiß, nicht, wo er angreifen soll. Dies ist die höchste Kunst, in keiner Form kann man sie darstellen. Eine göttliche Kunst! Mit Worten kann man sie nicht ausdrücken. Man kann also zum Lenker der Geschicke des Gegners werden."
> (Becker, *Sun Tze – Die dreizehn Gebote der Kriegskunst*; S. 62)

Das Wissen um die richtigen Stellen für einen Angriff ist also von entscheidender Bedeutung für Sieg und Niederlage. Eng damit verknüpft sind zwei weitere wichtige Elemente, nämlich Bewegung und Form:

---

353 Aus der Zhang Sanfeng zugeschriebenen Abhandlung über Taijiquan, in Cheng, *Ausgewählte Schriften zu T'ai Chi Ch'uan*; S. 227.

„Ungehindert vorgehen, das bedeutet, einen Stoß in die Leere des Gegners zu führen. Zurückzugehen, ohne verfolgt zu werden, das bedeutet, dass die eigene Schnelligkeit so groß ist, dass man nicht eingeholt werden kann."
(Becker, *Sun Tze – Die dreizehn Gebote der Kriegskunst*)

Hier ist deutlich der Einfluss der taoistischen Vorstellung von Yin und Yang zu finden. Der Sieg wird nicht aufgrund der eigenen Überlegenheit errungen, sondern vielmehr durch das Wissen um die gegenseitige Abhängigkeit und Bedingung der Fülle und Leere, des Yin und Yang. Die richtige Stelle zum Angriff ist nicht die, die man sich als Angreifer überlegt, sondern die sich durch die Positionierung zum Gegner ergibt – jede Verteidigung (Yang, Fülle) bedingt das Vorhandensein einer Lücke in derselben (Yin, Leere). In einer der klassischen Schriften des Taijiquan heißt es:[354]

„Bewegt sich der andere nicht, so bewege ich mich auch nicht;
bewegt sich der andere geringfügig, so bewege ich mich zuerst."

Die „Form" bildet dabei den Rahmen, in dem sich Fülle und Leere bewegen; das richtige Verhältnis von Fülle und Leere in der Form ist der angestrebte Zustand, der es unmöglich machen soll, besiegt zu werden:

„Deshalb bedeutet die Grenze der Formgebung für das eigene Heer, es so zu formieren, dass keine Form mehr vorhanden ist. Gibt es keine Form, so gelingt es auch dem tief eindringenden Kundschafter nicht, etwas zu erspähen; selbst ein Weiser wird nicht in der Lage sein, sich ein Urteil zu bilden."
(Becker, *Sun Tze – Die dreizehn Gebote der Kriegskunst*; S. 64)

Was Sunzi hier für ein ganzes Heer beschreibt, bildet genauso den Schlüssel zum Sieg im Zweikampf, d. h. das Wissen um die eigene Form und die Form des Gegners sowie die Verhältnisse von Fülle und Leere. In einer der klassischen Schriften des Taijiquan heißt es:[355]

354 Cheng, *Ausgewählte Schriften zu T'ai Chi Ch'uan*; S. 242.

„Wird die linke Seite schwer [d. h. angegriffen], so soll sie leer werden;
wird die rechte Seite schwer, so soll sie tief [d. h. ‚leer'] werden.
Sieht man zu dir nach oben, so sei unerreichbar hoch;
sieht man zu dir nach unten, so sei unerreichbar tief.
Je näher etwas vorrückt, desto weiter sei entfernt;
je weiter sich etwas zurückzieht, desto näher dränge heran."

Diese Prinzipien sind es auch, welche im Togakure-Ryû Ninjutsu die Bezeichnung *kyojitsu tenkan no hô*, „die Prinzipien und Methoden des Wechsels von voll und leer", tragen und sich auch in der Entwicklung der kämpferischen Fertigkeiten widerspiegeln. Die Einsicht in die taoistischen Vorstellungen von Yin und Yang, die Fünf Elemente etc., verbunden mit Übungen zur Wahrnehmung und Steigerung der inneren Energien und einem Gefühl für die Energien des Gegenüber (die Energien der beiden Kämpfer, ebenso wie die körpereigenen, befinden sich in einem ständigen Wechsel und bilden ein großes Ganzes) sowie das Verständnis der Prinzipien *kotsu*, *nagare* und *ritsudo* (s. o.) sollen dem Ninja die Möglichkeit geben, diese Verhältnisse nach seinem Wunsch abzuändern, um so jeden Gegner zu bezwingen:

> „Die Konzentration auf die Fähigkeit, sich inmitten des Zentrums der Kampfenergie sicher zu verstecken, kennzeichnet das vierte Stadium. ... Die Gegenprinzipien des *Kyojitsu-Tenkan-ho* (Methode zur Veränderung der Wahrnehmung von richtig und falsch) vermitteln dem Schüler die nötigen Einsichten, um zu verstehen, wann Langsamkeit Schnelligkeit und Schwäche Stärke besiegen kann und wie es möglich ist, einem Angriff erfolgreich zu begegnen, indem man bewusst in der Offensive verbleibt."
>
> (Hayes, *Ninja 4 – Das Vermächtnis der Schattenkämpfer*; S. 158)

355 Aus der Wang Zongyue zugeschriebenen Abhandlung, in Cheng, *Ausgewählte Schriften zu T'ai Chi Ch'uan*; S. 234.

2.4 Resümee

Dieser Teil der Arbeit hatte zum Ziel, die mit dem Togakure-Ryû Ninjutsu in Zusammenhang stehenden, spirituellen Lehren näher zu erläutern.

Dabei konnten verschiedene Strömungen nachgewiesen werden, die oftmals untereinander in Zusammenhang stehen und sich auch gegenseitig beeinflusst haben. So wurden die aus Indien stammenden Lehren des Buddhismus und Yoga in China weiter ausgebildet und nahmen gewisse Elemente des taoistischen Denkens auf. Hinzu kamen dann in Japan Elemente des Shintô, der Bergverehrung und des Volksglaubens. Zudem ließen sich Einflüsse des indischen esoterischen Buddhismus (Vajrayana bzw. Tantra) nachweisen.

Dabei zeigte sich auch, dass die „Fähigkeit des Unsichtbarmachens" einer Gruppe von magischen Kräften und Eigenschaften zuzurechnen ist, deren Ursprünge bereits im alten Indien nachweisbar sind. (Ninjutsu wird manchmal auch als „die Kunst des Unsichtbarmachens" bezeichnet.)

Die Lehre von den fünf Großen Elementen im Ninjutsu basiert klar auf den Lehren des esoterischen Buddhismus und stellt eine interessante Erweiterung der kämpferischen Methode und anderer Bereiche des menschlichen Lebens dar.[356]

Ebenso haben sich die Lehre der „neun Zeichen" und die „Methode des zehnten Zeichens", wie sie von Hayes dargelegt werden, als übereinstimmend mit den Lehren der Yamabushi erwiesen, die diese Praktiken bis heute am Leben erhalten haben.

Auch die im Zusammenhang mit dem Taoismus erläuterten Lehren haben sich als stimmig mit den im Ninjutsu vertretenen Prinzipien erwiesen, wobei sich auch zahlreiche Parallelen zu anderen Kampfkünsten sowie zu Prinzipien der traditionellen chinesischen Medizin, der Geomantie etc. nachweisen lassen. Dabei stellt die Lehre der „fünf Elemente des Entkommens" eine praktikable

356 Miyamoto Musashi, einer der berühmtesten Schwertkämpfer Japans, der die meiste Zeit seines Lebens als herumziehender, herrenloser Samurai (*rônin*) auf der Suche nach Vervollkommnung in der Schwertkunst und in seiner Persönlichkeit verbrachte, hat das „Buch der Fünf Ringe" (*gorin no sho*) hinterlassen. Darin hat er seine persönlichen Kampfstrategien und Einsichten den Fünf Elementen entsprechend klassifiziert.

Weiterentwicklung und Systematisierung der gesamten Umweltfaktoren im Kampf auf der Grundlage der „Fünf Wandlungsphasen“ dar. Von besonderem Interesse sind außerdem die „Methoden zum Wechsel von voll und leer bzw. richtig und falsch“ (*kyojitsu tenkan-no-hô*) und ihre Umsetzung auf einer eher körperlichen („Taoismus und die Kampfkünste“) und einer eher geistigen Ebene („Die Lehre von Himmel, Erde und Mensch“).

SCHLUSSBETRACHTUNG

Zum Abschluss dieser Arbeit soll ein kurzer Blick auf zwei Punkte geworfen werden, die im weiteren Zusammenhang mit dem Thema dieser Arbeit von Interesse sind, wobei allerdings jeder dieser beiden Punkte selbst genug Stoff für eine eigenständige Darstellung geben würde:

1. Ninjutsu und die japanischen Kampfkünste

Innerhalb der japanischen Kampfkünste nimmt Ninjutsu heute noch weitgehend eine Sonderstellung ein, zum einen durch den relativ geringen Bekanntheitsgrad im In- und Ausland, zum anderen wegen oftmals klischeehaften Vorstellungen darüber, was Ninjutsu eigentlich ist („die Kunst des Tötens").

Hierzu sei nur gesagt, dass es bei Ninjutsu wie bei jedem anderen System japanischer Kriegs- und Kampfkünste (*bujutsu*, *budô*) letztlich immer auf den Einzelnen ankommt, d. h. seine Einstellung zu dem, was er tut, und seine Art, wie er es ausdrückt. Richtig verstandenes Ninjutsu sollte einen Weg darstellen, um Menschen zu einem erfüllten, ganzheitlichen Leben zu verhelfen – in diesem Sinne teilt Ninjutsu das Ziel aller *budô*-Künste und *dô*-Wege überhaupt.[357]

2. Kriegskunst, Kampfkunst und Kampfsport in Ost und West

Wie im Osten (d. h. Indien, China, Japan, etc.) entwickelten auch im Westen (Europa) die Menschen seit frühesten Zeiten Formen des kriegerischen Zweikampfes, von denen sich die meisten (wenn auch in gewandelter Form) bis

357 „Die eigentliche Geschichte der Ninja sollte jedem in unserer heutigen Gesellschaft eine Anregung sein. In den überfüllten Städten mit ihren unpersönlichen Verwaltungen, ihren Computern, die in unser Leben eindringen, und den Firmen, Regierungen und Gewerkschaften, die sich mehr und mehr in unsere ureigensten Angelegenheiten einmischen, um über unser Leben zu bestimmen, bietet uns der zeitlose Weg der Ninja eine aufregende Alternative. Diesem Wissen können wir die nötigen Konzepte entnehmen, welche uns die Kraft geben, selbst über unser Leben zu bestimmen. Sie helfen uns, unsere Hilflosigkeit zu überwinden und geben uns Methoden an die Hand, unser Bewusstsein zu steigern und unsere Handlungen in Einklang mit unseren Herzen zu bringen. Wir können uns wieder in Übereinstimmung mit dem harmonischen Lauf der Dinge bringen und verstehen, dass Glück, Freude und persönliche Erfüllung die angeborenen Rechte eines jeden Menschen sind" (Hayes, *Ninja 1*; S. 9).

heute erhalten haben. Boxen und Ringen z. B., olympische Disziplinen seit der Zeit der frühen griechischen Olympiaden, sind bis heute die klassischen westlichen waffenlosen Zweikampfsportarten (so wie Fechten mit Säbel, Degen und Florett als klassische Form des bewaffneten Kampfes angesehen werden kann).

Dabei sind die Ursprünge der Kriegskünste sowohl im Osten als auch im Westen in ihrer tatsächlichen Anwendbarkeit auf dem Schlachtfeld zu suchen – ebenso wie sie hier wie dort (im Osten später, im Westen früher) ihre kriegsentscheidende Bedeutung eingebüßt haben (ausgelöst vor allem durch Weiterentwicklung in der Waffentechnik und dem zahlenmäßigen Zuwachs der Heere). In der weiteren Entwicklung allerdings ergab sich ein wesentlicher Unterschied zwischen Ost und West: Während in Europa Boxen, Ringen und Fechten mehr und mehr zu Zwecken der Selbstverteidigung, als körperliches Ertüchtigungsmittel und in neuerer Zeit immer stärker als Leistungs- und Wettkampfsport betrieben werden, bildete sich in Asien ein zusätzlicher Umgang mit den überlieferten Kampfkünsten heraus. Dieser Bestand darin, die Tätigkeit des Zweikampfes nicht mehr als Selbstzweck auszuüben, sondern als Mittel zur Erlangung der Erleuchtung (*satori*).[358] Hierin liegt ein wesentlicher Unterschied zwischen westlichen und östlichen Zweikampfsportarten, wobei dieser Unterschied nicht in der Tätigkeit an sich zu sehen ist (die ja gerade nur Mittel zum Zweck ist – ohne dass sie dabei allerdings an Funktionalität verlieren muss), sondern vielmehr in der Art und Weise der Ausübung der Tätigkeit und der damit einhergehenden Geisteshaltung.

358 Besonders augenfällig wird dies an den unterschiedlichen Entwicklungen, die die Technik des Bogenschießens in Europa und Japan genommen hat. Der Bogen ist eine der ältesten Waffen der Welt und findet sich bei nahezu allen Völkern. Während sich Bogenschießen in Europa zu einem Leistungssport entwickelt hat, bei dem das Ergebnis des Schusses das einzig ausschlaggebende Kriterium für die Fähigkeit des Schützen darstellt, wandelte sich in Japan die Technik des Bogenschießens (*kyû-jutsu)* unter dem Einfluss des Zen zu einer Kunst (*kyû-dô*), bei der den inneren und äußeren Vorgängen des Schützen beim Schießen weit mehr Bedeutung beigemessen wird als dem Treffen oder Verfehlen des Ziels. Die Schlichtheit eines japanischen Bogens, verglichen mit der Komplexität eines modernen Sport- oder Wettkampfbogens, ist ein deutlicher Hinweis auf diese unterschiedliche Entwicklung.

Anhang

Liste der 34 Oberhäupter des Togakure-Ryû

1. Togakure (Nishina), Daisuke
2. Minamoto no Kanesada; Shima Kosanta
3. Togakure, Goro
4. Togakure, Kosanta
5. Koga, Kosanta
6. Kaneko, Tomoharu
7. Togakure, Ryuho
8. Togakure, Gakuun
9. Kido, Koseki
10. Iga, Tenryu
11. Ueno, Rihei
12. Ueno, Senri
13. Ueno, Manjiro
14. Iizuka, Saburo
15. Sawada, Goro
16. Ozaru, Ippei
17. Kimata, Hachiro
18. Kataoka, Heizaemon
19. Mori, Ugenta
20. Toda, Gobei
21. Kobe, Seiun
22. Momochi, Kobei
23. Tobari, Tenzen
24. Toda, Nobutsuna
25. Toda, Nobuchika Fudo
26. Toda, Kangoro Nobuyasu
27. Toda, Eisaburo Nobumasa
28. Toda, Shinbei Masachika
29. Toda, Shingoro Masayoshi
30. Toda, Daigoro Chikahide
31. Toda, Daisaburo Chikashige
32. Toda, Shinryuken Masamitsu
33. Takamatsu, Toshitsugu (1889-1972)
34. Hatsumi, Masaaki (geb. 1931)

Übersicht der Ausbildungsgebiete des Togakure-Ryû Ninjutsu[359]

Junan Taisô:	Yoga-ähnliche Körperbeherrschung
Ninpo taijutsu:	Unbewaffneter Kampf
• *Taihenjutsu*:	Körperbewegungen und Sprungtechniken
• *Dakentaijutsu*:	Stoß- und Schlagtechniken
• *Jutaijutsu*:	Würge- und Haltegriffe
Bojutsu:	Stockkampftechniken
Hanbojutsu:	Kampftechniken mit dem kurzen Stock
Ninja kenpô:	Kämpfen mit dem Ninja-Schwert
Kenjutsu:	Schwertfechten
Iaijutsu:	Schnellziehtechniken
Tantôjutsu:	Messerkampftechniken
Shurikenjutsu:	Werfen von Klingen
Kusarijutsu:	Kämpfen mit kurzen Kettenwaffen
Kyoketsu shoge:	Kämpfen mit Seil und Klinge
Kusarigama:	Kämpfen mit Kette und Sichel
Teppô:	Feuerwaffen
Ninki:	Spezielle Ninja-Ausrüstung und Werkzeuge
Fukiya:	Blasrohr
Heihô:	Kampfstrategie
Gotonpô:	Gebrauch der natürlichen Elemente zur Flucht
In-Yô- dô:	Taoistische Prinzipien
Seishin teki kyôyô:	Geistige Erziehung
• *Meso*:	Meditation
• *Shinpi*:	Konzepte des Mystizismus
Ninpô-Mikkyô:	Ninja-Konzepte des esoterischen Buddhismus
• *Kuji-kiri*:	Gitter der Neun Schnitte
• *Kuji-in*:	Neun-Zeichen-System

---

359 Nach Hayes, *Ninja 2*; S. 18. Hatsumi (*Ninjutsu – History and Tradition*; S. 12 ff.) gibt eine etwas andere Liste: 1. *seishin teki kyôyô* (spiritual refinement); 2. *taijutsu* (unarmed combat); 3. *ninja ken* (ninja sword); 4. *bôjutsu* (stick and staff fighting); 5. *shuriken-jutsu* (throwing blades); 6. *yari-jutsu* (spear fighting); 7. *naginata-jutsu* (halbherd fighting); 8. *kusari-gama* (chain and sickle weapon); 9. *kayaku-jutsu* (fire and explosives); 10. *hensô-jutsu* (disguise and impersonation); 11. *shinobi-iri* (stealth and entering methods); 12. *ba-jutsu* (horsemanship); 13. *sui-ren* (water-training), 14. *bôryaku* (strategy); 15. *chô-hô* (espionage); 16. *inton-jutsu* (escape and concealment); 17. *tenmon* (meteorology); 18. *chimon* (geography).

Die acht Ausbildungsgebiete des traditionellen Ninjutsu[360]

- *Kiai-jutsu*: Harmonisierung mit dem Lauf der Dinge
- *Tai-jutsu*: Körperliche Fertigkeiten
- *Kenpô*: Schwerttechniken
- *Yari-jutsu*: Speertechniken
- *Shuriken-jutsu*: Wurfgeschosse
- *Ka-jutsu*: Gebrauch von Feuer und Sprengstoffen
- *Yugei*: Traditionelle Künste
- *Kyô Mon*: Praktische Erziehung

360 Nach Hayes, *Ninja 1*, S. 16.

Übersicht der verschiedenen Ninja-ryû[361]

- *Akiba-ryû* (Bezirk Aichi; Gründer Hachisuka Koroku Masakatsu)
- *Bizen-ryû* (Bezirk Okayama)
- *Echizen-ryû* (Bezirk Toyama)
- *Fukushima-ryû* (Bezirk Shimane; Gründer Nojirijiro Jirouemon Narimasa)
- *Fuma-ryû* (Bezirk Kanagawa; Gründer Fuma Kotaro)
- *Haguro-ryû* (Bezirk Yamagata)
- *Hattori-ryû*
- *Ichizen-ryû* (Bezirk Aichi; Gründer Hachisuka Koroku Masakatsu)
- *Iga-ryû*
- *Kaji-ryû* (Gründer Kaji Ominokami Kagehide)
- *Kishû-ryû* (Bezirk Wakayama)
- *Kôga-ryû*
- *Koyo-ryû* (Gründer Takeda Shingen)
- *Kuroda-ryû* (Bezirk Fukuoka)
- *Matsuda-ryû* (Provinz Ibazaki)
- *Matsumoto-ryû* (Bezirk Tochigi)
- *Mino-ryû* (Bezirk Gifu)
- *Momochi-ryû*
- *Nakagawa-ryû* (Bezirk Aomori; Gründer Nakagawa Kohayato)
- *Nanban-ryû* (Bezirk Nagasaki)
- *Natori-ryû* (Bezirk Wakayama; Gründer Natori Sanjuro Masatake)
- *Ninko-ryû* (Gründer Takeda Shingen)
- *Negoro-ryû* (Bezirk Wakayama; Gründer Suginobo Myosan)
- *Saiga-ryû* (Bezirk Wakayama)
- *Satsuma-ryû* (Bezirk Kagoshima)
- *Takeda-ryû* (Gründer Takeda Shingen)
- *Uesugi-ryû* (Bezirk Niigata; Gründer Usami Suruganokami Sadayuki)
- *Yoshitsune-ryû* (Bezirk Fukui; Gründer Minamoto Yoshitsune)

---

361 Nach Hayes, *Ninja 4*.

Bibliographie

[Vorbemerkung 2017] Ich habe die Bibliographie in ihrer ursprünglichen Form belassen, damit nachvollziehbar wird, auf Grundlage welcher Texte ich meine Magisterarbeit vor fast zwanzig Jahren erstellt habe. Sie wäre heute selbstverständlich um viele Titel zu erweitern, und auch um einige zu streichen. Aktuellere Titel finden sich z. B. in meinem *Samurai und Kriegskunst* (2012) sowie der Neuauflage meiner Dissertation *Bunbu-Ryôdô: Philosophie und Ethik japanischer Kriegskunst* (2017). Speziell zum Thema Ninjutsu sei hier nur auf *The Secret History of Ninjutsu* von Kacem Zoughari (2010) sowie diverse Titel – und in Zusammenarbeit mit Minami Yoshie vorgelegte Übersetzungen – von Antony Cummins verwiesen. Zu den esoterischen Aspekten in den Kampfkünsten siehe insbesondere *Invisible Armor. An Introduction to the Esoteric Dimension of Japan's Classical Warrior Arts* von Serge Mol (2008). Zu der in deutscher Übersetzung im Falken-Verlag erschienenen *Ninja*-Reihe von Stephen K. Hayes sind auf Englisch noch zwei weitere Titel publiziert, nämlich *Ninja 5 – Lore of the Shinobi Warrior* (1989) sowie *Ninja 6 – Secret Srcolls of the Warrior Sage* (2007). Diese beiden Titel sind nicht mehr ins Deutsche übersetzt worden; sie enthalten überwiegend praktische Anwendungen (Bd. 5) sowie Beispiele aus den verschiedenen, unter Hatsumi im Bujinkan versammelten Ryû (Bd. 6). Auch von Masaaki Hatsumi sind noch weitere Titel erschienen, darunter *The Way of the Ninja* (2004), *The Essence of Budo. The Secret Teachings of the Grandmaster* (2011) sowie *The Complete Ninja: The Secret World Revealed* (2014).

Japanische Lexika und Nachschlagewerke

Genichi, Kondô, *Zengoku Shiseki Sôken*; Tôkyô 1978

Inagaki, Fumio, *Buke Jiten*; Tôkyô 1959

Inagaki, Fumio, *Sengoku Buke Jiten*; Tôkyô 1962

Kadokawa, Tsuguhiko; *Shinjigen*; Tôkyô 1998

Kaneoka, Shûyû, *Koji meisatu jiten*; Tôkyô 1970

Keizô, Yoshikawa, *Kokushi Daijiten*; Tôkyô 1979

Kuwata, Tadachika, *Sengoku no shiwa*; Tôkyô 1963

Mochizuki, Nobumichi, *Bukkyô Daijiten*; Tôkyô 1935

Nakamura, Hajime, *Bukkyô Go Daijiten*; Tôkyô 1981

Sasama, Yoshihiko, *Sengoku Bushi Jiten*; Tôkyô 1969

Sawada, Hisao, *Nihon Chimei Daijiten*; Tôkyô 1937

Shinmura, Izuro, *Kojien*; Tôkyô 1998

Tetsuji, Murohashi, *Dai Kanwa-jiten*; Tôkyô 1957

Yoshida, Dôgo, *Dai-Nihon Chimei Jiten*; Tôkyô 1958

Japanische Texte: Sonstige

Adachi, Kenichi/Ozaki, Hotsuki/Yamada, Munemutsu, *Ninpô*; Tôkyô 1964

Gorai, Shigeru, *Shugendô-shi kenkyû to Shugendô-shiryô*; Tôkyô 1932

Hatsumi, Masaaki, *Ima Ninja*; Tôkyô 1981

Hatsumi, Masaaki, *Hitsuden Togakure-Ryû Ninpô*; Tôkyô 1992

Heishichirô, Okuse, *Ninja – Sono Rekishi To Nin*ja; Tôkyô 1963

Heishichirô, Okuse, *Ninjutsu no honshitsu to shiryaku*; in: *Nihon Budô Taikei – Vol. 5*; Tokyô 1982

Heishichirô, Okuse, *Bansenshûkai*; in: Tokoro, *Nihon Budô Taikei – Vol. 5*; Tôkyô 1982

Heishichirô, Okuse, *Shôninki*; in: Imamura, *Nihon Budô Taikei – Vol.9*; Tôkyô 1982

Imamura Yoshio/Heishichirô, Okuse, *Nihon Budô Taikei – Vol.9 (Bugei Zuihitsu)*; Tôkyô 1982

Shimada, Teiichi/Imamura Yoshio, *Nihon Budô Taikei – Vol.7 (Yarijutsu –Naginatajutsu – Bôjutsu – Kusarigamajutsu – Shurikenjutsu)*; Tôkyô 1982

Shinjûrô, Tobe, *Ninja to ninjutsu*; Tôkyô 1996

Takase, Shigeo, *Kodai Sangaku-Shinkô Shiteki Kôsatsu*; Tôkyô 1969

Togawa, Anshô, *Shugendô to Minzoku*; Tôkyô 1972

Tokoro, Sôkichi, *Nihon Budô Taikei – Vol.5 (Hôjutsu – Suijutsu – Ninjutsu – Bajutsu)*; Tôkyô 1982

Yamada, Hiromaru (Hrsg.), *Shugen Seiten*; Kyôto 1928

Yamaguchi, Masayuki, *Ninja no Seikatsu*; Tôkyô 1963

Andere Sprachen: Lexika und Nachschlagewerke

Eliade, Mircea & Culianu, Ion P., *Handbuch der Religionen*; München 1990

Franke, Wolfgang, *China-Handbuch*; Düsseldorf 1974

Hammitzsch, Horst (Hrsg.), *Japan-Handbuch*; Stuttgart 1990

Hisao, Inagaki, *A Dictonary of Japanese Buddhist Terms*; Kyôto 1985

Kodansha, *Encyclopedia of Japan*; Tôkyô 1983

Lind, Werner, *Das Lexikon der Kampfkünste*; Berlin 1999

Papinot, E., *Historical and Geographical Dictionary of Japan*; Michigan 1948

Soothill, W.E., *A Dictionary of Chinese Buddhist Terms*; Delhi 1977

Andere Sprachen: Sonstige

Adams, Andrew, *Ninja – Geschichte, Philosophie und Kultur der Schattenkämpfer*; Falken-Verlag; Niedernhausen/Ts. 1991

Anders, Frieder (Hrsg.), *Taichi – Chinas lebendige Weisheit. Grundlagen der fernöstlichen Bewegungskunst*; Köln 1985

Aston, W. G., *Nihongi – Chronicles of Japan from the Earliest Times*; London 1956

Becker, H. D., *Sun Tze – Die dreizehn Gebote der Kriegskunst*; München 1972

Blofeld, John, *Der Taoismus oder die Suche nach Unsterblichkeit*; München 1994

Blomberg, Catharina, *The Heart of the Warrior – Origins and Religious Background of the Samurai System in Feudal Japan*; Japan Library; 1994

Brosse, Jacques, *Schweigen, Blüte, Lachen – Die Tradition des Zen*; Düsseldorf 1994

Chang, Dsu Yao/Fassi, Roberto, *Shaolin Kung Fu 1 – Grundlagen chinesischer Kampfkunst*; Niedernhausen/Ts. 1993

Cheng, Man-ch'ing, *Ausgewählte Schriften zu T'ai Chi Ch'uan – Meditation, I Ging, Kalligraphie und Chinesische Medizin*; Sphinx Verlag, Basel 1988

Chia, Mantak, *Tao Yoga – Eisenhemd Chi Kung*; Interlaken 1989

Chia, Mantak & Li, Juan, *Tao Yoga – Inneres Tai Chi*; Bern, München, Wien 1996

Chow, David/ Spangler, Richard, *Kung Fu – History, Philosophy and Technique*; Unique Publications USA 1977

Cleary, Thomas, *Musashi – Vom Sieg im Kampf*; München 1996

Colegrave, Sukie, *Yin und Yang – Die Kräfte des Weiblichen und des Männlichen*; München 1983

Cooper, J. C., *Was ist Taoismus?*; München 1993

Crowley, Brian & Esther, *Moving with the Wind – Magic and Healing in the Martial Arts*; Llewellyn Publications, Minnesota 1994

Daniel, Charles, *Traditional Ninja Weapons – Fighting Techniques of the Shadow Warrior*; Unique Publications, Inc. 1986

Deacon, Richard, *A Short History of the Japanese Secret Service*; London 1982

Dolin, A. / Popow, G., *Kempo – Die Kunst des Kampfes*; Ullstein Buchverlage GmbH & Co. KG, o. J.

Draeger, Donn F./Smith, Robert W., *Comprehensive Asian Fighting Arts*; Kodansha International 1980

Draeger, Donn F., *Ninjutsu – The Art of Invisibility*; Charles E. Tuttle Company, Inc. of Rutland, Vermont & Tôkyô, Japan; 1995

Dürckheim, Karlfried Graf, *Hara – Die Erdmitte des Menschen*; Scherz Verlag 1995

Eliade, Mircea, *Yoga – Unsterblichkeit und Freiheit*; Suhrkamp Taschenbuch Verlag 1985

Ettig, Wolfgang, *Kuji-In*; Verlag Wolfgang Ettig; Bad Homburg 1992

Farris, William W., *Heavenly Warriors – the evolution of Japan's Military, 500-1300*; Cambridge 1992

Friday, Karl F., *Hired Swords – The Rise of Private Warrior Power in Early Japan*; Stanford University Press; Stanford, California 1992

Gluck, Jay, *Zen Combat and the Secret Power called Ki*; USA 1962

Goepper, R., *Shingon – Die Kunst des Geheimen Buddhismus in Japan*; Köln 1988

Govinda, Lama A., *Grundlagen tibetischer Mystik*; Scherz Verlag Bern-München Wien 1956

Güntsch, Gertrud, *Das Shen-hsien chuan und das Erscheinungsbild eines Hsien*; Frankfurt am Main 1988

Hatsumi, Masaaki, *Ninjutsu – History and Tradition*; Unique Publications Inc.; 1981

Hatsumi, Masaaki, *The Grandmasters Book of Ninja Training*; Contemporary Books Inc.; Chicago, Illinois 1988

Hatsumi, Masaaki, *Essence of Ninjutsu – The Nine Traditions*; Chicago 1988

Hayes, Stephen K., *Ninja 1 – Die Lehre der Schattenkämpfer*; Falken-Verlag; Niedernhausen 1985 [englische Originalausgabe 1980]

Hayes, Stephen K., *Ninja 2 – Die Wege zum Shoshin*; Falken-Verlag; Niedernhausen 1989 [englische Originalausgabe 1981]

Hayes, Stephen K., *Ninja 3 – Der Pfad des Togakure-Kämpfers*; Falken-Verlag; Niedernhausen 1986/1989 [englische Originalausgabe 1983]

Hayes, Stephen K., *Ninja 4 – Das Vermächtnis der Schattenkämpfer*; Falken-Verlag; Niedernhausen 1989 [englische Originalausgabe 1984]

Hayes, Stephen K., *Lore of the Shinobi Warrior – Ninja Vol. 5*; Ohara Publications, Inc.; Santa Clarita, California 1989

Hayes, Stephen K., *The Ancient Art of Ninja Warfare – Combat, Espionage and Traditions*; Contemporary Books; Chicago-New York 1988

Hayes, Stephen K., *The Mystic Art of the Ninja – Hypnotism, Invisibility and Weaponry*; Contemporary Books, Inc.; Chicago 1985

Hayes, Stephen K., *The Ninja and their secret fighting art*; Charles E. Tuttle Company; o. J.

Kaptchuk, Ted J., *Das große Buch der chinesischen Medizin*; München 1983

Karzau, Julia, *Grosse Budo-Meister*; Sportverlag Berlin 1999

Keegan, John, *Die Kultur des Krieges*; Berlin 1995

Kitagawa, H. & Tsuchida, B. T., *The Tale of the Heike – Heike Monogatari*; Tôkyô 1975

Kobayashi, Petra, *Der Weg des T'ai Chi Ch'uan – Geistiger Hintergrund und taoistische Praktiken*; München 1984

Legget, Trevor, *Zen and the ways*; London 1978

Liao, Waysun, *Die Essenz des T'ai Chi*; München 1996

Li Hsing, *Combat Skills of the Lin Kuei-Heritage of the Ninja*; Paladin Press; Boulder, Colorado 1986

Liu, Da, *T'ai Chi Ch'uan and I ching – A choreography of Body and Mind*; USA 1972

Lysbeth, André van, *Die große Kraft des Atems – Richtig atmen lernen durch Yoga*; Scherz Verlag Bern-München-Wien 1972

Mauer, Kuno, *Die Samurai – Ihre Geschichte und ihr Einfluß auf das moderne Japan*; Düsseldorf/Wien 1981

McCarthy, Patrick, *The Bibel of Karate – Bubishi*; Rutland Vermont & Tokyo, Japan 1995

McCullough, Helen Craig, *The Taiheiki*; New York 1959

McCullough, Helen Craig, *Yoshitsune – A Fifteenth-Century Japanese Chronicle*; University of Tokyo Press; Tokyo Japan 1966

Minoru, Kiyota, *Shingon Buddhism: Theory and Practice*; Buddhist Books International 1978

Mishra, Rammamurti S., *Vollendung durch Yoga*, Scherz Verlag München 1974

Moritz, Ralf, *Die Philosophie im alten China*; 1990

Morris, Glen, *Path Notes of an American Ninja Master*; Berkeley, California 1993

Morris, Ivan, *Samurai oder Von der Würde des Scheiterns*; Frankfurt a. M. 1989

Munthe, Bo F., *Ninjutsu*; Verlag Wolfgang Ettig; Bad Homburg 1985

Nakamura, T., *Das große Buch vom richtigen Atmen*; München 1987

Needham, Joseph (bearbeitet von Colin A. Ronan), *Wissenschaft und Zivilisation in China – Band 1*; Frankfurt am Main 1984

Olvedi, Ulli, *Das Stille Qi Gong*; Scherz Verlag Bern-München-Wien 1994

Palmer, Martin, *The Elements of Taoism*; 1953

Peterson, Kirtland C., *Mind of the Ninja – Exploring the inner Power*; Illinois 1986

Piekalkiewicz, J., *Weltgeschichte der Spionage*; Südwest Verlag in der Verlagshaus Goethe-Straße GmbH & Co.KG; München 1988

Rabinovitch, Judith N., *Shômonki – The Story of Masakado's Rebellion*; Monumenta Nipponica, 1986

Ratti, Oscar/Westbrook, Adele, *Secrets of the Samurai*; Charles E. Tuttle Company, Inc. Of Rutland; Vermont & Tôkyô, Japan 1996

Reid, Howard/Croucher, Michael, *Der Weg des Kriegers*; München 1986

Renondeau, G., *Le Shûgendo – Histoire, Doctrines et Rites des Anachorètes dits Yamabushi*; Paris 1965

Requena, Yves, *Qi Gong – Das geheime Übungssystem für Lebenskraft und Langlebigkeit*; München 1992

Rotermund, Hartmund G., *Die Yamabushi*; Hamburg 1968

Robinet, Isabelle, *Geschichte des Taoismus*; München 1995

Sansom, G. B., *Japan – A Short Cultural History*; Tôkyô 1997

Saunders, Dale E., *Mudra – A Study of Symbolic Gestures in Japanese Buddhist Sculpture*; New York 1960

Sawako, Noma, *Keys to the Japanese Heart and Soul*; Tôkyô 1997

Shimura, Terri, *Kunoichi – Deadly Sisterhood of the Ninja*; Paladin Press; Boulder, Colorado 1986

Sivananda, Sarasvati, *Kundalini Yoga*; Scherz Verlag 1954

Taisen, Deshimaru, *Za-Zen. Die Praxis des Zen*; Heidelberg-Leimen 1991

Taisen, Deshimaru, *Zen in den Kampfkünsten Japans*; Heidelberg-Leimen 1994

Tôhei, Kôichi, *Ki im täglichen Leben*; Leimen 1979

Turnbull, Stephen, *The Samurai – A Military History*; Japan Library; 1977 & 1996

Turnbull, Stephen, *Ninja – the True Story of Japan's Secret Warrior Cult*; Firebird Books Ltd.; 1992

Varley, Paul, *Warriors of Japan – As Portrayed in the War Tales*; University of Hawaii Press; 1994

Viscount Montgomery of Alamein, *Kriegsgeschichte – Weltgeschichte der Schlachten und Kriegszüge*; George Rainbird Ltd.; London 1968

Vollmar, Klausbernd, *Fahrplan durch die Chakren*; Hamburg 1988

Ware, James R.(ed.), *Alchemy, Medicine & Religion in the China of A. D. 320*; Massachusetts 1966

Wing, R. L, *Die Strategie der Sieger – Eine Neuübersetzung von Sun Tsus Klassiker ,Die Kunst der Strategie'*; München 1989

Wu, John C. H., *The Golden Age of Zen*; China 1975

Yamasaki, Taiko, *Shingon – Der esoterische Buddhismus in Japan*; Theseus Verlag; Zürich-München 1990

Yang, Jwing-Ming, *Yang Style Tai Chi Chuan*; Unique Publications 1982

Zimmer, Heinrich, *Philosophie und Religionen Indiens*; Suhrkamp Verlag, Frankfurt am Main 1994

Übersetzungen (2017)

Bansenshûkai: Vorwort

Grundsätzlich ist der Krieg (der Krieger) für das Land von großer Bedeutung; er ist der Weg, der über Sterben oder Leben, über Bestehen oder Untergang entscheidet. Bei Gefahr für das Reich ist er von fundamentaler Wichtigkeit und keine kleine Angelegenheit.[362] Tief reichende Rechtschaffenheit kennt keine leichtfertigen Vorteile. Deshalb steht sorgfältige und geheime Planung am Anfang; die „fünf Angelegenheiten und sieben Berechnungen" (五事七計) werden klar erkannt und das Herz der Menge wird erfasst. Zum Zwecke von Ränken und Macht werden orthodoxe und unorthodoxe Mittel angewandt. Wer über die fünf Qualitäten von Weisheit, Mitgefühl, Aufrichtigkeit, Tapferkeit und Strenge verfügt und wem keiner der drei Vorteile von Himmel, Erde und Mensch entgeht, der vermag mit Tausend Soldaten Millionen von Feinden gegenübertreten und wird dennoch in hundert Kämpfen hundert Mal siegreich sein. Welche Gefahr könnte es da noch geben? Aber auch wenn es nur wenige wahrhaft weise Heerführer in der Welt gibt, sollte man um Meister Sunwu wissen, der fortging und Helü beistand,[363] oder auch um Herzog Pei (Pei Gong), welcher Zi Fang (Zhang Liang) für sich gewinnen konnte und so das ganze Reich einigte.[364] Darüber hinaus: Wenn Herrscher ihre weisen Feldherren zu schätzen wissen, das Land ordnen und die Familien regeln, dann gibt es im ganzen Land, mag es auch groß sein, nichts zu fürchten. Derart ist die Vorsorge des Herrschers umfassend, und es gibt auch keine unweisen Feldherren mehr. Auch in unserer Heimat gab es vormals viele große Feldherren. Aber es ist eine Sache, dem Land Frieden zu bringen, und eine andere Sache, es durch bloße Gewalt an sich zu reißen. Besaßen sie tatsächlich Menschlichkeit und Rechtschaffenheit? Kusunoki Masashige und andere konnten ihre Gelegenheiten

362 *Sunzi*, I.1.

363 Japanisch Kôryo (515-496), König von Wu. Über das Wirken des Sunzi berichtet der frühe chinesische Historiograph Sima Qian (145-86 v.u.Z.) in seinen „Historischen Aufzeichnungen" (*Shiji*). Darin heißt es: „Im Westen zerschlug Sun Tze das Fürstentum Tschu, und im Kampf nahm er seine Hauptstadt Jing. Im Norden flößte er den Fürstentümern Tji und Djin Furcht ein. Seine Erfolge und sein Ruhm verbreiteten sich unter den Herrschern der Fürstentümer. Sun Tze trug zum Erstarken der Macht des Fürstentums Wu bei" (Becker, *Sun Tze – Die dreizehn Gebote der Kriegskunst*).

364 Pei Gong (Haikô) ist der Begründer der Han-Dynastie.

nutzen, derweil der Herrscher ohne Tugendkraft war. Weil sie die Rechtschaffenheit bewahrten, fanden sie schließlich im Kampf den Tod. Wann hat es so etwas je wieder gegeben? In der heutigen verderbten Zeit sind die Herzen der Menschen argwöhnisch und boshaft; man liebt die Worte, aber nicht die Taten. In der Vergangenheit reichten die Menschen der Zhou nicht an die Menschen der Yin bzw. Shang heran, die Menschen der Yin reichten nicht an die Menschen unter König Yu der Xia heran, und König Yu reichte nicht an König Shun heran. Werden also die Menschen der zukünftigen Zeit an die der heutigen Zeit heranreichen? Welche sind bereit, die Rechtschaffenheit zu bewahren, die Anweisungen des Feldherrn einzuhalten und unter allen wechselnden Umständen (*rinki-ôhen*) loyal und treu zu kämpfen? Ein großer Feldherr mag sich wohl durch seine Pläne auszeichnen; aber wenn die Soldaten nicht entsprechend handeln können, wird er nur schwer den Sieg davontragen. Im Kampf zielt man auf die Schwachstelle (des Gegners); man schlägt unerwartet und aus der Ferne zu. Aber trotz der Kenntnis dieser Gesetzmäßigkeiten und vieler Listen und Pläne ist es ohne die Fertigkeiten der Shinobi (*ninjutsu*) nicht möglich, die geheimen Absichten und verborgenen Vorhaben des Feindes in Erfahrung zu bringen.

Untersucht man daraufhin die Kriegslehren des *Sunzi* und *Wuzi* oder auch die geheimen militärischen Schriften von Zhang Liang und Han Xin, so findet man, dass sie um die Stärken und Schwächen des Gegners wussten, starke Befestigungen zu erklimmen vermochten, oder ganze Armeen des Feindes in die Falle lockten. Wie hätten sie diese großen Siege ohne Agenten erlangen können? Die Leistung eines Einzelnen kann Zehntausend zu Fall bringen; doch wie sollte dies ohne die Kunst der Shinobi möglich sein? Man darf das Lernen nicht unterlassen, bis man es zur Vollendung gebracht hat. Dann kann der Feind eiserne Gefängnisse erbauen und die Mauern mit Soldaten besetzen – es gibt nichts, worin man mittels dieser Kunst nicht einzudringen vermöchte. Diese Kunst verfügt nicht über wunderbare Kräfte (*jinzû*), sondern ist wie der Kampf mit dem Schwert; d. h. man schlägt in die Lücken des Feindes, reagiert auf seinen Angriff und macht sich die Überraschung zunutze. Daher nehme ich die wichtigsten Punkte aus dem *Kanrin-Seiyô* (間林精要) und schreibe 20 Rollen zum Ninjutsu nieder, zusammen mit den „Fragen und

Antworten“ (*Mondô*), den „Einführenden Bemerkungen“ und anderen Themen. Dadurch wird das Geheimnis der Militärkunst bewahrt.

Enpô 4, im Jahr des Drachen (1676)
Fujibayashi Yasutake, Eremit aus Kôga in Ômi

Bansenshûkai: Einführende Bemerkungen

Diese *Bansenshûkai* genannte Schrift wurde von Anfang bis Ende nach dem Plan des *Kanrin-seiyô* (間林精要) kompiliert. Dabei wurden die geheimen Fertigkeiten und Werkzeuge der Shinobi wie der 11 Ninja aus Iga und Kôga herangezogen sowie aus anderen heutigen Stilen das Gute ausgewählt und das Schlechte beiseite gelassen. Außerdem wurden die von berühmten chinesischen und japanischen Feldherren gebrauchten Strategien des Ninjutsu mit aufgenommen. Indem wir die Prinzipien der Früheren offenlegen, die moralischen Prinzipien wieder richten und Ungerechtigkeit entlarven, führen wir diese Kunst zum Höchsten zurück; dadurch gerät die Ordnung nicht zur Unordnung und alles wird offensichtlich. Das ist damit gemeint, dass „alle Flüsse unter dem Himmel in den Ozean strömen" und so etwas Großes und Umfassendes bilden; aus diesem Grund trägt diese Schrift den Namen *Bansenshûkai* („Zehntausend Flüsse münden in das Meer"). Damit unterscheidet sich diese Schrift von anderen Schriften und Shinobi, welche nur einen kleinen Teil gelernt haben, sich aber als Iga-Ninja ausgeben. Darüber hinaus sind die unzähligen Listen, Strategien und Verdienste in ihrer ganzen Tiefe nichts, worüber gewöhnliche Menschen tatsächlich Bescheid wissen sollten. Kürzt man jedoch die Ausführungen bis zu dem Punkt, wo keine Klarheit mehr erreicht wird, so handelt es sich nur noch um Geplapper. Die Unterweisungen der Gelehrten und Meister müssen von einem selbst lange Zeit gründlich durchdacht und genau verstanden werden. Aber ohne eine mündliche Unterweisung zu erhalten, wird man die subtilen Geheimnisse dieser Schrift nicht ergründen können.

1.

Diese Schrift ist in die sechs Kapitel *Seishin – Shôchi – Yônin – Innin – Tenji* und *Ninki* unterteilt, wobei *Seishin* (正心) das erste ist. Der Grund dafür ist, dass *Seishin* („das lautere Herz") die Grundlage von allem ist. Die Künste der Shinobi bestehen in weisen Strategien und Plänen; ein Weiteres ist es, Wälle und Mauern zu erklettern und ohne Vorbehalte Ketten, Dietriche und Fußangeln zu gebrauchen. Hier befindet es sich nahe bei der Diebeskunst. Wenn jemand die Ordnung des

Himmels (*tendô*) nicht fürchtet und mittels dieser Kunst treulose und verräterische Taten begeht, dann führt diese Schrift letztlich zu einem Weg der Diebeskunst. Um dies zu vermeiden, befindet sich *Seishin* am Anfang. Es handelt zunächst vom Weg der Treue und beschreibt die Gesetze von Leben und Tod; der Leitfaden dazu ist *Seishin.* Auch wenn ein solches Vorgehen vielleicht das Gelächter derjenigen hervorruft, die wahrhaftig um den Weg zu wissen meinen: Es ist dennoch eine große Hilfe, um seine Absichten erfolgreich durchzusetzen. Wenn ein junger Krieger mit Hilfe dieser Schrift den ganzen Tag – im Stehen und Gehen, im Sitzen und Liegen (*gyôjû-zaga*), mit großem Mut und tapferem Streben, die Quelle von Treue und Rechtschaffenheit vor Augen, keine Mühen scheuend – unerlässlich dieser Kunst folgt, dann wird er ganz von selbst zur Erleuchtung gelangen und die Bedeutung des lauteren Herzens verstehen. Wird diese Kunst wirklich verstanden, werden die Schwachen stark, die Schmeichler und Neider treu und die Einfältigen verständig. Wer um die Bedeutung von Mut und Wissen weiß, vermag überall hin zu gelangen. Wenn das Herz nicht lauter ist, wird man keine tiefgründigen Pläne verwirklichen können. Was man auch vorhat: Wenn der Plan dann umgesetzt werden soll, wird der Feind davon erfahren. Nur kämpferischer Mut allein bedeutet noch nicht, Widrigkeiten zu meistern. Daher ist *Shôshin* der Anfang.

2.

Shôchi (将知) bzw. „Führungswissen“ steht an zweiter Stelle. Auch wenn der Ninja treu, tapfer und gerissen ist: Wenn ihn der Feldherr nicht richtig einsetzt, kann er seine Pläne nur schwer vollenden. Wenn er seine Pläne nicht vollenden kann, weiß der Feldherr nicht um den Nutzen des Ninjutsu. Wenn der Feldherr unwissend ist, ist sein Herz von Zweifeln erfüllt und er denkt nicht daran, dass er Ninja ins feindliche Lager schicken muss. Wenn aber keine Ninja eindringen, kann man die geheimen Absichten des Gegners nicht erfahren. Wenn man die geheimen Absichten des Feindes nicht kennt, ist es schwer, die Armeen einzuteilen und seine Strategie festzulegen. Ist es schwer, seine Soldaten einzuteilen und seine Strategie festzulegen, so ist dies das Fundament für die Niederlage. Wenn man keine Ninja einsetzt, ist es schwer, die Lage des Feindes einzuschätzen und seine Pläne zu verfolgen. Wenn es Zeit ist, seine Soldaten einzuteilen und Vorbereitungen zu treffen, irrt man ziellos durch die Nacht und wird leicht in die Irre gehen. Daher wird man stürzen, wenn man sich im Osten vorbereitet und der Feind überraschend im Westen erscheint; bereitet man sich im Süden vor und der Gegner kommt von Norden, wird man plötzlich in Verwirrung gestürzt. So wird man oftmals Niederlagen erleiden. Ein Weiteres ist es, wenn der Feldherr seine Ninja nicht gut einzusetzen weiß, z. B. wenn er Ninja in die Burg des Feindes eindringen lässt und ein Angriff von außen nicht entsprechend daran angepasst wird. Nicht entsprechend zu reagieren kann den Sieg in einer Schlacht kosten oder den unerwarteten Tod eines Ninja. Daher steht *Shôchi* an zweiter Stelle. Weiterhin sind in diesem Kapitel Methoden beschrieben, um das Eindringen von Ninja in das eigene Lager zu verhindern, worüber ein Feldherr Bescheid wissen sollte; darüber hinaus ist die Kunst des Eindringens der eigenen Ninja ins feindliche Lager beschrieben.

3.
Das Kapitel *Yônin* (陽忍) steht vor *Innin* (陰忍). Der Grund hierfür ist, dass *yô* bzw. *yang* die ersten und *in* bzw. *yin* die letzten Prinzipien (*ri*) gebraucht. Aber auch wer sich in den Künsten des *Yônin* auszeichnet, kann diese nicht ohne ständige Übung zur Anwendung bringen. Diejenigen, die diese Künste anstreben, müssen lernen und üben, ohne dabei das gewöhnliche Leben zu vernachlässigen. In diesem Kapitel ist auch die Kunst der *nokizaru* der Kundschafter beschrieben. Aufgabe der Spione ist es, die Lage des Gegners in Erfahrung zu bringen. Auch wenn man meint, dies müssten die Ninja nicht unbedingt lernen, darf man es doch keinesfalls vernachlässigen.

4.
Im Kapitel *Innin* werden Nachtangriffe der Ninja, Diebstahl und anderes beschrieben. Auch hierbei verhält es sich wieder so, dass man diese Dinge nicht vernachlässigen darf, selbst wenn man meint, dass sie nicht zum Ninjutsu gehören würden. Nächtliche Angriffe sind eine wesentliche Methode der Shinobi. Daher

sind nächtliche Angriffe ohne solche Grundsätze nicht erfolgreich. Ninja, welche nicht über diese Nachtangriffe Bescheid wissen, dringen nicht zu den essenziellen Prinzipien des Ninjutsu vor. Ebenso steht es mit der Angelegenheit von Gefangenen, welche nicht zu den ursprünglichen Aufgaben dieses Weges zählt. Es scheint jedoch heute zu den Aufgaben der Ninja zu zählen, weshalb ich einen Abriss der seit alter Zeit hierzu zählenden Verfahren gebe. Dies zählt jedoch nicht zu der ursprünglichen Absicht dieser Kunst. Solches sind keine originären Künste der Ninja, sondern Beschäftigungen anderer Bediensteter.

5.
Tenji (天時) („Himmelszeiten, Meteorologie“) und *tenmon* (天文) („Himmelskunde“) bilden das fünfte Kapitel. „Die Gunst der Zeit ist nichts gegen den Vorteil der Lage. Der Vorteil der Lage ist nichts gegen die Einigkeit der Menschen.“ Dies ist die Grundlage der Lehren der Alten.[365] Es sind aber in dem Kapitel *Tenji* viele für das Ninjutsu wichtige Dinge enthalten. Dies darf man nicht vernachlässigen. Aber man darf auch nicht zu stark davon abhängig sein.

6.
Ninki (忍器) („Gerätschaften der Shinobi“) sind ein Bestandteil der dunklen Künste (*in-nin*) der Shinobi. Da diese Belehrung über den Einsatz und die Herstellung der Ausrüstungsgegenstände aber nicht die Grundsätze der Shinobi behandelt; wird sie hier an letzter Stelle angeführt. Die Handhabung der Ausrüstung muss selbst erlernt werden; man muss herausfinden, was funktioniert und was nicht. Wenn man es nicht versucht, lernt man nicht, damit umzugehen. Es geht im Wesentlichen darum, mit einem Werkzeug viele verschiedene Anwendungen zu bewerkstelligen. Dieses Verfahren ist ausführlich in diesem Band erläutert.

365 Menzius, Kap. *Gong Sun Chou*, II.10 (Übersetzung Richard Wilhelm).

Bansenshûkai: Mondô

1.
Frage: „Seit wann gibt es die Kunst der Shinobi (Ninjutsu)?"

Antwort: „Diese Methoden der Kriegsführung begannen bei Kaiser Fu Xi (伏羲)[366] und blühten dann bis hin zu Xuan Yuan (軒轅), dem Gelben Kaiser. Von dort wurden sie späteren Generationen übermittelt, und unter Menschen mit Verstand und Geist gibt es niemanden, der diese Kunst nicht sehr schätzen würde. Ninjutsu ist für die militärischen Obliegenheiten von großer Bedeutung. Obwohl es heißt, dass die Anfänge bei Fu Xi und Huang Di liegen, gibt es darüber keine schriftlichen Aufzeichnungen. Es war wohl nur seiner Essenz nach vorhanden. Daher sieht man diese Schrift als die älteste an."

2.
Frage: „Was ist der Grund für die Wichtigkeit des Ninjutsu in der Kriegsführung?"

Antwort: „Diese Wichtigkeit hat ihren Grund in der Schrift des *Sunzi*, den „Dreizehn Kapiteln", und zwar im Abschnitt über den Gebrauch von Spionen (用間). Darüber hinaus ist dieses Thema auch in anderen frühen militärischen Schriften sowie in Abhandlungen über die Kriegskunst aus unserem eigenen Land verschiedentlich behandelt worden. Weshalb sollte diese Kunst, wenn sie nicht von außerordentlicher Bedeutung für den Krieg gewesen wäre, von den Weisen früherer Zeiten schriftlich überliefert worden sein? Oder habt ihr noch nicht davon gehört? In den militärischen Schriften heißt es: ‚Die Kriegskunst besteht darin, das Innere zu beherrschen und das Äußere zu kennen', d. h. über die geheimen Absichten und Pläne des Feindes genau Bescheid zu wissen. Wenn man mittels

366 Chinesisch Fu Hi; legendärer Kaiser des chinesischen Altertums, der den Fischfang, die Viehzucht, die Schrift und das Stäbchenorakel in China eingeführt haben soll. „Als in der Urzeit Bau Hi die Welt beherrschte, da blickte er empor und betrachtete die Bilder am Himmel, blickte nieder und betrachtete die Vorgänge auf Erden. Er betrachtete die Zeichnungen der Vögel und Tiere und die Anpassungen an die Orte. Unmittelbar ging er von sich selbst aus, mittelbar ging er von den Dingen aus. So erfand er die acht Zeichen, um mit den Tugenden der lichten Götter in Verbindung zu kommen und aller Wesen Verhältnisse zu ordnen" (*I Ging – Da Dschuan*).

dieser Fertigkeit die Lage des Gegners genau in Erfahrung bringen will, so ist es die Aufgabe eines Kundschafter-Kriegers, die geographischen Bedingungen, die Mobilität des Feindes, die Zahl seiner Soldaten und andere damit zusammenhängende Faktoren von nah und fern rasch in Erfahrung zu bringen und dem Feldherrn mitzuteilen. Er vermag sich auch bis an die Grenzen der feindlichen Wälle und Mauern heranzuschleichen und deren Zustand zu durchschauen. Er kann in das Innere der Burg oder des Feldlagers des Feindes schleichen, dessen Beschaffenheit sowie allerlei Intrigen und geheime Absichten genau ausmachen und diese seinen Herren wissen lassen. Er muss mit Wahrheit und Trug, Recht und Unrecht umzugehen wissen und den Feind mit allen Mitteln unterwerfen. Dies ist die Aufgabe des Ninjutsu. Früher, zu der Zeit, als es diese Kunst noch nicht gab, war es eine schwierige Angelegenheit, mittels Listen etwas über den Gegner zu erfahren und den Sieg davonzutragen. Daher sollte man verstehen, dass die Kunst des Ninjutsu für das Heer von großer Bedeutung ist.

3.

Frage: „Wurde diese Kunst in China auch mit *nin* bzw. *shinobi* bezeichnet?“

Antwort: „*Nin* bzw. *shinobi* ist die Bezeichnung in unserem Land. Ninjutsu wurde im Lande Wu (呉) in China mit *jian* (間) bezeichnet, zur Zeit der Frühlings- und Herbstdynastie [722-481 v. u. Z.] mit *die* (諜), und seit den Kämpfenden Staaten [480-222 v. u. Z.] mit Begriffen wie *xizuo* (細作), *yucheng* (遊偵), *jianxi* (姦細) und anderen. Im *Liutao* findet man die Bezeichnungen *youshi* (遊士); und im *Yinjing* von Li Quan werden sie *xingren* (行人) genannt. So ist der Name, je nach der Zeit und der Bedeutung, die der Feldherr in den Spionen sah, anders. Bei uns werden sie als *shinobi* (忍), *yatô* (夜盗) [‚nächtliche Eindringlinge‘], *suppa* (すっぱ), *nokizaru* (軒猿) [„Dächeraffen“], *mitsumono* (三者) [„Dreier-Gruppen“], *kyôdan* (饗談) [‚beim Mahl Gespräche führen‘] und anders bezeichnet.“

4.

Frage: „Was ist der Grund dafür, dass Ninjutsu in China mit *jian*, *die*, *yucheng*, *jianxi*, *xingren* und anderen derartigen Namen bezeichnet wurde?“

Antwort: „Im Kapitel des *Sunzi*, welches sich mit dem Einsatz von Spionen beschäftigt, heißt es bei der Erklärung zum Zeichen *jian*, dass es soviel wie ‚Spalte‘, ‚Lücke‘ oder ‚Ritze‘ bedeutet. Die Spione dringen durch die Lücken des Gegners ein und finden alles über ihn heraus. Das Wesen dieses Wortes liegt in der Bedeutung ‚Spalt‘ bzw. ‚Lücke‘. Die Spione nutzen die offenen Stellen des Gegners, dringen in sein Lager ein, finden seine Pläne und geheimen Absichten bis aufs Letzte heraus und teilen diese dann ihrem Auftraggeber mit. Eine andere Möglichkeit ist, dass sie eine günstige Gelegenheit abwarten, in die Burg eindringen, dort Feuer legen und einen nächtlichen Überfall starten.

Dazu gibt es noch eine Bedeutung, die vom Zeichen *jian* verschieden ist, nämlich das *jutsu* im *nin-jutsu* (忍術). So kann man durch Verleumdungen Fürst und Untertanen einander entfremden, das Einvernehmen zwischen den Fürsten benachbarter Länder stören und eine Situation schaffen, in der sie keine Reservetruppen erwarten können. Ein Weiteres ist es, durch diese Kunst den Feldherrn von seinen Soldaten zu trennen und so beiden Schaden zuzufügen – dies ist die Belehrung über das „Trennen“ (*hedatsuru*). In China und Japan werden seit jeher Unruhen im Lager des Feindes geplant, was der Wegbereiter für unzählige Siege war.

Eine andere Theorie über die Bedeutung des Zeichens *kan* bezieht sich darauf, dass – ebenso wie Licht durch ein Tor fällt – das eigentliche Prinzip dieser Kunst darin besteht, ununterbrochen ins gegnerische Lager vorzustoßen. So wie das Sonnenlicht sich am Eingang spiegelt und durch die kleinste Öffnung sofort hineingelangt, dringt man schnell ins Lager des Gegners ein. Gebraucht man diese Prinzipien äußerst feinfühlig, wird es für die gewöhnlichen Leute sehr schwer [dagegen anzukommen]. Die Zeichen *die* (諜) und *cheng* (偵) besitzen beide auch die Bedeutung *ukagau*. Alle Künste der *Shinobi* wirken spielerisch; Tätigkeiten wie das Abpassen günstiger Gelegenheiten zum Eindringen beim Gegner und das In-

Erfahrung-bringen seiner Situation erledigen die *yucheng* und andere Personen, die aus diesem Grund „spielende Ermittler“ genannt werden.
Kusunoki Masashige teilte 48 Ninja in drei Gruppen von jeweils 16 Männern auf, die er in der Hauptstadt postierte. Diese Männer brachten mittels allerlei Listen die Zustände in der Stadt in Erfahrung und ließen es Kusunoki wissen. Dies ist die Bedeutung von *yucheng*, spielerisch wirkendem Ermitteln.
Der Name der *jianxi* („Ränkeschmiede“) kommt daher, dass die Ninja ins Lager des Gegners eindringen, seine Situation gründlich auskundschaften und diese dann ihren Herren wissen lassen; d. h. sie tragen gründlich zur Ausführung der Intrigen ihres Führers bei (*sai o tsukuru*).
Das *jian* von *jianxi* ist das von „Bösartigkeit“ (姦曲), eine andere Bedeutung ist „Falschheit“ (佞姦). An der Oberfläche bedient sich Ninjutsu gewöhnlicher Mittel, aber darunter lassen sich mittels abnormer Methoden ungewöhnliche Erfolge erzielen. Obwohl es selbst grundsätzlich ein Weg der Treue und Rechtschaffenheit ist, trägt man im Grunde des Herzens doch auch Zwietracht; daher kommt die Bezeichnung *jianxi*.
Der Begriff *youshi* („spielende Samurai“) stammt daher, weil sie einen oberflächlichen Eindruck machen, im Herzen aber tiefe Gedanken tragen.
Die *xingren* („sich bewegende Personen“) heißen so, weil sie sich zwischen Freund und Feind hin und her bewegen; außerdem besitzt das Zeichen noch Bedeutungen wie „übermitteln“ oder „unterdrücken“. Aufgrund dieser Prinzipien heißen sie *xingren*.

5.
Frage: „Weshalb werden in China so viele unterschiedliche Namen gebraucht?“

Antwort: „*Sunzi* spricht von *jian*; die diese Tätigkeit ausübenden Personen werden *jianzhe* bze. *kanja* (間者) genannt. Deshalb ist überall bekannt, dass man solche Personen meint, wenn man von *jin* bzw. *kan* spricht. Dies weiß jeder. Das Geheimnis dieser Kunst beginnt damit, dass es den Menschen untersagt ist, über die Kunst und ihren Namen Bescheid zu wissen. Somit kann man mittels dessen, was die Leute nicht wissen, große Erfolge erzielen. Deshalb ist äußerste

Geheimhaltung die Grundlage. In der Vergangenheit wurde der Name von Generation zu Generation geändert, und zwar aus dem Grund, diese Profession in der Welt geheim zu halten. Es ist ein wichtiges Prinzip, den Namen und die Kunst als Geheimnis zu behandeln.

6.
Frage: „Was ist der Grund dafür, dass der chinesische Name geändert wurde und man in unserem Land von *Shinobi* spricht?"

Antwort: „Wieso für diese Kunst in China Bezeichnungen wie *jianzhe*, *yucheng*, *xizuo*, *jianxi*, *youshi*, *xingren* und andere verwendet wurden, ist bereits dargelegt worden: es geht darum, die Schwachstellen des Gegners zu erkennen und dort einzudringen. Ein Weiteres ist es, die Beziehungen des Feindes mit den Fürsten und Untertanen der Nachbarländer zu stören. Dies sind alles bedeutende Prinzipien des Ninjutsu. Diese Kunst, die in unserem Land mit *nin* bzw. *shinobi* bezeichnet wird, schreibt sich nämlich mit dem Zeichen für ‚Klinge des Herzens' (刃の心). Dies kennt man weit und breit als den Kern dieser Kunst. Wem dieser Sinn nicht einleuchtet, für den ist es schwierig, die Quellen dieser Kunst zu verstehen.

7.
Frage: „Ich würde gerne Genaueres hierüber erfahren."

Antwort: „Es geht darum, die Schwachstellen des Gegners zu erkennen, auszunutzen, und unter ständig wechselnden Plänen heimlich bei ihm einzudringen. Die Grundlage von all dem ist ein entschlossenes, aufrichtiges Herz (*isshin-kentei*), scharf und fest wie eine Klinge. Um was es auch gehen mag: Wenn der gesammelte Geist nicht scharf und fest wie eine Klinge ist, sondern stumpf und weich, so wird man, wenn man sich dem Feind nähert, anstatt die eigenen Pläne geschickt auszuführen, von Furcht ergriffen, und man kann die eigenen Absichten nicht verwirklichen. Wenn man so vorgeht, ist der Geist nicht friedlich und ruhig. Durch Redseligkeit dringen die Pläne nach außen, werden vom Feind aufgegriffen, und es bleibt nichts als der Tod, was natürlich ein Unglück für den Feldherrn ist.

Deshalb ist fürs Ausnutzen der Schwächen des Gegners ebenso wie für heimliches Eindringen ein festes, aufrichtiges Herz der Ausgangspunkt. Bei uns wurden die Bezeichnungen aus China geändert, so dass diese Kunst jetzt mit dem Zeichen „Klinge des Herzens" geschrieben wird. Es geht darum, erfolgreich in Burgen und Feldlager einzudringen, sie auszukundschaften, den Gegner im Inneren zu entzweien, oder auch durch das Niederbrennen seiner Burgen große Erfolge zu erlangen. Von *Wen Xuanwang* (文宣王) sind diese Worte überliefert: „Wenn der Anfang in Unordnung ist, kann das Ende nicht in Ordnung sein."[367] Damit ist eben dies gemeint. Deshalb befindet sich unter den hundert Gedichten des Ise Saburô Yoshimori auch eins, in dem es heißt: „Obwohl es für die Shinobi vieles zu Lernen gibt, steht an erster Stelle, sich dem Feind zu nähern."[368]

8.

Frage: „Es ist, wie Ihr sagt. Auch in unserem Land gibt es eine Vielzahl verschiedener Namen für die *shinobi*, z. B. *suppa*, *yatô*, *nokizaru*, *mitsumono* und *kyôdan*. *Suppa* und *yatô* bezieht sich auf diejenigen aus Iga; die Bezeichnungen sind jedoch auch in Kôga gebräuchlich. Spricht man von *nokizaru*, so geht es um die Aufgabe, die Geheimnisse des Feindes aufzudecken; wenn man nicht den Begriff *shinobi* gebraucht, möge man daher von *nokizaru* sprechen. Bei den *sansha* und *kyôdan* ist nichts über irgendwelche besonderen Pflichten bekannt, derentwegen sie so genannt werden. Ich würde gerne etwas über die Ursprünge davon erfahren."

Antwort: „In alten Zeiten war Takeda Shingen [1521-1573], der Militärprotektor (*shugo*) von Kai, ein unvergleichlicher, berühmter Feldherr. Er versammelte 30

---

367 Posthumer Ehrenname des Konfuzius. Die zitierte Stelle gehört zum „Großen Lernen" (*Daxue*): „Vom Himmelssohn bis zum gewöhnlichen Mann gilt dasselbe: Für alle ist die Bildung der Persönlichkeit die Wurzel. Dass einer, dessen Wurzel in Unordnung ist, in seinen Verzweigungen Ordnung hat, das gibt es nicht. Dass einer, der das Wichtigste gering achtet, das Geringe wichtig nähme, ist ausgeschlossen. Das heißt Erkenntnis der Wurzel. Das heißt höchste Erkenntnis."

368 Einer der als die „vier Himmelskönige" (*shi-tennô*) bezeichneten Gefährten des Kusunoki Masashige. Eine Übersetzung der hundert Strophen findet sich in Cummins/Minami, *True Ninja Traditions*.

loyale, tapfere und listenreiche Männer, gab ihnen reichlich Sold und zeichnete sie besonders aus. Da sie dreifach eingeteilt wurden in Kundschafter (*kanken*), Botschafter (*kenbun*) und Spione (*metsuke*), fand der Begriff *mitsumono* („Dreiergruppe") allgemeine Verwendung. Sie standen stets in engen Beziehungen zueinander; er setzte sie bei entscheidenden militärischen Aktionen ein, und um mächtige Gegner benachbarter Länder zu bekämpfen, wobei sie nicht ein einziges Mal nachlässig oder unaufmerksam waren. Die vereinten Fertigkeiten aller drei Gruppen gelten daher als ein unschätzbar wertvolles Juwel.
Im *Lied von Shingen* heißt es: „Hat der Feldherr für die Schlacht keine Dreiergruppen, so stürzt er wie ein Fels in einen tiefen Abgrund. Für den Kampf sind außer der divinatorischen Bestimmung des Zeitpunkts und des Ortes unbedingt Dreiergruppen vonnöten." Fürst Oda Nobunaga [1534-1582] gebrauchte die *kyôdan* genannten Agenten und erlangte mit ihrer Hilfe einen raffinierten Sieg über das große Heer der Imagawa. Auch bei der Burg Inuyama in Bishû/Mikawa, der Udono-Burg und in anderen benachbarten und fernen Domänen, bei starken Gegnern und soliden Festungen, welche man weder durch pure Kraft noch durch seine Soldaten einnehmen kann und die einem auch sonst auf keine Weise in die Hände fallen könnten, ist mit einem Sieg ohne Hilfe der *kyôdan* nicht zu rechnen. All dies sind daher ihre Verdienste. Auch die Erfolge von Takeda Shingen in Echigo beruhen auf ihnen und ihrem bedeutsamen Einsatz. Viele Feldherren gebrauchen diese Bezeichnung nicht, sondern benutzen allerlei andere Namen; tatsächlich haben diese aber nur einen geringen Nutzen. Wer ein großer Feldherr werden will, für den ist es unerlässlich, dies zu bedenken.

9.

Frage: „Wie Ihr sagtet, nahm der Weg der *Shinobi* unter Kaiser Fu Xi seinen Anfang und blühte bis zur Zeit des Gelben Kaisers. Wie und auf welchen Wegen wurde diese Kunst dann seit dem Gelben Kaiser bis heute überliefert?"

Antwort: „Obwohl ich kein Gelehrter und nur von mittelmäßigem Talent bin und dieses daher nicht genau weiß, bin ich doch einer der wenigen, die über die Überlieferung dieser Lehren seit dem Gelben Kaiser Bescheid wissen. Obwohl es heißt, dass nur wenige diesem Weg folgen, gab es während der Yin-Dynastie [16.-11. Jh. v. u. Z.] einen Mann namens Yi Yin, der ein Meister dieses Weges war. Er stand im Dienst von König Tang, drang heimlich beim König Jie der Xia-Dynastie ein und tötete diesen. Den Beweis hierfür liefert *Sunzi*, worin es heißt: „Dass Yin blüht, verdankt es Yi Shi aus Xia." Dies ist ein Hinweis darauf, dass unter König Tang die Yin-Dynastie an die Macht kam. Yi Shi ist natürlich Yi Yin; und Xia steht für König Jie. [Gemeint ist, dass Yi Shi ursprünglich im Reiche Xia unter König Jie diente.] Alle wissen, warum die Yin-Dynastie damals an die Macht gelangte; es geschah, weil der König Yi Shi nach Sung verbannen wollte. Nicht bekannt jedoch ist, dass Yi Yin fünf Mal als Spion zu König Jie ging, sowie fünf Mal zu König Tang. Danach, während der Zhou-Dynastie [11. Jh. bis 221 v. u. Z.], wurde dieser Weg durch Tai Gong übermittelt, welcher 71 Kapitel über Ninjutsu verfasste und der Welt überliefert hat. Der Beweis hierfür findet sich im *Taisô Montai* (太祖問対);[369] dort sagt Li Jing (李靖): „Bei Tai Gong finden sich 71 Kapitel [zur Kunst der Shinobi]. Damit können die Soldaten nicht mehr unterliegen." Dazu heißt es in der Anmerkung, dass sich seine Worte auf die *jian* bzw. *kan* beziehen; *kan* bedeutet natürlich *nin*. Jedoch ist diese Schrift nicht in unser Land gelangt. Aber im *Yiwenzhi* (芸文志) heißt es, dass die drei Begriffe von Tai Gong (List, Rede und Kampf) alle im *Liutao* zu finden sind. Aufgrund dieser Begriffe kann man sagen, dass im *Liutao* von Shinobi die Rede ist; die 71 Kapitel sind also in die *Liutao* eingegangen. Außerdem drang Tai Gong heimlich beim König Zhou der Shang ein und tötete diesen; dieses findet man eindeutig im Kapitel über den Gebrauch von Spionen bei *Sunzi*. In seinem Kapitel über Spione heißt es: „Dass Zhou blüht, verdankt es dem Lu Ziya der Shang." In einer Anmerkung heißt es, König Wen von Zhou werde das Reich erhalten. Lu Ziya ist kein anderer als Tai Gong. „Shang" steht für den König Zhou. Offen gesagt, was den Beginn der Zhou betrifft, so weiß jeder, dass es an der Niederlage von König Wu bei Muye lag. Nicht bekannt aber ist, dass Lu Ziya dem König der Shang eine Frau als Geschenk machte, welche ihm dann fortwährend geheime Nachrichten

369 Voller Titel *Tang Taizong Li Weigong Wendui* (唐太宗李衛公問對), „Herzog Li von Wei beantwortet die Fragen von Kaiser Taizong der Tang".

übermittelte. Diese Schrift beweist das. Später wurde sie von *Sunzi* ausgehend weiter überliefert. In seinem Kapitel über den Einsatz von Spionen unterscheidet er fünf Arten von Agenten und zeigt ihr Geschick in den Künsten des Verbergens und der Geduld auf.

Davon abgesehen gab es zur Zeit der Frühlings- und Herbstdynastie [722-481 v. u. Z.], zur Zeit der Streitenden Reiche [481-221 v. u. Z.] und der Drei Königreiche [221-280], zur Zeit der Sechs Dynastien [420-588] und der Fünf Generationen der Tang [907-960] sowie zur Zeit der Nördlichen [960-1126] und Südlichen Sung [1127-1279] am Hofe keine berühmten Feldherren mehr, welche sich nicht der Kunst der Shinobi bedient hätten. Jedoch gelten als die zwei Personen, an welche Tai Gong und Sun Wu diese Kunst weitergegeben haben, Zhang Liang (Chôryô), ein Feldherr der westlichen Han,[370] sowie Han Xin (Kanshin).[371] Der Beweis hierfür findet sich im *Taisô Montai* bei Li Jing, wo es heißt: „Zhang Liang studierte das *Liutao* des Tai Gong und das *Sanlüe*. Han Xin studierte Sunwu und Rangju (穰苴).[372] Deswegen heißt es häufig: „Es gibt nur die drei Tore und die vier Arten.“[373] Das innerste dieser drei Tore aber ist die Kunst der *Shinobi*.

10.

Frage: „Ab welcher Zeit finden sich diese Wege am alten Kaiserhof“

Antwort: „Während der Regierungszeit von Temmu-Tennô (673-686), dem jüngeren Bruder von Tenchi, dem 38. Tennô (662-671), plante Prinz Kiyoteru (清光親王) einen Verrat, errichtete im Lande Yamashiro im Distrikt Atago eine Burg

---

370 Zhang Liang (gest. 189 v.u.Z.) war ein berühmter Feldherr im Dienste des Begründers der Han-Dynastie. Sein Vater war Minister im Reich der Han. Als dieses von den Qin unterworfen wurde, wollte Chôryô Vergeltung üben und griff den ersten Kaiser Shi Huang-ti an, unterlag aber. In seinen späteren Jahren zog er sich zurück und beschäftigte sich mit der Kunst der Bergasketen (*shinsen no jutsu*).

371 Han Xin (韓信): General, der wesentlich zur Begründung der Han-Dynastie beigetragen hat.

372 Sima Rangju (Jôsho) war ein Stratege der „Frühlings- und Herbstzeit“ (770-403 v.u.Z.). Ihm wird der Traktat *Sima-fa* (司馬法), „Führung berittener Truppen“, zugeschrieben.

373 (Nach Cummins) Drei Tore: Strategie, Truppen, Logistik. Vier Tore: Strategie und Taktik, Umstände und Entwicklungen, Yin und Yang, Techniken und Handwerk.

und wurde dort belagert. Zu dieser Zeit drang aus den Reihen der Freunde von Temmu-Tennô ein Spion namens Takoya (多胡弥) heimlich ein und legte im Inneren der Burg Feuer. Dann griff Temmu-Tennô von außen an, und die Burg fiel. Dies ist der Anfang am japanischen Kaiserhof; so ist es im *Nihongi* überliefert. Obwohl es immer heißt, dass die alten Feldherren diese Kunst nicht einsetzten, bedienten sich ihrer doch alle. Man findet sie bei Ise Saburô Yoshimori, bei Kusunoki Masashige und seinem Sohn, bei Takeda Shingen, bei Môri Motonari, bei Uesugi Kenshin in Echigo und bei Oda Nobunaga. Yoshimori besang die Shinobi in „Einhundert Strophen", welche bis heute erhalten sind. Kusunoki Masashige hat das höchste Geheimnis der Kriegsführung mit den Künsten der Shinobi sechsfach unterteilt und darüber eine Schrift verfasst, in welcher tiefe und verborgene Lehren enthalten sind. Masashige selbst hütete diese Schrift streng; als er bei einem Kampf in Hyôgo tödlich verwundet wurde, gab er sie an seinen Sohn Masatsura weiter. Dieser vermachte sie Onchi Sakon Tarô (恩地左近太郎), der sie dann weiter überlieferte. Aus diesem Grund nennt Kusunoki diese Schrift „die eine Schrift" (*ikkan no sho*). Yoshimori, Masashige und Masatsura, Shingen, Motonari sowie Nobunaga und Hideyoshi bedienten sich alle der Künste des Ninjutsu, und die Siege, die sie damit errungen haben, sind unzählbar."

11.

Frage: „Der Weg der Shinobi ist im ganzen Land weit verbreitet, wobei sich besonders diejenigen aus Iga und Kôga auszeichnen. Wie kommt das?"

Antwort: „Wie ihr sagt, finden sich die Wege der Shinobi seit alters in den verschiedenen Ländern; besonders aber die Shinobi aus Iga und Kôga sind hierfür beispielhaft geworden."

Frage: „Ich würde gerne die genaueren Umstände erfahren."

Antwort: „Als in alter Zeit der edle Shôgun Ashikaga Takauji das Land beherrschte, bereitete er seinen Nachfahren auf seine Aufgabe als Feldherr vor. Dies wurde aber vom Hof nicht mitgetragen, und die Ordnung zwischen Oberen und Unteren war nicht mehr sicher. So kam es in den Ämtern zu Unruhen, und es wurde endlos gekämpft. Man zog aus gegen Fürsten und Edle, und im ganzen Land gab es keinen Frieden. Besonders seit Takauji, bis zur Zeit des 13. Shôgun Yoshiteru (regierte 1547-1565), galten nicht mehr die alten Regeln der Nachfolge. Alle moralischen Prinzipien waren verloren gegangen, und die Unruhen erreichten ihren Höhepunkt. In den fünf Provinzen und auf den sieben Wegen wurde gekämpft (*goki-shichimichi*).[374] Bis hin zu den Barbaren und den äußersten Grenzen des Reichs (*shii-hakkô*) gab es im ganzen Land keinen Ort, an dem nicht gekämpft wurde. Überall im Land gab es Militärbevollmächtigte (*shugo*), denen das Volk folgte. Doch in Iga und Kôga gab es keine solchen Bevollmächtigten, weshalb alle möglichen Herren in ihren Gebieten (*chigyô*) kleine Burgen errichteten, ganz nach ihrem Willen. Da es also keine solchen Beauftragten der Regierungsmacht gab, versuchten die lokalen Fürsten, sich gegenseitig ihre Burgen zu nehmen, und kämpften im Verborgenen. Solches geschah unzählige Male. Der Kern der kriegerischen Ausbildung war es daher, von morgens bis abends auf den Kampf vorbereitet zu sein. Das Leben bestand darin, die Schwächen des Anderen auszunutzen, Burgen in Brand zu stecken, die geheimen Absichten des Feindes zu durchkreuzen, Überfälle und Nachtangriffe auszuführen, den Gegner zu überraschen und ständig verschiedene Listen zu gebrauchen. Samurai stiegen nicht aus dem Sattel; gewöhnliche Leute trugen ständig Strohsandalen und hatten lange Schwerter griffbereit. Nicht ein Mal gab es Frieden. Wenn es so ist, dass kleine Kräfte über große Kräfte siegen können, das Weiche über das Harte triumphiert und dies ohne heimliches Eindringen nicht möglich ist, so sollte jeder Samurai gemeinsam mit den einfachen Leuten (*genin*) die Mittel und Wege der Shinobi erlernen, nämlich sich zu verbergen und zu gedulden. So gab es unter diesen einfachen Leuten elf Personen, deren Fertigkeiten ganz besonders gut waren. Sie schlichen sich in die eigenen ebenso wie in fremde Domänen, zogen unbemerkt durch die Dörfer der Menschen und an den Burgen vorbei und siegten im Handumdrehen. So kam es, dass – obwohl es in den benachbarten Ländern viele zahlenmäßig überlegene, starke Fürsten (*daimyô*) gab – keiner das Land Iga

---

374 Yamashiro, Yamato, Settsu, Kawauchi, Izumi: Tôkaidô, Tôsandô, Hokurikudô, Sanindô, Sanyôdô, Nankaidô, Saikaidô.

bezwingen konnte. Obwohl Oda Nobunaga ein mächtiger Feldherr war, erlitt er gegen Iga eine schwere Niederlage. So wurde dieses Land immer mehr zum Wunschtraum vieler fremder Feudalherren, der aber nur schwer zu erfüllen war. Ein kleines Land mit wenig Menschen und ohne die Macht eines großen Feldherrn – und doch unterlag es den aus benachbarten Ländern eindringenden Feldherren nicht ein einziges Mal. Stets konnte es den Sieg für sich erlangen. Solcherart wahrlich ist die Kraft des Ninjutsu! Daher nennt man seit alters Iga das Land des Ninjutsu.

12.
Frage. „Ich würde gerne die Namen der elf herausragenden Ninja erfahren."

Antwort: „(1) Nomura Odaki Magodayu, (2) Kotarô aus Shindô, (3) Tateoka no Dôjun, (4) Shimotsuge no Kizaru, (5) Kozaru, (6) Ueno no Hidari, (7) Yamada no Hachiemon, (8) Kanbe no Konan, (9) Otowa no Kido, (10) Takayama no Tarô, (11) Jirô, (12) Takayma Tarôzaemon. Obwohl dies nicht genau elf Personen sind, ist Dôjun der bedeutendste, von dem ausgehend sich die 48 Stile entwickelt haben. Deshalb sagen die *shinobi* unserer Tage aus Iga und Kôga, es gebe 49 verschiedene Stile."

13.
Frage: „Wie entstanden aus der Überlieferung von Dôjun die 48 Stile?"

Antwort: „Sasaki Yoshinori, mit buddhistischem Namen Bakkansai Jôtei, war der Militärgouverneur von Ômi. Unter den Männern des Shôgun befand sich Dodo, der einen Verrat plante und sich in die Burg Sawayama des Landes zurückzog. Obwohl er von Jôtei mehrere Monate lang angegriffen wurde, konnte dieser aufgrund der soliden Lage die Burg nicht einnehmen, weshalb er einen Shinobi aus Iga einstellte, den er dafür gewann, heimlich in die Burg einzudringen. So begaben sich mit Dôjun 44 Shinobi aus Iga und vier aus Kôga auf die Burg von Jôtei in Moriyama. Zu dieser Zeit gab es in Iga im Dorf Yufune (湯船) einen Heisenji (平泉寺) genannten Tempel. In der Nähe dieses Tempels lebte ein Miyasugi genannter taoistischer Meister (*onmyôshi*). Diesen besuchte Dôjun in seinem Zuhause und ließ sich die Zukunft voraussagen. Miyasugi prophezeite Gutes; als Dôjun im Begriff zu gehen war, brachte Miyasugi ihm ein kurzes Gedicht dar: „Bei Sawayama hört man das Donnern von Dodo; doch der erste von Iga (*igasaki*) wird ihn zu Fall bringen.“ *Igasaki* ist der persönliche Vorname von Dôjun. Dôjun war höchst erfreut, überreichte Miyasugi 100 Münzen (*chômoku*) und brach auf.[375] Später trat er vor Jôtei und machte mit diesem ein Zeichen aus; kurze Zeit später drang er mit Hilfe von Zauberkraft (*yôsha no jutsu*) in die Burg Sawayama ein. Er legte im Inneren Feuer und verschwand, während von außen Jôtei eilig zum Angriff überging. Dodo war stark; er wollte das Feuer löschen, da drang der Feind ein. Als er diesen bekämpfen wollte, weitete sich das Feuer aus, so dass er letzten Endes unterlag. Später begründeten Dôjun und die anderen 48 Shinobi alle ihre eigenen Ryû, wobei der von Dôjun als der erste aller dieser verschiedenen Ryû gilt.

14.
Frage: „Kann man sagen, dass die bereits erwähnten elf zusammen mit den achtundvierzig anderen die berühmtesten Shinobi sind?“

Antwort: „Viele der anderen Künste sind sicherlich auch hervorragend, und es treten dort auch noch andere Personen in Erscheinung. Diese Personen sind der Welt bekannt, und obwohl sie sicherlich sehr talentiert sind, unterscheidet sich unser Weg von den anderen Künsten, weswegen sie trotz ihrer Fertigkeiten als Ratgeber für unsere Ninja nicht geeignet sind. Wenn die Leute nicht wissen, ob sie geschickt oder unfähig sind, tatsächlich aber Fertigkeit besitzen, geben sie verdienstvolle Anführer (*jônin*) ab. Es ist wie in dem alten Spruch über die Tiefe des Wassers und das Geräusch, das es macht. Tiefe Wasser sind still, während das seichte Wasser eines Bergbachs laut ist. So ist es auch mit dem Herzen, andernfalls sind die Pläne oberflächlich. Mittelmäßige Ninja sind meist am bekanntesten. Aber geschickte Ninja mit tiefen Absichten führen nach außen hin ein gewöhnliches Leben und halten es gründlich verborgen, dass sie Ninja sind. Ob sie nun wie

375 Wörtlich „Vogel-Augen“. Alte Währungseinheit bzw. Münze, welche ein Loch in der Mitte hatte und dem Auge eines Vogels ähnelte.

gewöhnliche Samurai leben, wie Einsiedler (*inja*) oder wie herrenlose Samurai (*rônin*): dass sie über Ninjutsu Bescheid wissen, tritt nicht zutage. Dies geht soweit, dass selbst die Burgherren, bei denen sie erscheinen, darüber nicht Bescheid wissen, sondern nur der Feldherr, mit dem sie ein geheimes Zeichen verabredet haben. Sie dringen beim Gegner ein und schmieden subtile Pläne, wodurch der Mut des Gegners wie von selbst zusammenbricht. Auch nach dem Sturz des Feindes erzählen sie nichts über ihre kriegerischen Erfolge; sie dringen heimlich ein und schmieden Ränke, ohne anschließend darüber zu berichten. Daher ist es nicht bekannt, dass der Sturz des Feindes der Verdienst dieser Männer ist. Sie planen alles bis zuletzt, so dass es den Anschein hat, der Feind wäre auf ganz natürliche Weise (*shizen no dôri*) geschlagen worden.[376] Daher sind geschickte Ninja, obwohl sie ausgezeichnete Taten vollbringen, nicht zu hören und nicht zu riechen, ihre Weisheit und ihr Mut sind unbekannt. Ihre Verdienste sind wie die Schöpfungen des Himmels und der Erde. Im Frühling ist die Welt still und friedlich, die Pflanzen wachsen und die Blumen blühen. Im Sommer ist es heiß und die Pflanzen wuchern. Im Herbst ist es kühl und die Blätter der Pflanzen fallen gelb zu Boden. Im Winter ist es kalt, es fällt Schnee, Reif liegt auf den Wiesen; die Pflanzen verwelken und ziehen sich zu ihren Wurzeln zurück. Aber nicht nur solches findet sich innerhalb der vier Jahreszeiten, sondern auch noch allerlei anderes; wer mag dies wohl gemacht haben? Es gibt niemanden, der darum weiß. Deshalb ist die Weisheit des fähigen Ninja so groß; weil er wie der Himmel ist, kann er von den Menschen nicht erforscht werden. So wie sie ohne Wissen bleiben, kann er sehen. Seine Absichten sind tiefgründig und verborgen; weil er wie die Abgründe der Erde ist, können ihn die Gedanken der Menschen nicht erreichen. Solcherart ist die Würde des Ninjutsu und geht noch weit über diese elf und achtundvierzig Personen hinaus. Alle diese 59 Personen haben ihren Ruf, weil sie mittelmäßig sind. Aber die Namen der Führer dieser 59 Personen sind der Welt

376 „Von überragenden Führern weiß man kaum, dass sie da sind; drunter stehen jene, die man liebt und verehrt; drunter jene, die man fürchtet; und drunter jene, die man verlacht. Wem es an Glauben mangelt, dem wird man auch keinen Glauben schenken. Aber kommt von fern das Geheiß, und ist die Tat dann vollbracht, das Ziel erreicht, dann sagen die Untergebenen: ‚Wir haben es naturgemäß getan'" (*Tao Te King*; Kap. 17).

nicht bekannt, ihr Verständnis des Ninjutsu war so tiefgreifend, dass sie verborgen geblieben sind.

15.
Frage: „Meine eigene Burg ist stark, sie kann nicht durch nichts (*gogyô-hoen no sonae*) in Aufruhr versetzt werden.[377] Man verlässt sich aufeinander durch Zeichen und Gesten, in der Nacht gibt es Wachfeuer, die verschiedenen Posten sind gut geschützt, und im Dunkeln wird überall Streife gegangen. Unruhen und verdächtige Personen werden ans Licht gebracht, und für Ninja gibt es keinen Zugang. Wie könnte man dennoch dort heimlich eindringen?"

Antwort: „Egal wie sehr ein Feldherr seine Burg auch befestigt haben mag, wie wachsam und vorbereitet die Soldaten sind, und wie viele Übeltäter auch enttarnt werden: All dies bietet keinen vollständigen Schutz. Ninjutsu weiß bereits in friedlichen und sicheren Zeiten durch die Registerlisten um die Verwaltung aller Häuser. Es wartet die Taten und Fehler des Feldherrn ab, nimmt unter den Fürsten und Untertanen Gute(s) und Schlechte(s) wahr, und unter den einfachen Soldaten bemerkt es die, welche ihren Herren stützen, und die, welche ihn ablehnen. Es erkennt dringende Angelegenheiten, und mittels äußerst subtiler Pläne erstickt es die Absichten des Gegners gleich zu Beginn; so findet es ganz von selbst Eingang. Auf diese Weise erfüllen sich alle Pläne wie von selbst und sind in sich geschlossen, so wie ein Kreis keine Ecken hat. In der Kriegskunst des *Sunzi* heißt es: „Bei keiner Unternehmung darf man auf den Einsatz von Spionen verzichten." Und im *Yinjing* (陰経) heißt es: „Will man einen Falken erlegen und dieser versteckt sich im tiefen Wald, so hinterlässt er keine Fährte. Ein Fisch in tiefen Gewässern zeigt keine Spuren. Selbst der scharfäugige Li Lou vermag nichts zu sehen, wenn er seinen Kopf beugen muss, und selbst der hellhörige Shi Kuang kann nur Töne hören, wenn er darauf achtet. Wie sollte da selbst ein Feldherr, der auf seine Stärke vertraut und bereit ist, sein Leben hinzugeben, einen Spion erkennen können?"

377 Wörtlich etwa: „durch kein Mittel, welches innerhalb der Fünf Wandlungsphasen von Himmel und Erde angewendet werden kann".

16.

Frage: „Es ist schwer, sich gegen die Wege der Ninja zu schützen; deshalb könnten die Spione des Gegners auch in meine eigene Burg eindringen. Gibt es daher eine Kunst, um solches zu verhindern?“

Antwort: „Obwohl die fortgeschrittene Kunst auch Mittel kennt, um sich gegen feindliche Ninja zu verteidigen, sind diese ohne den rechten Weg des Herrschers doch vergeblich. Deshalb belehrt der Herrscher zunächst seine Untertanen, und mittels des *dao* liebt er das ganze Volk. Daher mögen die Soldaten zwar dem Tod zehntausendfach ins Auge sehen, aber der Befehl ihres Herrn erfährt dadurch keine Änderung. Egal ob Leben oder Tod: Man umfasst das Volk von beiden Enden (*ryôtan*), ohne sich von seinem inneren Wesen abzuwenden. Dies bedeutet, durch den ebenmäßigen Weg zu regieren.[378] Auf diesem Weg kann der Feldherr, auch wenn die Zeit drängt, die Pläne der Ninja vereiteln und seine Burg sichern. Durch die Anwendung aller Mittel (*gogyô-hoen no sonae*) und die Führung von geschickten Ninja können keine Ränke eindringen. Sie verlassen das Militärlager, stellen alte und neue Samurai ein, bilden Gruppen, teilen die Aufgaben und leiten Fahndungen. Sie gebrauchen Codewörter und Zeichen, unterhalten nächtliche Wachfeuer, gehen in der Nacht auf Streife und sichern abgelegene Stellen. An den Orten, an denen feindliche Ninja eindringen könnten, bringen sie Fußangeln und Drahtsperren an; sie pflanzen Wasserkastanien [als Deckung] und legen Hinterhalte. Zu allen Seiten wie das Maul eines Tigers, gibt es keine Zeit, zu der sie im Bewachen nachlässig wären; daher vermögen die Ninja des Feindes nicht einzudringen. Für einen solchen Feldherrn und seine Ninja ist es leicht, beim Gegner einzudringen, während dem Feind ein Eindringen nicht möglich ist.“

17.

Frage: „Wenn die Ninja in Friedenszeiten in den Dienst beim Fürsten eines Landes treten wollen, sammeln sich auf Geheiß ihres Herrn die Krieger im Inneren der

378 Der Meister sprach: „Shun war von großem Wissen. Er liebte das Fragen, und liebte es, über einfache Worte nachzusinnen. Er hielt das Üble verborgen und zeigte das Gute. Er ergriff beide Enden und führte das Volk mit Harmonie. Solcherart war Shun“ (*Zhong Yong*).

Burg, zur Verteidigung bereit wie der Rachen eines Tigers, und in höchster Alarmbereitschaft, um sich gegen die verhassten Ninja zu wehren. So ist die Verteidigung der eigenen Burg, während es dem Ninja gelingen muss, einzudringen, um an seine Anstellung zu gelangen. Wie sollte man in so einem Fall verfahren?"

Antwort: „Die Künste der Shinobi sollten aus Aufrichtigkeit und Wahrheit entstehen, nicht, um den Herrn zu täuschen. Wie es im Kapitel *Seishin* des *Bansenshûkai* heißt, können diejenigen, welche nicht den rechten Weg anstreben, aus Eigensucht nicht standhalten. Außerdem muss man wissen, dass man für einen Fürsten, der nicht dem Weg folgt, keine Pläne schmieden darf. Das bedeutet aber nicht, dass es keine Möglichkeit gibt, bereits zu Friedenszeiten in die Befestigungen des Gegners einzudringen. Denn wie es bei Tai Gong heißt, ist der Weg der Intrigen, wenn er sorgfältig ausgeübt wird, ein großer Schatz. Zu der Zeit, in der er vorherrscht, ist die Forderung, die Namen der verdienstreichen Ninja, welche sich in den subtilen Künsten ausgezeichnet haben, bekannt zu machen, größtenteils von schlechter Absicht. Möchte ein Fürst zu Friedenszeiten etwas über die Umstände in einer Burg in einer anderen Provinz wissen, so muss er Shinobi einschleusen. Wer einen Freund betrügt und dadurch Verdienste und einen Namen erwirbt, der hat die wahren Prinzipien des Ninjutsu verloren. Das höchste Prinzip liegt klar auf der Hand, es ist das Wissen um das Eindringen der Shinobi. Diese Kunst zu sehen, aber nicht um ihr höchstes Prinzip zu wissen, bringt keinen Nutzen. Das Gesetz der Ninja ist, einem Feldherrn, der nicht um den rechten Weg weiß, von Anfang an nicht zu Diensten zu sein. So heißt es bei *Sunzi*: „Ohne die Weisheit eines Heiligen vermag man Spione nicht richtig einzusetzen; ohne Güte und Rechtschaffenheit kann man sie nicht verwenden. Ohne Gespür und Befähigung ist es nicht möglich, die Spione in rechter Weise zu gebrauchen." Aufgrund dieser Idee muss man daran denken, dass die Kunst der Shinobi auch in Zeiten des Friedens nicht bekannt werden darf. Diejenigen, die diesem Grundsatz folgen, stehen in unruhigen Zeiten dem Fürsten zur Seite und erwerben in der Befriedung von Land und Reich große Verdienste.

Weitere Veröffentlichungen/Übersetzungen von Dr. Julian Braun

Bunyu Nanjô: ***Eine kurze Geschichte der japanischen buddhistischen Schulen*** (Angkor Verlag 2014)

Junjirô Takakusu: ***Grundzüge buddhistischer Philosophie*** (Angkor Verlag 2014)

William McGovern: ***Buddhistische Philosophie und Kosmologie*** (Angkor Verlag 2016)

Kaiten Nukariya: ***Die Religion der Samurai. Eine Studie der Philosophie und Praxis des Zen in China und Japan.*** (Angkor Verlag 2017)

Nyanatiloka: ***Führer durch den Abhidhamma-Pitaka*** (Michael Zeh Verlag 2013)

Kaibara Ekiken: ***Regeln zur Lebenspflege (Yôjôkun)*** (Iudicium 2010, zusammen mit Andreas Niehaus)

Karate als Lebensweg. Selbstkultivierung auf der Grundlage der 20 Leitsätze (*shôtô nijûkun*) des Shôtokan Karate. (Tengu Publishing 2011)

Samurai und Kriegskunst. Kompendium aus klassischen Texten der Tokugawa-Zeit. (Tengu Publishing 2012)

www.selbstschmiede.de